テクストと映像がひらく教育学

倉石一郎■著

昭和堂

まえがき——本書を手にとって下さった方々へ

今も多くの「教育書」が世に出ており、それと同じぐらい多数の教育学・教職科目の教科書類が出ています。それらは最良の場合でも、学問《ディシプリン》としての教育学の学知をカバーすることに汲々とし、最悪の場合には個人的経験に基づく偏った教育上の見解が示されているに過ぎません。つまり多くの人が本当に知りたいことがそこに書かれておらず、リアリティに欠けています。しかし、「知りたいこと」の手がかりは半ばわれわれの手中にすでにあったのです。われわれは気の遠くなるほど長い時間を学校で過ごし、膨大な数の授業を受けてきています。その中に埋もれていて日頃意識の上にのぼらなかった経験を一つ一つ解きほぐし、俎上にのせていく作業こそ教育について何かを「知る」ことなのです。

この本では、こうした作業を行う上で有益であると筆者が信じるテクストや映像素材を手がかりとしながら、読者とともに教育を「内側から切り裂く」作業を進めていき、大学等ではじめて教育学という学問に触れようとするとき、よい導きの糸となることを願って編まれています。さらにいじめや排除、スクールカーストといった人権問題、被差別部落、在日朝鮮人、米国の黒人といったマイノリティにも目を配っているので、人権教育のテクストとしても使っていただけると思います。

本書は三部構成（教師の世界／子どもの世界／学校というシステム）から成り、教育学上の中心問題を、ある程度広くカバーしています。各部はどれも四つの章（講）から成り、それぞれ設定した主題に添って、もっともふさわしい主テクスト（または映像素材）を一～二点選定しました。主テクスト（映像）を紹介したり批評・分析したりするだけでなく、その語り口や作品世界を十分に味わいながら、テクストをして主題を語らせ、深めていく叙述を心がけました。またその主旋律が、これまでの教育学・教育社会学の学問的蓄積とどのように結びついているかを示し、さらに深く学習するための道しるべにしました。

選定したテクスト・映像は、時代を切り拓いた教育実践書や重要な教育理論の研究書、多くの人に今も愛されている教育をテーマとする映画作品などです。夏目漱石から「モダン・ホラーの帝王」に至るまで、古今東西の文学・映画作品もそこに含まれ、ついには裁判の上申書までが飛び出し、教育学が縦横無尽に越境する学問であることを反映したセレクションになっています。

では以下に、それぞれの章の概要を簡単に紹介しましょう。

◆　◆　◆

第Ⅰ部　教師の世界

教師の仕事はどうして息苦しいのか。夏目漱石『坊っちゃん』（一九〇六年）は、松山の（旧制）中学校に赴任したばかりの新任教師の失敗談というユーモア小説のかたちをとりながら、その苦悩を生々しく取り出してみせている。坊っちゃんを襲った当惑は実は、主業をもちながら「片手間」に教える近代までの教え手から、もっぱら教えることに専念する近代的教師への移行がもたらした当惑にほかならない。

しかし『坊っちゃん』はまだ、教師という巨大な職業集団の上澄みを描いたに過ぎなかった。教えることのみによって身を立てる職業としての教師の登場は、公教育という装置を通してそれが実現するとき、人件費の抑制という現実的課題を生み、それが公教育の底辺をなす初等教育現場での教職の女性化を帰結した。平野婦美子『女教師の記録』（一九四〇年）は、漁村・都市・工場街といった異質な学校背景のもとで活躍した女性小学校教師の実践記録であり、女性教師という存在を通じた教育と福祉（ケア）との交錯という今日的問題を先取りした興味深いテクストである。

ナラティブ（物語）には、日常経験を再構成しそれを有意味なものとして再提示する作用がある。『坊っちゃん』も『女教師の記録』も物語形式であり、教師であることのリアリティは幾分かそぎ落とされる。あたかも機械のごとく無限に繰り返される砂をかむような日常は、物語のなかでは昇華されてしまう。ウィラード・ウォーラーの『学校集団』（一九三二年）は、この物語的昇華を寄せ付けない厳しさをもっている。生々しい報告資料にもとづき、目を背けたくなる教室の現実を突きつけたこの教育社会学の古典には、軽薄なリベラル派言説（アクティブ・ラーニング！）を吹き飛ばす圧倒的な迫力がある。また、教師経験を持つ作家エヴァン・ハンターが書いた『暴力教室』（一九五四年）は翌年映画化され衝撃をもたらしたが、教師の日常への細かやかな目線も表現している。

型破りな教師が、生徒から愛されながらも学園を追放されていくという筋書きは古今東西の教師物語の定型だが（『坊っちゃん』もその変型版だ）、名優ロビン・ウィリアムスの代表作であるアメリカ映画『いまを生きる』（一九八九年）はその最も洗練された一つだろう。全寮の私立のエリート男子校が舞台であり、型破りな教師キーティングも厳格なその学校の卒業生であるのが一つのポイントだ。主人公がただ外部から闖入し、学校をかき回して去っていくトリックスターではない、いわば組織内的存在であるところにこの作品の厚みがある。

第Ⅱ部　子どもの世界

ふだん教壇から教師に見えているのは、生徒役割を演じる子どもたちの姿だ。だが少し気をつけてみるとその肩越しに、地域や家庭での生きざまや暮らしぶりが垣間見える。それが、自身も決して楽な生活をしているわけではない教師をも打ちのめす過酷な現実であることも稀ではない。無着成恭の指導の下で山形県の寒村の中学生が綴った作文集『山びこ学校』（一九五一年）は、文章を書くことを媒介に生徒が村の苦しい生活を客体化し、その現実を乗り越えていく手助けにする実践の記録だ。子どもたちの過酷な情況に飛びこんでいった教師は南国・高知にもいた。戦後の長欠・不就学問題対策として配置された福祉教員である。その血と汗の実践記録『きょうも机にあの子がいない』（一九五四年）からは、子どもの肩越しに貧困や生活苦を〈見てしまった〉教師の葛藤の叫びが聞こえてくる。

ただ教師の目にも限界がある。そのまなざしが届かない闇の部分を、子どもの世界は抱えている。モダン・ホラーの帝王の異名をとり日本でも人気のスティーヴン・キングは作家になる前にハイスクールの国語教師をしていたことがあり、教壇から彼が見とどけられなかった子どもの世界への想像力のつばさが、その作品世界で縦横に拡げられている。小説『ボディ』（一九八二年）を映画化し今も人気の高い『スタンド・バイ・ミー』（一九八六年）もまたそうした作品の一つだ。四人の少年の一夏の冒険、心温まる友情が描かれているといった解釈はいかにも皮相的だ。カレッジ（大学）に進んで外の世界に飛躍するキップをつかんだクリス、ゴーディと、その他の子どもたちを隔てる分断線を作品はどこまでも残酷に描いている。二人の会話に頻繁に飛び出す「ショップ・コース（職業組）」という言葉に、その秘密を解き明かすカギの一つがある。

『スタンド・バイ・ミー』の主人公ゴーディがわが事のように息詰まる切実さで読んだのが黒人文学の傑作『見えない人間』だったが、この小説世界を地で行く世界が私たちの身近にもある。そのことを示すのが、いわゆる日立裁判をたたかった在日朝鮮人二世の若者朴鐘碩が裁判所に提出した「民族的自覚への道——就職差別裁判上申書」（一九七四年）である。そこには朴が、愛知県の公立小・中・高等学校で「見えない子ども」として過ごした日々、その視界にとらえた教師の肖像、家庭生活、そしてさまざまな職場を転々とした苦しい日々のことが克明につづられている。これもまた、未だに日本の教師や市民一般にもほとんど知られていない闇の子どもの世界である。

今日注目を集め、学生の関心も高いのがスクールカーストと呼ばれる現象だ。子ども・生徒集団独自の価値基準に基づく相互の階層的ランク付けのことであるが、これはある意味で子ども集団の自律性の裏返しである。いち早くこの「カースト現象」をテーマにしたスティーヴン・キングのデビュー作

『キャリー』（原作一九七四年、映画一九七六年）と、日本でのヒットがまだ記憶に新しい『桐島、部活やめるってよ』（原作二〇一〇年、映画二〇一二年）を俎上にのせるが、時代も社会背景も異なるこれらの作品がともに、カースト的序列の転倒（前者は破滅的な、後者はより穏健な形で）を描いているのが興味深い。スクールカーストとはしょせん一過性の現象であり、実は擬似問題だという点も論じたい。

▩第Ⅲ部　学校というシステム

社会の人間形成や社会化機能が近代学校・公教育によって独占されるようになる前は、人を一人前にする仕組みがもっと暮らしや生活と密接したところに埋め込まれていた。柳田國男は旧制二高での講演「平凡と非凡」（一九三七年）のなかで、ムラの年齢別階梯集団や徒弟制といった古くからの人間形成が「平凡」すなわち過不足のない一人前の共同体の担い手を作るのに対し、近代学校教育の目的は前者の否定、「非凡」の輩出にこそあると喝破した。そしてこの「非凡」教育の重要な共犯者が、わが子だけは非凡であってほしいと願う親の存在だった。近代家族は、やはりムラに埋め込まれていた人間形成機能をひきとる形で勃興してきたアクターだったのである。

しかしこの柳田の奥深い議論は、エリート集団の二高生の頭脳をもってしても理解にあまるものだったようだ。日本は明治維新以降、急激に入りこんできた西洋近代という異物の消化に尽力したが、その先頭に立つ者たちにとっても日本にとって〈近代〉がもたらす意味は未整理のまま、やがて戦争の破局を迎えていく。敗戦後、日本社会の徹底的改造をめざして乗り込んできた連合国（実質はアメリカ）占領軍がまず手がけた重要課題が教育改革だった。その戦後改革の設計図とも言える重要文書が『第一次米国教育使節団報告書』（一九四六年）である。左右イデオロギーの手垢にまみれることなく、虚心坦懐にこの文書を読んでみると、教育関係者の意外なしたたかさが見えてくる。

戦後改革運動のバトンは日本の独立回復後、日本中にいる無数の教育実践者・関係者の手にひきつがれたが、そこでは二つの理想が並行して追求されていた。一つは良質な教育を全ての子どものもとに平等にゆきわたらせる平準化、もう一つが国家による教育統制からの自由の確保だった。だがこの二つはトレードオフの関係にあるように見え、同時に達成することは困難に映る。そのジレンマが極まったのが教科書問題である。高知市長浜地区で起こった教科書無償運動の経緯を二四年の時を経て描き出したのが高知追手前高校部落問題研究部の自主制作映画『たたかいは炎のように』（一九八五年）だ。高校生の手作りゆえの素朴さがかえって胸を打つだけでなく、教科書の検定や採択をめぐって惨憺たる状況がつづく現在を批判した、未来予言的な作品でもある。

戦後日本の教育はアメリカの大きな影響をうけて発展したが、教育を稼働させる最大の原動力は、学校が人生のチャンスを開いてくれる僅かばかりの可能性に賭ける若者の存在であろう。そこに日米で違いはない。人種隔離と女性差別が厳しかったアメリカで、計算手という末端の身分ながらアメリカ航空宇宙局に採用され、その後技師として宇宙開発を担うまでになった黒人女性を描いたのが『ドリーム――NASAを支えた名もなき計算手たち』（原作・映画二〇一六年）だ。その背後に、『黒人ハイスクールの歴史社会学』（原著二〇一二年、訳書二〇一六年）がつぶさに物語るような、教育機会をめぐる先人の熱い闘いがあったことは言うまでもない。

◆　◆　◆

このラインナップからわかるように、本書は学術文献よりもさまざまな文学や映画作品を素材に取り上げました。何より、それらを通して、人のリアルな生きざまを垣間見れることが面白いからです。学校や教育を単体で文脈から切り離して論じるのでなく、フィクションであれノンフィクションであれ、人の生に織り込まれた教育や学校の姿にスポットを当ててみました。それが創造的であろうと破壊的であろうと、教育というものは人間の生に働きかける営みであることに間違いありません。本書の試みが触媒となって、みなさんが自分の生に織り込まれた教育の痕跡に関心を持ってもらえれば幸いです。

テクストと映像がひらく教育学　目次

凡例

一、各章末の文献リストのうち、＊のついたものはその章でとりあげた主文献（映像資料）である。

一、引用中の……は中略の意味である。

第Ⅰ部　教師の世界

ＪＲ長浦駅からながめた、いまの長浦小学校付近の風景（筆者撮影）。平野婦美子がいた時代の面影は全くない（第２講参照）。

第1講

教師生活は不条理の連続
［坊っちゃん、炎上す］

夏目漱石『坊っちゃん』（一九〇六年）

キーワード

子どもへの怒り
片手間仕事としての教職
ダブルバインド
不条理
教育ニ関スル勅語
神経衰弱
〈近代〉への乗り遅れ

はじめに：新任教師の失敗談――『坊っちゃん』

ここ数年、教師の体罰が大きなニュースとなり世間を騒がせた。体罰を肯定することはできないが、教職という仕事を日々こころ穏やかに飄々とこなすのはむつかしい（どんな職業でもそうかもしれないが）。特に教師が心乱される大きな要因は、児童生徒に頻々と翻弄されたり屈辱を味あわされることから来る無力感にあるのではないだろうか。そこには教師特有の攻撃誘発性（ヴァルネラビリティ）が関係していそうだが、子どもから受けた攻撃はどす黒い怒りとなって教師に内攻する。それがいつ巨大な暴力として噴出するかわからない。教師の陰にはこうしたあやうさが横たわっている。また教師稼業には特有の窮屈さ、息苦しさがあるが、ネット社会の進行によってその度合いは深まりつつある。このことが教師のヴァルネラビリティ、攻撃性の双方を増幅していることも考えられる。百年以上前に書かれた夏目漱石の『坊っちゃん』がなおリアルな鮮度を保っているのは、中学校（旧制）に赴任した新任教師の失敗談というユーモアを装いながら、こうした教師の無力感、あやうさ、息苦しさを生々しく取り

図1-1　私にとって『坊っちゃん』の原イメージはこのイガクリ頭だ。小学生の頃はじめて手にしたのはこの講談社青い鳥文庫版だった。

図1-2　アニメ版「坊っちゃん」（©TMS）

出してみせたからである。

この第1講では、子どもの所作ふるまいが原因で惹起される教師の怒りに焦点化し、それを教師として通過しなければならない隘路、切所として位置づける。まず、子どもから受ける屈辱を己の全存在に向けられたものと受けとめる土壌の形成を、全人的職業としての教職の成立という歴史的視点から明らかにする。この視点からは、明治の学校が舞台であるにもかかわらず『坊っちゃん』は紛れもなく現代的な教師表象であることがわかる。次に教師の子どもへの怒りが、過剰でも不足でも非難されるダブルバインド的性格をもち、それ故に教師を苦しい立場に追いやることを論じる。この怒りをどうやり過ごし、状況を立て直すかが教師の腕の見せどころなのだ。その上で、『坊っちゃん』に描かれた具体的な教師の翻弄・屈辱の描写に添いながら、主人公や彼の同僚たちがどう怒りの感情に向き合おうとしたか、その技法《アート》を解釈してみたい。

1．片手間教師から専業教師への歴史的変遷

ここではまず『坊っちゃん』の現代性という点をおさえたい。著者の夏目漱石が明治の文豪なら、モデルとされる松山中学校も旧制の学校である。児童向け図書の表紙イラスト（図1-1）やアニメ版の教師のいでたち（図1-2）を見てのとおり、いかにも「昔の学校」の風情だ。しかしこの「昔」という先入観をまず脱却しなければならない。ここに描かれた教師像はまぎれもなく、現代的なそれなのだ。現代的というのを言い換えれば、非常に進化し洗練された姿だということだ。

たとえば主人公の教師は数学「専科」の教師だ。逆に言えば生徒たちは、数学だけを彼に教わっているのであり、その他の教科はそれぞれ別の教師に教わっている。かれらは一人の教師から全部の科目を教わるわけではないのだ。また教師初日の様子を述べたくだりに「最初の日に出た級は、いずれも少々づゝ、失敗した」[*1]とある。この学校で生徒は「級」に組織されている。つまり学習到達レベルを揃えた均

質な集団に属しているのだ。この級が層状に積み重なったものの変形版が今日の学年制の学校組織である（第9講参照）。教師が効率的に教えられるよう組織された生徒集団相手に、専門とする特定教科だけを教える。これは非常に進化し洗練された教師像だ。

また、教師としての現代性を雄弁に物語るもっとシンプルな特徴がある。彼は俸給として月給四〇円（当時の水準で悪くない額だが、作中ではしきりと給与額を愚痴る）を受け取り、もっぱらその収入のみで生計を立てている。教師としての職務に専念し、ほかに主たる収入源があるわけでもなければサイドジョブがあるわけでもない。何を当たり前のことを、と言うかもしれないが、これは大変に進化し洗練された教師の姿なのだ。このあたりのことをはっきりさせるため、少し迂遠だがアメリカ、イギリス、中国などの海外に目をやってみたい。そこでわかるのは、教師について私たちが自明と思っている多くのことが実はそうではなく、ある歴史的・社会的条件下でのみ可能となった教師像に過ぎないことである。こうした相対化をするのに、もちろん江戸時代の手習い師匠（寺子屋師匠）の事例も有益である。

学校以前の民衆教育機関の代表としての手習い塾すなわち寺子屋の名前を出した。ここに「寺」という字が含まれているのは何故だろうか。それはこの教育機関の源流が、中世寺院における僧侶の世俗教育にあるとされるからである。つまりここで大事なのは、もともと教育の最も主たる担い手は宗教家、聖職者だったということである。これは西洋においてより顕著な傾向である。教えるという仕事が、聖職者としての本業の片手間で行われる仕事だったこと、また教え手（教師）という役割も片手間仕事に過ぎなかったこと、これがポイントなのだ。寺子屋師匠にもう一度話を戻そう。幕末期の都市部ではやや事情が異なるが、人口の大半を占めた農村部における寺子屋師匠は、百姓、僧侶、医師、神官など多様な職種の人が務めていた。かれらが受け取った教えることへの対価（授業料）は気持ち程度のものであり、その収入を生計のあてにしていたわけではない。

本業を別に持ち、片手間仕事で学校の先生もやる姿は、近代以前の教師の原像である。たとえばアメ

＊1　夏目漱石「坊っちゃん」『漱石全集　第二巻』二七二頁。表記は原文ママとする。なお強調は筆者による。

リカ合衆国の場合をみてみよう。今日の公立学校に連なる初等教育機関としてコモンスクールが確立する以前の一九世紀はじめ、アメリカでは多様な民衆教育機関が乱立していた。ペイスクール、慈善学校、日曜学校、幼児学校[*2]などがそれであるが、当時のアメリカで都市というのは稀な存在であり、たいていの人々は人口閑散地域（すなわち田舎）に暮らしていた。そうした地域の民衆教育機関がディストリクト・スクールである。ディストリクト・スクール内部の平面図（図1‐3）に明らかなように、三方の壁際にベンチが置かれ、真ん中がガランと空いた一部屋、中はこれだけだ。後にこの空間は一人用の机と椅子で満たされることになるが、それ以外のたたずまいは長く変わらなかった。アメリカの津々浦々まで行き渡ったワンルームスクール（第2講参照）の原型である。授業の中心は読み書き、特にレシテーションと呼ばれる暗唱で、聖書の一節が教材だった。数名の生徒が前に呼ばれて教師の前で暗唱し、残りの生徒はバックシートで待機する。就学年齢規定もない時代だから老いも若きも幼きも集まっている。これをたった一人の教師でさばくのである。このたいへん骨の折れる仕事を担っていたのは、農夫や旅籠の主人などだった。第2講で詳しく述べるがコモンスクール期に入りフルタイムの仕事としての教職が成立するようになると、教職の担い手は女性（それも未婚の若い女性）にシフトする。だがディストリクト・スクールの時代、まだ教師役は男性だった。にらみの利く強面でなければ務まらないタフな仕事だったということだろうか。また授業日数の規定も存在しないこの時代、ディストリクト・スクールの授業期間は概してとても短かった。春の種蒔、秋の収穫期という農繁期は教師も生徒も忙しい。だから学校は季節の悪い夏・冬だけやっていた。今では長期休暇にあたる季節が授業シーズンだったのだ。教師がフルタイムの仕事として成り立ちようがない理由はここにもあった。

　イギリスにも、フルタイムでなく片手間仕事で教える「教師」のいる、貧しい下層階級向けの学校があり、近世から一九世紀後半まで息長く存続した。興味深いことにこちらの教え手は「おばさん」であった。その名をデイム・スクール（dame school）、おばさん学校と言う。デイム・スクールについて

＊2　Kaestle, C. F. *Pillars of the republic.* 藤本茂生『アメリカ史のなかの子ども』。

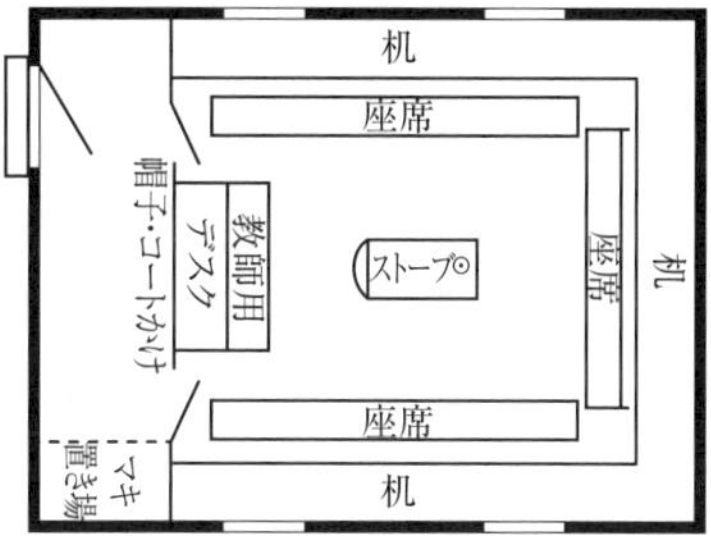

図1‐3　典型的なディストリクト・スクールの平面図
（出典：Cubberley, E.P. *Rural life and education; a study of the rural-school problem as a phase of the rural-life problem.* Houghton Mifflin Company, 1914, p.86 より作成）

は松塚俊三の行き届いた研究があり、そのまま引用させてもらうと、その特徴は「①読み方を中心に教える学校であること、②生徒の出身階層が「肉体労働者」「職工」と「小商店主」の一部からなること、③教師の大半が女性であり、他の職業との兼業が多いこと、④略、⑤授業料は一週当たり二ペンスから八ペンス程度であること、⑥生徒の在学期間が一般的に短いこと、⑦教室には聖書以外の書物が少ないこと」[*3]である。イギリスにも公教育成立以前に、片手間教師が教える「学校」のぶ厚い歴史が存在するのである。

最後に中国の民弁教師のことに触れておこう。中国における代用教員、非正規の教員のことで、国家の手が及びにくい辺境の農村地帯で初等教育の責務を担ったのが民弁教師である。かれらは農村戸籍をもち、正式な教員の資格はないが「半農半教」の暮らしをしながら、農村部の初等教育の屋台骨を支えてきた。他国の「片手間教師」より時代が新しいだけでなく、一九九六年時点で民弁教師が一八〇万人もいたというから規模もケタ違いだ[*4]。

だいぶ遠回りしてしまった。要するに、教える仕事に専念する職業としての教職、その役割を担う教師という存在が成立するのは、以上見たような「片手間教師」たちの長い時代が終わった後のことなのだ。全身全霊をこめて教えることに向き合わねばならない、逃げ場のない悲壮な今日の教師の姿は容易に想像できる。たとえば『坊っちゃん』にも、出勤初日の辞令交付の際に校長から「生徒の模範になれの、一校の師表と仰がれなくては行かんの、学問以外に個人の徳化を及ぼさなくては教育者になれないの、と無暗に法外な注文を」され、「是は飛んだ所へ来たと思つた」[*5]とほぞを噛む場面がある。今日的感覚では主人公の不心得しか見えてこないが、この長い「片手間時代」の教師のエピソードを念頭におけば、彼の戸惑いにも一理ある。主人公は「〈近代〉に乗り遅れた」青年なのだ。これから本講で読み解こうとする、内攻し暴発の危険をはらむ子どもへの怒りという感情も、教師が置かれたこうした歴史的位相の上にこそ成立したものである。

＊3　松塚俊三『歴史のなかの教師——近代イギリスの国家と民衆文化』一九頁。

＊4　鮑良「中国農村地域における民弁教師の問題」一八頁。

＊5　「坊っちゃん」二六五頁。

2.「子どもへの怒り」のさじ加減

さて次にここでは目先を転じて、教師の子どもへの怒りが過剰でも不足でも非難される、ダブルバインド的性格をもつことをおさえておきたい。最近、電車の中など公共の場で「子どもを叱れない大人」の存在がクローズアップされている。時に、「叱ら（れ）ない教師」言説が流布し、教師バッシングが沸き起こることもある。しかしながら他方で、私たちの常識知の世界では、「大人が子どもに対して本気で怒ること」をたしなめたり冷笑する習慣が根づいていることもまた事実である。そのような行為は「大人げない」、大人としての品位を欠くみっともないものだ、というわけである。いや、こうした主張はなにも「生活の知恵」だの「民衆知」の専売特許ではない。子どもやその大人の関係性を対象とした近代の人間科学的知の数々もまた、度を過ぎた大人・親の怒りが子どもの人間形成を阻害することを声高に申し立ててきた。[*6] 大人とは本質的に異なる「子ども」性の発見、そしてその擁護・尊重の主張という、アリエス『〈子供〉の誕生』以降いまや周知となった近代固有のストーリーである。

どうも、こと子どもが対象である限り、怒りは過剰であっても不足であっても非難の対象となる、まことにやっかいな現象のようである。しかしそれを裏返してみれば、この難所をうまく切り抜けさえすれば、当該コミュニティにおける「真っ当な大人」としての免状を手にすることができる、少なくともそれに大幅に近づくことができる。いわば、子どもへの立腹という出来事は、ある時・ある人にとってはダブルバインドの生き地獄への入り口であるのが、別の時・別の人にとっては大人としての権威を高め、存在の承認をより確かなものとする好機となる、というわけである。

ではどうすればそれを好機として活かすことができるのか。万人がそう問いたがるわけだが、それに決定的な解答がないこともわれわれは最初からうすうす知っている。自分の経験や他人の事例の見聞を重ねるにつれ、どうやら、まさにほかでもないこの○○さん、××先生という人だから上々の、あるい

＊6　代表的な議論として、アリス・ミラー『魂の殺人』などがある。

は悲惨な結末になったのだ、としか言いようがなさそうなことが明白になってくる。それは傍目にはまるで、一種の不条理劇のように映るかもしれない。しかしこの不条理な属人性が、〈教育〉という現象の機微に触れるらしいこともまた、われわれはうすうす感じ取っている。

ここではこうした不条理を明晰な理論や説明によって解きほぐすのでなく、不条理を不条理なまま、できる限りそれに向き合う姿勢をとることで、〈教育〉という世界の一断面をスケッチしてみたいと思う。しかし、あるがままを直視するという姿勢ほど、教育に関係する者にとって不得手なものはない。先人の中にも、そうした姿勢を貫きえた人を探すのはむつかしい。そうした中にあって卓越したテキストとして、ここで『坊っちゃん』に注目したいと思う。

周知のように『坊っちゃん』は、四国の中学校に赴任した主人公の数学教師が、学校の内外で繰り広げる騒動、その人間模様を描いたものである。ちょっと考えただけでもこの小説は不条理性に満ち溢れている。悪役として登場する教頭・赤シャツは、生徒たちから慕われる熱血教師・山嵐の追放に成功し、私生活においても善良なうらなり君から許婚の略奪に成功する。強きが弱きをくじく、悪は正義に勝つと言わんばかりのストーリー展開である。しかし不条理を描写する漱石の筆が冴えを見せるのはそればかりではない。

興味深いのが、この小説において、子どもへの怒りの噴出という難所が結果的に大人（教師）たちにもたらす明暗がくっきりと描かれている箇所である。作品を読み進めていくと、主人公には着任早々から、生徒から数々のいたずら・嫌がらせが雨嵐のごとくふりそそぐ。当然、やられた方は立腹し、さまざまなリアクションをしていくのであるが、これは読み方を変えれば、主人公が日々、のるかそるか、天国か地獄かの分かれ目となる切所を歩かされていることを意味する。そして、基本的には個人的経験として現象していた〈切所経験〉が突如共同化され、教師集団全体のものとなる場面が訪れる。主人公が宿直として学校に泊まりこんだその晩、寄宿生たちによって寝床にバッタを入れられ、それを厳しく叱責した意趣返しに、明け方まで宿直室の階上で騒がれる。このバッタ事件＋吶喊《とっかん》事件は、問題が被害教師の主人公・加害生徒の二者間だけで収束せず、学校全体に波及する。生徒処分をめぐって全教員出席のもと会議が開かれるのだ。それは取りも直さず、卑しめを受けたのは単に直接の被害者である主人公だけでない、彼を介して全教員が間接的に子どもから陵辱を受けたのだ、という認識のもとで開かれたものである。もはやひとり主人公のみならず、同じ中学校に所属する全教員へと、切所経験の当事者範囲が拡大されたのだ。これらを順を追ってみていきたい。まず坊っちゃんの個人的な切所経験の描写を確認し、次にそれが共同化される場面を見ていこう。

3．個人的経験としての生徒への怒り――天麩羅・バッタ・吶喊事件

主人公＝坊っちゃんに対する生徒の悪さの連続エピソードとして、宿直時のバッタ・吶喊事件の前に配置されているのが「天麩羅事件」である。ここでは、子どもに対する怒りは主人公個人のレベルに限定され、まだ共同性を獲得してはいないが、のちの不条理劇で主人公に割り振られることになる役回りがそれとなく暗示されている。

「天麩羅事件」のあらましとはこうだ。赴任間もない主人公が、ふと立ち寄った色町の飲食店で天麩羅そばを四杯も平らげたのを生徒が目撃していた。翌日授業に出てみると、黒板に「天麩羅先生」と大書してあり、わあと囃し立てられる。ここで、作品中で地の文として書かれている主人公の心内発話と、カギ括弧によってせりふとしてくくられている言葉、つまり当該場面で教師から生徒に対して実際に発話されたこととの区別に注意を払いながら、場面を芝居の書き割り風に再現してみよう。

（教師、教場に入ってくる。黒板の「天麩羅先生」という字に気付く。生徒、わあと囃し立てる）

教師：天麩羅を食っちゃ可笑しいか

生徒：然し四杯は過ぎるぞな、もし

（教師、さっさと授業を始める。内心で「四杯食はうが五杯食はうがおれの銭でおれが食ふのに文句があるもんか」と毒づく[*7]）

ところが次の教室へ行くと、今度は「天麩羅四杯也、但し笑う可らず」と板書されている。さすがにこれには教師もキレる。同じくこの場面を書き割りで再現してみよう。

（教師、教場に入ってくる。黒板の文字に気付く。内心で「一時間あるくと見物する町もない様な狭い都に住んで、外に何にも芸がないから、天麩羅事件を日露戦争の様に触れちらかすんだらう。憐れな奴等だ。小供の時から、こんなに教育されるから、いやにひねつこびた、植木鉢の楓見た様な小人が出来るんだ」と毒づく。教師、だまって字を消す）

教師：こんないたづらが面白いか、卑怯な冗談だ。君等は卑怯と云ふ意味を知つてるか

生徒：自分がした事を笑はれて怒るのが卑怯ぢやらうがな、もし

（教師、内心で「やな奴だ。わざ〳〵東京から、こんな奴を教へに来たのかと思つたら情けなくなつた」と毒づく）

教師：余計な減らず口を利かないで勉強しろ

（教師、授業を始める。[*8]）

敢えてこのような読みづらい書式で再現してみたのは、この小説の真骨頂とされる「べらんめえ調で豊富な語彙を駆使した歯切れの良い」内心での罵倒言葉を敢えて遠景に遠ざけ、実際に生徒を前に主人公の口をついて出た言葉に注意を喚起するためである。すると、この二つの場面で教師が生徒の悪さに対

＊7　「坊っちゃん」二七六—二七七頁をもとに改変。

＊8　「坊っちゃん」二七七頁をもとに改変。

して、対照的な戦略を使っていることに気づく。最初の場面では、敢えて教師風を吹かせず、同じ平場の人間として自分の行為のどこがおかしいかを生徒に問う。それに対し次の場面は、教師臭さを前面に出して、「卑怯と云う言葉を知っているか」などと一般道徳を大上段に振りかざす。何よりも重要なのは、こうしたいろいろな戦略を試してもどれ一つとして功を奏さない、そういう教師として主人公が人物造形されている点である。彼が試した戦略はどちらも、ある条件が揃いさえすれば有効なものとして一般に認知されている。生徒指導論が説くまでもなく、悪さをする子どもに対して、時には権威を振りかざさず同じ地平に立って「人間」として向き合わねばならないし、またある局面では断固として、大人としての姿勢を示さねばならない。ところが坊っちゃんにあっては、なぜか何をやっても不首尾の結果に終わる。彼は、一発大逆転で生徒から信が得られるかもしれない好機をものにできず、少しも生徒からの尊敬を調達できない。一つの難所がさらなる別の難所へとつながる、悪さの連鎖が続く。それではなぜ彼は不首尾なのか。その答えは作中のどこにも示されていないが、そのとき読者の脳裡によぎるのは、「だって彼なんだもの」という不条理そのものとしか思えぬ答えである。まさに読者をして、そうとしか思わせせぬ人物造形をなし遂げるところに、漱石の面目が躍如している。

切所が教員全体に共有化されるきっかけになる、宿直時のバッタ事件・吶喊事件においても、不条理な「押しても引いても、何をやってもなぜか全然ダメ」の構造は一貫して変わらない。不条理を描写する筆致はここでも冴え渡っている。

宿直の晩、寝ようと思った矢先に寝床に大量のバッタ（実はイナゴ）を発見した主人公は、即座に生徒によるいたずらと断定し、自室に寄宿生を総代に呼び出す。しかし案の定、のらりくらりとした返答ばかりが返ってきて、一向に埒があかない。主人公の追及の言葉もだんだん乱暴になってくるが、基本的には真相の究明に情熱を燃やしており、生徒の存在自体に対する悪罵は発しない。地の文として表現されている心内発話において、「けちな奴等だ」[*9]、「いたづらだ丈で罰は御免蒙るなんて下劣な根性がど

*9 「坊っちゃん」二八五頁。

この国に流行ると思つてるんだ。金は借りるが、返す事は御免だと云ふ連中はみんな、こんな奴等が卒業してやる仕事に相違ない。……学校へ這入つて、嘘を吐いて、胡魔化して、陰でこせ〳〵生意気な悪いたづらをして、さうして大きな面で卒業すれば教育を受けたもんだと癇違いをして居やがる。話せない雑兵だ」[*10]などとまくし立てても、彼は実際のコミュニケーション場面ではあくまで生徒を話の通じるはずの相手として扱い、真実の語りを求めているのである。

しかしそうした「対話的」試みの継続がこれ以上無意味と悟ると、出方を転じて相手の人格を否定するショック療法に出る。書き割り風に場面を再現するとこうだ。

（教師、「こんな腐つた了見の奴等と談判するのは胸糞が悪るい」、と思い始める）

教師：そんなに云われなきや、聞かなくつてい丶。中学校へ這入つて、上品も下品も区別が出来ないのは気の毒なものだ[*11]

（教師、生徒六人を部屋から解放する。六人は悠々と引き揚げる。教師、内心で、「おれは言葉や様子こそ余り上品ぢゃないが、心はこいつらよりも遥かに上品な積りだ」、と毒づく）

しかし生徒にとって、「上品と下品の区別も分からない」と決めつけられたことは何の教育的効果も生むものではなかったようだ。その直後に、意趣返しに明け方まで床板を踏み鳴らされ大声に悩まされる（吶喊事件）という、さらなる悪さの連鎖を引き起こしたことからそれは明らかだ。対話路線に出ても「彼」だから、ただそれだけなのである。高姿勢にショック療法を試みても、とにかく何をやってもだめ。強いて理由を探せばそれが「彼」だか

＊10　「坊っちゃん」二八六頁。

＊11　「坊っちゃん」二八六頁をもとに改変。

4．共同化された生徒への怒り――宿直事件処分会議

宿直時のバッタ・吶喊事件をめぐって生徒処分を論ずる会議が開かれたのは、先に述べたように、生徒から卑しめを受けたのは単に主人公だけでなく、この事件を介して全教員が間接的に生徒から陵辱を受けた、という認識がもたれたからである。この事件をきっかけにして、重大なピンチでもありまたチャンスでもある、子どもへの立腹という切所にすべての教員が立たされることになったわけである。

さてこの会議場面の解読のポイントを、二つの次元での主人公＝坊っちゃんの敗北に置きたいと思う。周知の通り、会議が始まると教頭赤シャツがまず穏便処分説を提案し、次々に出席者が賛同を示し主人公は孤立する。穏便処分説を相手にして会議の多数派を形成できなかったこと、これが第一の敗北である。ところが話はこれで終わらない。会議が穏便説に傾きかけたところに山嵐が発言を求め、厳罰が必要なことを力説し、坊っちゃんは愁眉を開く。この山嵐の発言で形勢が逆転し、校長も山嵐の意見をある程度受けて、生徒に対する処分を断行する。一見すると主人公にとって「明」とも取れる展開だが、筆者はこれを主人公にとって第二の敗北、明暗の「暗」と位置づけたい。

まず最初に、開会の挨拶も兼ねた校長（狸のあだ名で呼ばれる）の発話をみよう。

校長：学校の職員や生徒に過失のあるのは、みんな自分の寡徳の致す所で、何か事件がある度に、自分はよく是で校長が勤まるとひそかに慚愧の念に堪へんが、不幸にして今回も亦か丶る騒動を引き起したのは、深く諸君に向つて謝罪しなければならん[*12]

この校長の発言に対して、坊っちゃんは内心で「おれが大人しく宿直をする。生徒が乱暴をする。わるいのは校長でもなけりや、おれでもない、生徒丈に極つてる[*13]」と息巻き、校長の発言を「条理に適はな

＊12　「坊っちゃん」三一四頁をもとに改変。

＊13　「坊っちゃん」三一五頁。

い議論」[14]と切り捨てる。ところが論理明晰なはずの「生徒が悪い」という議論は会議の場で一向に支持が集まらず、彼にとって不条理な「外部責任説＝穏便処分論」が場の大勢になっていくのである。その基調となる発言をしたのが教頭赤シャツであった。

教頭：かう云ふ事は、何か陥欠があると起るもので、事件其物を見ると何だか生徒丈がわるい様であるが、其真相を極めると責任は却つて学校にあるかも知れない。だから表面にあらはれた所丈で厳重な制裁を加へるのは、却つて未来の為めによくないかとも思はれます。且つ少年血気のあるものであるから活気があふれて、善悪の考はなく、半ば無意識にこんな悪戯をやる事はないとも限らん。……どうか其辺を御斟酌になつて、なるべく寛大な御取計を願ひたいと思ひます。[15]

この赤シャツの発言に表現された論理こそ、子どもに対する立腹経験という「難所」の難所たるゆえんを十分計算に入れ、それを梃子に大人側の権威や面目をより高めるというマジックを可能にする論理、要するに〈教育〉の論理である。解剖をしてみると次のようになる。まず、子ども・生徒の悪さを「表面にあらわれたもの」として、表層／深層あるいは徴候／病巣という臨床医学的なまなざしで捉える視角である。これは明らかに、子どもの悪を処罰の対象としてでなく治療の対象と見なして対処する保護主義的な姿勢を表している。「こういう事は何か陥欠があると起こる」「責任は却って学校にある」という言説は、悪を担う子どもは劣悪な環境の犠牲者である、というこれまた保護主義の柱となる考えを具現している。また少年とは本来「善悪の考なく」「半ば無意識に」悪戯をやるものだという認識は、大人のような十分な判断能力をいまだ備えていない子どもの特殊性への配慮を主張するものである。最後に、安易な厳罰は「却って未来の為によくない」という言説は、罰は行為に対する応報としてでなく、あくまで教育の一環として「教育的」に与えられるべき、という考えを表している。まさしく、教育対

＊14 「坊っちゃん」三一五頁。

＊15 「坊っちゃん」三一六頁をもとに改変。

象として子どもを「発見」し、囲い込む境界作成の作業が、これらの言説を語ることで遂行されているのである。

このような赤シャツの発言に対して、坊っちゃんは内心でこうつっこむ。「生徒があばれるのは、生徒がわるいんぢやない、教師が悪るいんだと公言して居る。……半ば無意識に床の中へバツタを入れられて堪るもんか。此様子ぢや寐頸をか、れても、半ば無意識だつて放免する積だらう」[*16]。悪を担う子どもを処罰ではなく、治療＝教育の対象として構成する〈教育〉の論理の倒錯性を、誇張して言ってみせている。しかしそのパロディがどれほど痛快でも、会議の場にあって自己主張するには、教育言説で自らの所説をくるんで発話せねばならない。このあと、教頭の腹心野だいこが穏便処分論に賛成の意見を述べ、辛抱たまらなくなった主人公が「腹案も出来ないうちに起ち上がつて仕舞」[*17]い、公に自らの思うところを述べるが案の定、彼は過ちを犯してしまう。

坊：私は徹頭徹尾反対です。……そんな頓珍漢な、処分は大嫌です。……一体生徒が全然悪るいです。どうしても詫らせなくつちあ、癖になります。退校さしても構ひません。……何だ失敬な、新しく来た教師だと思つて。[*18]

この発言中、彼は出席の教員一同から失笑を買う。「頓珍漢な」あたりの物言いが場にそぐわないものとして嘲笑の的になったのだろう。だがそれだけではない。この嘲笑がもつ、より本質的な意味は、主人公が教育言説に対して反駁するには自らも別の教育言説をもってしなければならない、という会議の場の鉄則を逸脱したことにあった。さらに言えば、いま彼ら一同が立たされている状況の深刻性、つまり一つ間違えばダブルバインドの地獄に突き落とされかねない子どもへの立腹という難所に自分たちがあることへの主人公のあまりの鈍感さ、それへの懲罰の意味を込めた嘲笑であった。この難所をやり過

＊16 「坊っちゃん」三一六頁。

＊17 「坊っちゃん」三一七頁。

＊18 「坊っちゃん」三一七頁をもとに改変。

ごし、むしろそれを立て直しの契機にしうるほとんど唯一の回路が、〈教育〉の論理だということ、これを校長・教頭はじめ列席の教師たちは知り抜いていたはずだ——主人公ただ一人を除いて。穏便処分論が大勢を占める状況に「忌々しい、大抵のものは赤シヤツ党だ。こんな連中が寄り合つて学校を立て、居りや世話はない」[*19]と毒づく坊っちゃんだが、場の大勢を占めたのは〈教育〉の論理そのもの、いわば「教育党」だったと言うべきだろう。

ところで、これに続く山嵐の「援護射撃」に思える発話は、この件をきっかけにこれまで主人公と冷戦状態にあった山嵐を見直し始め、その後完全に和解し、以後無二の盟友としてタッグを組んで行動することを思えば、作品全体の大きなターニングポイントである。しかしこの山嵐発言を検討することで明らかになるのは、この発言こそが主人公坊っちゃんをいよいよ窮地に追い詰め、彼という存在自体の悲劇性を決定的にしたことだ。われわれ読者はまたしても「やっぱり彼だものなあ」と嘆くしかないのである。

5.〈教育〉の論理——山嵐は真の友軍か

以下に引用するのが会議席上の山嵐の発言の全文である。なにしろ理路整然とした大演説であるから、少々長くなるのは致しかたがない。

山：私は教頭及び其他諸君の御説には全然不同意であります。と云ふものは此事件はどの点から見ても、五十名の寄宿生が新来の教師某氏を軽侮して之を翻弄し様とした所為とより外には認められんのであります。……某氏が宿直にあたられたのは着後早々の事で、未だ生徒に接せられてから二十日に満たぬ頃であります。此短かい二十日間に於て生徒は君の学問人物を評価し得る余地がないのであります。軽侮されべき至当な理由があつて、軽侮を受けたのなら生徒の行為に斟酌を加へる理由もありませう

＊19　「坊っちゃん」三二八頁。

が、何等の源因もないのに新来の先生を愚弄する様な軽薄な生徒を寛仮しては学校の威信に関はる事と思ひます。教育の精神は単に学問を授ける許りではない、高尚な、正直な、武士的な元気を鼓吹すると同時に、野卑な、軽躁な、暴慢な悪風を掃蕩するにあると思ひます。……か丶る弊風を杜絶する為めにこそ吾々はこの校に職を奉じて居るので、之を見逃す位なら始めから教師にならん方がい丶と思ひます。私は以上の理由で、寄宿生一同を厳罰に処する上に、当該教師の面前に於て公けに謝罪の意を表せしむるのを至当の所置と心得ます。[*20]

これを聞いた坊っちゃんは、「おれは何だか非常に嬉しかつた。おれの云はうと思ふところをおれの代りに山嵐がすつかり言つてくれた様なものだ」[*21]としきりに感激する。しかし本当にそうだろうか。

何と言っても注目されるのは、「これを見逃す位なら始めから教師にならん方がいい」というくだりである。山嵐は、生徒に対する処罰を処罰にあらざる、治療＝教育として捉えていることは明白である。なぜならそれは、野卑な、軽躁な悪風を掃蕩し云々という「教育の精神」につながることだからだ。ここでの主張は、厳罰に処することこそが「教育的」なのだという、教育言説そのものである。ここで赤シャツ教頭が、「厳罰は却って子どもの未来の為によくない」と唱えていたことを思い出そう。注目されるのは、処分はあくまで〈教育〉の問題であり、〈教育〉的配慮のもと行われねばならない、という考えが双方に共通している点である。この点で山嵐は、一見対立しているかに見える赤シャツとの間に、ひそかに同盟関係を有していると解釈できる。両者を結びつけていた最も太い絆は、一つ間違えばダブルバインドの地獄に突き落とされかねない、子どもへの立腹という難所に自分たちがあるという共通の危機感であった。そうした危機の中にあって大人の権威を維持し境界を再明示化するための簡便にして確実な回路は、さしあたって〈教育〉の論理しかなく、逆にその埒内であれば、厳罰で行くか穏便処分で行くかの選択など単なるテクニカルな事項に過ぎず、取るに足らない問題だとさえ言っても

＊20　「坊っちゃん」三一八―三一九頁をもとに改変。

＊21　「坊っちゃん」三一九頁。

いいのである。

このように赤シャツと山嵐がグルだとすると、主人公の立場は微妙なものになる。実は山嵐が彼と同じ結論＝厳罰論に行き着いたのはあくまで偶然に過ぎず、思考における一致はあくまで見かけ上だけのものだった。むしろ、同じ結論を共有する坊っちゃんと山嵐の間の断裂は、実は穏便説／厳罰論を戦わせ合った赤シャツと山嵐の間のそれよりも、一層深刻だといわねばならない。この断裂を傍証するのが、「教師が軽侮されべき至当な理由があって、軽侮を受けたのなら生徒の行為に斟酌を加える理由もある」というくだりである。これは、子どもに立腹した時はまず大人は冷静にわが振りを見直せ、と説いているわけで、立腹という難所に臨む大人の心構えを説いた危機管理の言説である。そして坊っちゃんは着任後まだわずか二〇日の「新来」者だから、大人に求められるこれらの自制の義務を一時的に免れている。だから悪さをした子どもに厳罰を与えよ、と言っているわけである。なお山嵐は、この厳罰発言に引き続いて、宿直の当夜に坊っちゃんが学校を抜け出して温泉に行ったことを一同に暴露し「此点に就ては校長からとくに責任者に御注意あらん事を希望します」[*22]と述べる（後述のように二人は道でばったり出くわしていた。宿直中だからプライベートではなく勤務時間中である）。この違反行動の暴露によって暗に、坊っちゃんの側に「軽侮されべき至当な理由」が探ればいろいろと出てくる可能性さえ仄めかしている。こうした一連の態度、友人どころか冷厳な管理者＝上司でなくて何であろうか。

結局、バッタ・吶喊事件から職員会議を経て処分断行に至る一連の流れのなかで、その他大勢の教員たちがめいめいうまく切所をやり過ごしたなかで、ただ一人坊っちゃんだけが二重の敗地にまみえた。単に自分の意見が多数から支持されなかったばかりでなく、自分と額面上同じ提言を行った山嵐の意見はまんまと採用されるという不条理。山嵐は最も面目を施し、表面上敗者の赤シャツ党にも自説の撤回を鷹揚に受け入れる余裕がまだある。そして直接的被害者の主人公だけが、出口なしの泥沼にのた打ち回ったのだった。

＊22　「坊っちゃん」三二〇頁。

6. 宿直騒動のほんとうの〈ヤバさ〉——教育ニ関スル勅語

教師の怒りへの対処という本筋から外れるが、坊っちゃんの宿直騒動の背後に重大な問題が潜んでいることに触れておきたい。すでに多くの『坊っちゃん』論で指摘されているように[*23]、仮に時代背景を日露戦争直後の一九〇五（明治三八）年頃と仮定すると、舞台となっている中学校で宿直が教師の職務に組み込まれていた理由は、学校に下賜された『教育ニ関スル勅語』の謄本（写し）と天皇・皇后の御真影を夜なべて守り抜くためであった[*24]。教育勅語とは、日本における教育の根本原理に関して天皇が個人として見解を述べた著作物という形で、一八九〇（明治二三）年に公表された文書である。小学校ではすでに一八九一（明治二四）年に祝日大祭日儀式規定が定められ、厳粛な雰囲気のなかでうやうやしく朗読されていた。勅語というモノが作り出す空気は中学校にあっても、相当重たいものになっていた筈だ。宿直の話題は出ても、勅語のチの字もテクストにはあらわれない。逆にそのことが勅語の存在感を際立たせている。

学校には宿直があつて、職員が代る〳〵之をつとめる。但し狸と赤シヤツは例外である。何で此両人が当然の義務を免れるのかと聞いて見たら、奏任待遇だからと云ふ。面白くもない。月給は沢山とる、時間は少ない、夫で宿直を逃がれるなんて不公平があるものか。勝手な規則をこしらへて、それが当たり前だと云ふ様な顔をしてゐる。よくまああんなに図迂〳〵しく出来るものだ。これに就ては大分不平であるが、山嵐の説によると、いくら一人で不平を並べたつて通るものぢやないさうだ[*25]。

「当然の義務」という文言が示唆するように、何のために宿直制度が存在するのかをいまさら蒸し返すのは野暮である。主人公の意識はひたすら、義務負担が公平に分担されていない現実に対してのみ向け

＊23　たとえば、伊ケ崎暁生『文学でつづる民衆史』八七頁、村木晃『「坊っちゃん」の通信簿——明治の学校・現代の学校』一二七頁。

＊24　厳密に言えば、御真影は学校からの請願によって「下賜」されたのに対し、勅語謄本は一方的に上から「下付」されたものだった。籠谷次郎『近代日本における教育と国家の思想』参照。

＊25　「坊っちゃん」二八〇頁。

られている。

実際の宿直業務のリアルな描写もある。侘しい宿直部屋の描写から、そこを抜け出す行動への滑らかな移行には清々しささえおぼえる。

> 宿直部屋は教場の裏手にある寄宿舎の西はづれの一室だ。一寸這入つて見たが、西日をまともに受けて、苦しくつて居たゝまれない。田舎丈あつて秋がきても、気長に暑いもんだ。生徒の賄を取りよせて晩飯を済ましたが、まづいには恐れ入つた。よくあんなものを食つて、あれ丈に暴れられたもんだ。……飯は食つたが、まだ日が暮れないから寐る訳に行かない。一寸温泉に行きたくなつた。宿直をして、外へ出るのはいゝ事だか、悪るい事だかしらないが、かうつくねんとして重禁錮同様な憂目に逢ふのは我慢の出来るもんぢやない。[＊26]

温泉に入りに外出するのは論外としても、教育勅語謄本や御真影を、寝ずの番をして守り抜くという発想すらない。夜になったら睡眠をとるつもりでいる。

そして坊っちゃんは、出かけた先で間の悪いことに校長と鉢合わせ、そのあと同僚の山嵐とも遭遇してしまう。

> 堅町の四っ角迄くると今度は山嵐に出っ喰はした。どうも狭い所だ。出てあるきさへすれば必ず誰かに逢ふ。「おい君は宿直ぢやないか」と聞くから「うん、宿直だ」と答へたら、「宿直が無暗に出てあるくなんて、不都合ぢやないか」と云つた。「些とも不都合なもんか、出てあるかない方が不都合だ」と威張つて見せた。「君のづぼらにも困るな、校長か教頭に出逢ふと面倒だぜ」と山嵐に似合はない事を云ふから「校長にはたつた今逢つた。暑い時には散歩でもしないと宿直も骨でせうと校長が、おれの散歩をほめたよ」と

＊26　「坊っちゃん」二八一頁。

云つて、面倒臭いから、さつさと学校へ帰つて来た。[27]

言うまでもなく校長は、彼の散歩をほめたりなどしていない。校長は「あなたは今日は宿直ではなかつたですかねえと真面目くさつて聞いた」[28]のだ。宿直の教師が持ち場を離れ、こともあろうに温泉街に遊びに来ている姿を目の前にして、管理者として校長はさぞ狼狽したにちがいない。真面目くさった表情の下で内心どれほど動揺していたことだろう。また普段は豪快な山嵐をさえ、柄にもない小心な発言をさせるほど、場違いな行動だったことに注意すべきだろう。

ここでわざわざ、教育勅語にスポットを当てた理由は、昨今の教育勅語をとりまく奇怪な状況が念頭にあるからである。就任早々の発言で文科大臣が、教育勅語には普遍性もあり道徳教育の教材に活用することも考えるべきだと表明したりする、そんな昨今の情勢である。教育勅語をよく読むと、結構まっとうな内容も含まれているという説もよく耳にする。だがこのように、書かれた内容（の一部）だけを取り出して論じる態度では、教育勅語の問題の本質にはたどり着くことができない（上記の立場をとる人々はそれを分かって、敢えて全体化を避けて部分のみに注意を向けようとしているのだろう）。教育勅語という存在、敢えていえばブツとしての、物質としての勅語とそれに媒介されたシステムこそが問題なのである。ブツとしての、物質としての教育勅語によって学校内の人間の行動がどのように規定され、どのように人が窮地に追いやられたり排除されたりしたのか。それがどのように誰かの権威を不当に高め、ミニ暴君化を招いたか。こうした作用の総体が学校という組織をいかにいびつにし、人間関係をゆがめてきたか。その認識抜きに、教育勅語を云々するのはナンセンスであろう。

7. ネット時代の悪夢——坊っちゃん炎上す

話は戻る。『坊っちゃん』は、現代のネット時代の悪夢を描いたある種のホラー小説としても読め

＊27 「坊っちゃん」二八二頁。

＊28 「坊っちゃん」二八一—二八二頁。

る。生徒たちのいたずらは一見邪気のないものだが、自分の一挙手一投足がリアルタイムで不特定多数にさらされ、主人公がじわじわ精神的に追いつめられていくさまは、現代社会の「炎上」の悪夢を想起させる。前出の「天麩羅事件」はその原型だ。主人公の日常のプライバシーが常に誰か（生徒たち）によって監視され、教室の匿名の落書き（板書）となってプライバシーが暴かれる。現代ならネット掲示板上の書き込みだ。以下の「団子」「赤手拭」のエピソードも同型であるが、笑って済まされるものではない。執拗にこうした状況に立たされ続けることで、人間の精神は蝕ばまれていく。

> 夫から三日許りは無事であつたが、四日目の晩に住田と云ふ所へ行つて団子を食つた。此住田と云ふ所は温泉のある町で城下から汽車だと十分許り、歩行いて三十分で行かれる。料理屋も温泉宿も、公園もある上に遊廓がある。おれの這入つた団子屋は遊郭の入口にあつて、大変うまいと云ふ評判だから、温泉に行つた帰りがけに一寸食つてみた。今度は生徒にも逢はなかつたから、誰も知るまいと思つて、翌日学校へ行つて、一時間目の教場へ這入ると団子二皿七銭とかいてある。実際おれは団子を二皿食つて七銭払つた。どうも厄介な奴等だ。二時間目にも屹度何かあると思ふと遊郭の団子旨い〳〵と書いてある。あきれ返つた奴等だ。[*29]
>
> 団子が夫で済んだと思つたら今度は赤手拭と云ふのが評判になった。何の事だと思つたら、詰らない来歴だ。おれはこゝへ来てから、毎日住田の温泉へ行く事に極めて居る。ほかの所は何を見ても東京の足元にも及ばないが温泉丈は立派なものだ。折角来たもんだから毎日這入つてやらうと云ふ気で、晩飯前に運動旁出掛る。所が行くときは必ず西洋手拭の大きな奴をぶら下げて行く。此手拭が湯に染つた上へ、赤い縞が流れ出したので、一寸見ると紅色に見える。おれは此手拭を行きも帰りも、汽車に乗つてもあるいても、常にぶら下げて居る。それで生徒がおれの事を赤手拭赤手拭と云ふんだそうだ。どうも狭い土地に住んで

＊29　「坊っちゃん」二七八頁。

> るとうるさい者だ。[*30]

「赤手拭」は一種のあだ名であるが、前出の「天麩羅」や「団子」も同様に、坊っちゃんという特定個人を指す符丁としても使われる（後述）。そして次のエピソードでまた匿名の板書をやられ、ついに弱音が出る。

> 湯壺は花崗石を畳み上げて、十五畳敷位の広さに仕切つてある。大抵は十三四人漬つてるがたまには誰も居ない事がある。深さは立つて乳の辺まであるから、運動の為めに、湯の中を泳ぐのは中々愉快だ。おれは人の居ないのを見済しては十五畳の湯壺を泳ぎ巡つて喜こんで居た。所がある日三階から威勢よく下りて今日も泳げるかなとざくろ口を覗いて見ると、大きな札へ黒々と湯の中で泳ぐべからずとかいて貼りつけてある。湯の中で泳ぐものは、あまり有るまいから、此貼札はおれの為めに特別に新調したのかも知れない。おれはそれから泳ぐのは断念した。泳ぐのは断念したが、学校へ出てみると、例の通り黒板に湯の中で泳ぐべからずと書いてあるには驚ろいた。何だか生徒全員がおれ一人を探偵して居る様に思はれた。くさ〳〵した。生徒が何を云つたつて、やらうと思つた事をやめる様なおれではないが、何でこんな狭苦しい鼻の先がつかへる様な所へ来たのかと思ふと情けなくなつた。[*31]

度重なるいたずらに、遂に「全員がおれ一人を探偵しているようだ」という強迫観念にとりつかれてしまったのだ。もはや神経症の一歩手前だ。それを踏まえると次の描写もこわい。

> おれが組と組の間に這入つて行くと、天麩羅だの、団子だの、と云ふ声が堪へずする。而も大勢だから、誰が云ふのだか分からない。よし分かつてもおれの事を天麩羅と云つたんぢやありません、団子と申した

*30 「坊っちゃん」二七八頁。

*31 「坊っちゃん」二七九頁。

のぢやありません、それは先生が神経衰弱だから、ひがんで、さう聞くんだ位云ふに極まつてる。[*32]

これは作品の後ろのほう、日露戦争の戦勝祝賀会に生徒を引率していく場面である。主人公は集団のあちこちから聞こえる「天麩羅」や「団子」という声に悩まされる。「誰が云うのだか分からない」この声も匿名だ。前述の強迫観念が嵩じて、もしかすると幻聴をきくようにまでなってしまったのかもしれない。「神経衰弱」という言葉には迫真のリアリティがある。

職務時間外の主人公の行動は、生徒だけでなく同僚や管理職の間でも周知のことになってしまっている。前項で検討した教員会議の終わりの挨拶で、校長が時間外の行動について教員の自制を促す発言をするが、なるべく出入りを避けるべき「上等でない場所」として坊っちゃんの行き先が例示される。

> 校長は此時会議の引き続きだと号してこんな事を云つた。生徒の風儀は、教師の感化で正していかなくてはならん、其一着手として、教師は可成飲食店抔に出入しない事にしたい。尤も送別会抔の節は特別であるが、単独にあまり上等でない場所へ行くのはよしたい――たとへば蕎麦屋だの、団子屋だの――と云ひかけたら又一同が笑つた。野だが山嵐を見て天麩羅と云つて目くばせをしたが山嵐は取り合はなかつた。いゝ気味だ。おれは脳がわるいから、狸の云ふことなんか、よく分らないが、蕎麦屋や団子屋へ行つて、中学の教師が勤まらなくつちや、おれ見たような食ひ心棒にや到底出来つ子ないと思つた。[*33]

新人を「神経衰弱」に追い込むようなこの息苦しさ、これは時代を超えて現代までしぶとく続き教師を苦しめている。しかしこの主人公の無防備ぶりは尋常でない。その背景にあるのが、物理学校（当時の制度で大学に準じる高等教育機関・専門学校の一つ）を卒業して中学校の数学教師になるコースが、教員養成の正系でなく傍系に属することだろう。教師への正系ルートは師範学校（中等レベルの教員は高等師

＊32 「坊っちゃん」三六九頁。

＊33 「坊っちゃん」三二〇―三二一頁。

範学校）を経由するものである。今日の教員養成大学もしくは教員養成学部卒に相当する。しかし明治国家の強い意思を反映して制度設計された師範学校は、完全給費制という画期的な面もあったが、全寮制を基本とし、軍隊式の「体操科」をみっちり仕込まれるなど二四時間体制で鍛錬が行われる場だった。こうした環境で育った者には、衆人環視の抑圧にもある意味で耐性が備わっていたに違いない。だが主人公はこうした教員養成文化に縁遠い人だった（師範学校での免許取得者以外にも、資格試験合格など種々の別ルートが存在した）。そこにもこの「悲劇」の遠因が横たわっている。また、言うまでもなく師範学校の制度は戦後改革とともに日本から消滅してすでに久しい。いまの若い人たちはみな、坊っちゃんと同程度かそれ以下の無防備さをもって教職の世界に飛び込んでくる。その一方で教師をとりまく衆人環視の輪はなくなってはいない。インターネットという最強の武器を得て、その輪はますます強く教師を締めつけるようになっているのだ。

おわりに：〈近代〉に乗り遅れた坊っちゃん

教師という存在にはどこか、攻撃を受けやすいヴァルネラビリティ（攻撃誘発性）が潜んでいるようだ。そしてそれは、子どもへの怒りが暴発の引き金になりやすい教師の攻撃性と、裏腹の関係にある。このような困難の土壌にあるのは、やはりこれまで述べてきた歴史性である。かつて教職は片手間仕事であり、教える仕事にもっぱら従事しその対価のみで生計を立てようとする者はいなかった。その時代の教え手が、コミュニティの人々からその一挙手一投足を好奇の目で監視されることは考えにくかろう。他の一切の労働を免じられ教えることに専念する教師と、同じく他の一切の責任や義務を免除され生徒として学校で学ぶよう囲い込まれた子ども、この不幸な二者関係（ダイアド）が、『坊っちゃん』で克明に描かれた息苦しさの温床だとしか考えようがないだろう。

さて本講では、子どもへの立腹という出来事を鏡に教育の場における不条理をあるがまま描写する試みとして、『坊っちゃん』を検討してきた。この作品における不条理とは、坊っちゃんという「世間一般・常識人」の目を通して見たときの学校＝教育世界の「異常さ、歪み」ではない。坊っちゃんという主人公の存在自体の、どうにもならない仕方での〈教育〉からのずれ落ち、はぐれ落ちこそが「不条理」なのだと考える。教員会議の言説にみる三角構造からはっきり明らかになったように、彼は、穏便か厳罰か、対話か管理か、指導か放任かといった教育界にありふれる二項対立をはるかに超越したレベルで、大きく〈教育〉そのものから外れた存在として造形されていた。そんな彼が、小手先で対話的教師を演じようが強面教師を演じようが、決定的な〈ずれ落ち〉の前では大した違いを発揮しようがなかった。そしてまたそんな彼を教頭たちは特段排除しようとしなかったことを考え合わせれば、こうした突出した存在にどこかで支えられてこそ、教育の日常世界は成り立っているといえよう。教育界には、二律背反などと称される、指導―放任や管理教育―対話型教育といった二項対立が存在するが、深刻な見かけと裏腹にそれが決して教育の日常を揺さぶることがないのは、その対立自体が、対立の土俵からずれ落ちた理屈以前の存在を絶えず参照し、自らの存立基盤を確認する作業以上のものではないからである。一見反教育的存在としてシステムを脅かしそうな者さえも取り込まれ、トリックスターとしてシステムに奉仕させられているというのは実に不思議な話だ。教育という世界のぬえ的性質を表している。

このように〈教育〉または〈近代〉そのものに乗り遅れた存在として坊っちゃんが造形されていることを踏まえると、作品冒頭で紹介される彼の半生（成人するまでの簡単なライフストーリー）の受け止め方も違ってくるのではないだろうか。あの名高い、「親譲りの無鉄砲で小供の時から損ばかりしている」で始まるくだりだ。数々の武勇伝を披瀝しつつユーモア交じりで生い立ちを述べているが、彼の親子関係や家族の描写はあまりにドライすぎるものだ。ちなみに、主人公が二人兄弟の次男で親からの関心がうすいという設定は、第6講で扱う『スタンド・バイ・ミー』と似ている。

おやぢは些ともおれを可愛がつて呉れなかつた。母は兄許り贔屓にして居た。……おれを見る度にこいつはどうせ碌なものにはならないと、おやぢが云つた。乱暴で乱暴で行く先が案じられると母が云つた。成程碌なものにはならない。御覧の通りの始末である。[*34]

母が死んでからは、おやぢと兄と三人で暮らして居た。おやじは何にもせぬ男で、人の顔さへ見れば貴様は駄目だ〱と口癖の様に云つて居た。何が駄目なんだか今に分らない。妙なおやぢが有つたもんだ。[*35]

こんな坊っちゃんが、将棋をさしていた兄と喧嘩をして「手に在つた飛車を眉間へ擲きつけてやつた」結果、兄は「眉間が割れて少々血が出」、「おやぢがおれを勘当すると言ひ出した」。それを「泣きながらおやぢに詫つて」くれたのが下女の清である。その結果「漸くおやぢの怒りが解けた」。清は「どう云ふ因縁か、おれを非常に可愛がつて呉れた」[*36]。父の死後、兄と財産分与をして別れた主人公はこの清と、四国での一ヶ月間の教師生活をのぞき終生一緒に住むのだった。

近代家族がそれ以前と異なるメルクマールは、親族集団や地域社会から隔絶したプライバシー性を獲得していること、子と親が愛情の情緒的絆で結ばれていることである（第9講参照）。その観点からみると、坊っちゃんの家庭の周囲には親族集団や地域の影がうすい。下女の清を除けばその構成員四人（のち三人）が孤立し、主人公はその中で出口のない息苦しさをおぼえている。その一方で父母ともに情緒的絆による結びつきが弱く、主人公との関係は良くも悪くも冷淡である。つまり形式だけは近代家族の体裁が整っているようにみえても、その内実を満たす家族関係がないに等しいのである。後の主人公は〈教育〉の論理をうまく使いこなせず、近代的教師として苦戦した。その舞台は、近代家族において「我が子にだけは栄達を」という親の愛と期待を一身に受け、苛烈な受験競争に勝利した者が集まる中学校という教育機関だった。四国での一ヶ月間から、〈近代〉という舞台でどこまでも滑稽な役回りを

＊34 「坊っちゃん」二五一頁。
＊35 「坊っちゃん」一〇頁。
＊36 「坊っちゃん」二五二頁。

演じさせられる己のさだめを自覚して、坊っちゃんはひっそりと学校を去ったのかもしれない。

参考文献
*夏目漱石「坊っちゃん」夏目金之助『漱石全集　第二巻』岩波書店、一九九四（原著一九〇六）
アリエス、Ph（杉山光信・杉山恵美子訳）『〈子供〉の誕生――アンシァン・レジーム期の子供と家族生活』みすず書房、一九八〇
鮑良「中国農村地域における民弁教師の問題」神戸大学教育学会『研究論叢』第九号、二〇〇二
藤本茂生『アメリカ史のなかの子ども』彩流社、二〇〇二
伊ケ崎暁生『文学でつづる民衆史』民衆社、一九七四
Kaestle, C. F. *Pillars of the republic: Common schools and American society, 1780-1860*. Macmillan, 1983.
籠谷次郎『近代日本における教育と国家の思想』阿吽社、一九九四
松塚俊三『歴史のなかの教師――近代イギリスの国家と民衆文化』山川出版社、二〇〇一
ミラー、A（山下公子訳）『魂の殺人――親は子どもに何をしたか〔新装版〕』新曜社、二〇一三
村木晃『「坊っちゃん」の通信簿――明治の学校・現代の学校』大修館書店、二〇一六

第2講

教職の女性化と学校のケア機能
［「五十三人の学級の母親になりました」］

■平野婦美子『女教師の記録』（一九四〇年）

キーワード
初等教育
教職の女性化
ワンルームスクール
「母性」のダブルスタンダード
欠席児童
衣食住の改善
衛生ブーム
学校のケア機能化

はじめに

先生稼業といえば女性の仕事、教師の世界は女社会というイメージは日本でもかなり根強い。だが二〇一八年五月一日調べの『学校基本調査』によれば、小学校の女性教員比率は六二・二％（文科省HPより）と思いのほか高くない。中学校、高校と学校段階があがるにつれその比率はますます低くなる（制度は旧制だが「中学校」が舞台の『坊っちゃん』に一人の女性教員も登場しなかったことに注意）。他方、欧米を中心とする海外に目を転じると、初等レベルでは女性の比率が九割を超える国も珍しくない。[*1] 教職、特に初等教育レベルの女性化は世界的に共通の事象であり、日本にも緩やかにその傾向が見られるものの、その進展は緩慢で、むしろ教職の女性化を妨げる要因が歴史的に存在したことがうかがえる。

本講ではまず、教員世界が女性化していった一般的要因を、もっぱら教える仕事としての教職の成立という根本の土台のところから説明したい。そして、現在も初等学校教員の九割近くを女性が占めるアメリカ合衆国を例にとり、公教育制度成立期から長いあいだ典型的な初等教育の舞台であったワンルームスクール（単級学校）における女性教師の仕事と生活にスポットを当ててみたい。次に話題を日本に転じる。日本においては、戦争の激化した例外的時期をのぞき、実に一九七〇年まで、女性教員は五割の壁すら越えられなかった。この構造の根はおおむね、昭和戦前期までの間に形成された。女性教員を語る際になにかと強調された「母性」言説の歪みを手がかりに、その諸相を描いていく。そうした文脈を踏まえた上で次に、一人の女性教員がものした魅力的な実践記録『女教師の記録』（平野婦美子著、一九四〇年）をひもといていく。

このテクストの特長は、平野婦美子というすぐれた記述者によって、漁村、郊外都市、工場地帯という各々異なる環境での小学校教員の仕事ぶりが、子どもたちや家庭・地域の様子とともに活写されている点である。戦時色深まる一九四二年、意に沿わない形で教壇を追われてしまうまでの一六年間、与えられたどんな環境でも平野は全力で子どもたちの課題と、時代状況や社会と向き合った。その中でも特に印象的なのが、学校を出たての新米教員として赴任した千葉県内房地方の漁村時代の四年間の記録である。その文章のみずみずしさとともに、恐れを知らぬ新人の行動力に読み手はあたたかい気持ちにさせられる。この部分がピックアップされ原節子主演で映画化された（後述）ことからも、いかに多くの共感を生んだかが察せられる。しかし反面でこの実践記録を単に微笑ましい挿話ですますこともできない。一九二〇年代後半から一九三〇年代、歴史は激しく、急速に転回しつつあった。牧歌的な漁村での若い女性教員の奮闘はそうした激流から縁遠くみえるが、果たしてそうだろうか。「女性」であることをフルに活かして子どもや村人の細々とした衣食住の襞に分け入り、「改善」に邁進したその姿は、学校のケア機能が重視され教育と福祉の連携が言われる今日を先取りこそすれ、非難される筋合いはなさそうに見えるのだが？　彼女にどんなつまずきがあったというのか？　だが結論をあまり急がず、一つ一つ進めていこう。

＊1　ＯＥＣＤのウェブサイトで各国・各学校段階別の女性教員比率を検索できる。https://stats.oecd.org/Index.aspx?DataSetCode=EAG_PERS_SHARE_AGE（二〇一八年九月一一日最終アクセス）

＊2　佐久間亜紀『アメリカ教師教育史——教職の女性化と専門化の相克』三三頁。

1．「教職の女性化」と公教育制度

ほぼ世界共通の初等教育「女性化」現象

冒頭で述べたように、教育対象年齢が下がるほど、すなわち初等・幼児教育レベルに近づくほど教職従事者に女性が占める割合が高い、という現象がほぼ万国共通に見られる。言うまでもなく教育をすそ野で支えるのは初等教育である。学校数も教師数も初等教育（小学校レベル）が最も大きいため、教職全体に占める女性の割合も高くなる。この「教職従事者の女性化」を指して本講では教職の女性化と呼ぶことにする。ただし教職の女性化にはもう一つの意味があると言われている。教職像の女性化、すなわち「教師の力量に求められる要素が、知識など知性的な要素から、愛情などの『母性的』な要素へと移行したこと」[＊2]である。これはアメリカ教員史の文脈で指摘されたことだが、後にみるように教職像の女性化は日本でも観察された現象である。以下で主に取り上げるのは従事者の女性化の方であるが、第二の意味での女性化がそれに影響を及ぼした点についても目配りしながら議論を進めていく。

私たちは第1講で、もっぱら教える人としての教師以前の時代の姿、「片手間教師」の肖像をかいま見た。中にはイギリスのデイム・スクールの「おばさん先生」のように女性が主役を占める場合もあったが、アメリカでは「強面」の男性が主流だった。日本の寺子屋師匠にも女性の影はうすい。このように地域ごとのバラエティーが大きすぎて、共通した特徴を見出すことは困難だ。それに対して近代学校の出現とともに登場する近代教師に、万国共通ともいうべき特徴が見出されるのはなぜだろうか。それは近代公教育・近代学校という制度のマクロな成り立ち、特に制度を支える財政のあり方、すなわちお金の流れに関係している。

ただ一口に近代公教育と言っても、その内実は複雑である。それは通常、近代国民国家の成立とともに登場した国民教育と同義と目されることが多い。そこでは国民育成を目的として国家が厳重に公教育を管理・統制することが想定されている。だがそのような公教育観は近年、大きく揺らいでいる。公教育＝国家によるトップダウンの強制《コンパルソリー》教育という図式が成り立つのは、フランスや明治政府統治下の日本などである。そこでは公教育が国家によって独占されている。しかしこれらを近代公教育の典型あるいはモデルタイプと見なすことはできない。近代公教育制度は一九世紀に、ほぼ同時並行的に各国で成立したには違いないのだが、そこには微妙な、いや見ようによっては根本的な、差異が横たわっていた。その際立った例としてイギリスとアメリカ合衆国をみてみよう。

　周知のようにイギリス公立学校の原型をなすのは、国家が運営する学校ではなく、国民協会、内外学校協会という二つのボランタリーな民間団体が、それぞれチェーン・システムとして全国規模で運営した学校だった。[*3]どちらも庶民層を相手にする教育機関だったが、国民協会側の学校が英国国教会と密接な関係をもちその教義を教えることが目的であったのに対し、内外学校協会は非国教会系宗派の子弟をひきつけたが、宗教的中立を旨とした。重要なのは、一八三三年に始まる政府による学校設置への補助金交付制度において、この二つの協会を窓口にして傘下の学校に助成が行われたことである。イギリスに成立した最初期の「公教育」制度とはこのように、宗教教育をめぐって折り合えない二つの民間団体の運営する学校に、政府が助成金を支出する形態をとった。設置主体が国家や地方政府でない民間団体であっても、その運営費の一部または全部が公費によってまかなわれる点をもって公教育の一形態と捉える、柔軟な見方を我々はここから学ばねばならない。

　一方アメリカ合衆国の庶民教育は、一九世紀はじめの時点では第1講でみたようにペイスクール、慈善学校、日曜学校、幼児学校とさまざまな形態に細分化されていたが、これを一本化して地域の子どもを「一つ屋根の下に」結集させようとしたのがコモンスクール運動だった。一八三〇年代からこの運動が活発化するが、奇しくもイギリスでの補助金制度開始と時期的に符合する。デイヴィッド・ラバリーはコモンスクール運動によって全米に創設された学校の主な特徴として、①地域全体からの入学、②公

＊3　英国教育における任意団体の公共性については、岩下誠の考察から学んだ。岩下誠「「長い一八世紀のイギリス」における教育をめぐる国家と社会」。

＊4　ラバリー、D.（倉石一郎・小林美文訳）『教育依存社会アメリカ――学校改革の大義と現実』第二章。

年	農村		都市	
	男	女	男	女
1865	$ 9.09	$ 5.99	$23.15	$ 8.57
1870	10.88	7.53	35.42	11.88
1875	11.46	8.00	36.63	12.69
1880	9.73	7.46	31.36	12.20
1885	10.95	8.23	33.15	13.24
1890	11.30	8.55	32.62	13.16

表2-1　公立学校教員の週あたり給与（一八六五―一八九〇年）
（出典：Elsbree, W. S. *The American teacher: Evolution of a Profession in a Democracy,* p.431）

的な財源、③自治的学校管理《ローカルコントロール》、④年齢別の学年編成、等を挙げている。[＊4] 当時市場経済の拡大による階級分裂の拡大に強い危機感をもっていたホイッグ派の問題意識に沿うかたちで包括性を備え（①）、経済力の差異を超えて一つの学校に結集させるという観点から公費による学校運営が必然化され（②）、財政や教員人事、カリキュラムなどの重要事項は小さな学区単位で公選された委員会で決定され（③）、英国で発明されたベル・ランカスターシステムと同様、扱いやすくするため生徒集団の階層的組織化に着手した（④）。こうした一連の形成過程に、連邦政府はおろか州政府レベルの公権力もほとんど関与していない。中心的アクターは全米規模の勢力を誇ったホイッグ主義の改革運動のみであった。この点でアメリカも、国家主導とは大きく異なる公教育制度の成立経過をたどったのであった。

　公教育制度の「先達」ともいうべき米英両国のこうした姿を目にすると、私たちの公教育認識の枠組みを柔軟なものに変更せざるをえない。要するに、設置主体や統制の所在はいったん棚上げして、運営にかかる費用がどこまで公費化され、どの程度まで私費負担として残されているかにポイントを絞ってみようというのがここでの趣旨である。公費負担が徹底されていけばいくほど、財政支出全体に占める教育費の割合が急上昇し、どんなレベルであれ教育が急速に重要な政治問題化するのは避けられない。公教育制度が確立するにつれ、膨張する教育費支出をどう抑制するかが死活問題として浮上してきたのである。皮肉なことにこうした事態が、大量の女性を教職の道へと引き入れることにつながった。女性の導入はしばしば、男女別賃金という差別的な仕組みとセットで行われた。たとえば表2-1は、米国でコモンスクール制度が確立した一八六五―九〇年にかけての教員の男女間賃金格差を、都市と農村に分けて示したものである。都市と農村で大きな賃金格差が存在する一方、どちらのエリアでも男女間で著しい賃金格差があり、一向に差が縮まる様子がないのが見てとれる。ただ注意が必要なのは、女性の方が劣等処遇を受けているにもかかわらず、結果的に教職が多くの女性を引き付けることができたのは何故かという点である。その解明には、それぞれの社会における女性の労働や職業機会に関する社会史

＊5 Rury, J. *Education and social change: Contours in the history of American schooling*, p.90.

表2-2 アメリカにおける男女別教員数と比率
（出典：*The American teacher* p.554 より作成）

年	男性教員	女性教員	総数	女性比率(推定)
1870	－	－	－	59.0
1880	122,795	163,798	286,593	57.2
1890	125,525	238,397	363,922	65.5
1900	126,588	296,474	423,062	70.1
1905	110,532	349,737	460,269	76.0
1910	110,481	412,729	523,210	78.9
1915	118,449	485,852	604,301	80.4
1920	95,654	583,648	679,533	85.9
1925	131,164	646,781	777,945	83.1
1930	141,771	712,492	854,263	83.5
1934	161,949	685,171	847,120	80.9

的考察が必要となり、本講の手にあまる。ただ米国に関しては、労働市場における待遇で男性が圧倒的優位に立つのに比して、ハイスクール進学者では女性が男性を凌駕するというねじれがすでに一九世紀末に生じていた点が指摘されている。[＊5] 女性には学歴に見あった職業地位が著しく不足していたのである。初等学校の七~八年レベル修了、またはハイスクール在籍経験のある者は当時十分「高学歴」であり、その学歴層の女性をまとめて吸収できる数少ない労働力需要がコモンスクールの教師だった。表2-2にあるように一九世紀末には初等教員の女性占有率は三分の二を突破し、さらに上昇していく。ここまで米国における教職の女性化の構造的要因を検討してきたが、ではこの時代の女性教師の仕事や生活ぶりを、その舞台であるワンルームスクール（単級学校）を窓口に眺めてみよう。

■米国ワンルームスクールと女教師の立場、その仕事ぶり

第1講のディストリクト・スクールの項でも述べたように、コモンスクール制度確立以前の時代、学校の教え手は主に男性であり、別に本業を持った「片手間教師」たちであった。そうした状態から、担い手の性別が女性主流へとシフトし、就業期間がこま切れの期間から通年制へと制度化されていくのは、ツィンマーマンの研究によればおおむね南北戦争終結（一八六五年）以降のことだった。「たとえばノースダコタ州の例で言えば、一九一六年の時点でワンルームスクールの教師の八五%を女性が占めていた。女教師の大半は一〇代か二〇代はじめであり、ハイスクール以上の教育を積んでいる者は一〇%にも満たず、ほぼその全てが未婚であった。米国のどこへ行っても大半の学区が、既婚女性が教職に就くのを拒んでいた」[＊6]。米国の場合が特殊なのは、前項でも説明したように北東部や中西部などで極度の分権化がはかられ、ローカルコミュニティ単位の財政状況が教師の雇用をダイレクトに左右した点である。州や国家（連邦政府）など上位レベルの政体からの支援を期待できない状況下で、上記のノースダコタ州のような雇用慣行が各地で常態化していったのである。

ところでこのような教職の女性化は、彼女らが活躍した舞台であるワンルームスクールと切り離せな

＊6　Zimmerman, J. *Small Wonder: the Little Red Schoolhouse in History and Memory*, p.29.

図2-1　インディアナ州のワンルームスクールでの授業風景
（出典：Fuller, W. E. *One-Room Schools of the Middle West: An Illustrated History*, p.47）

い関係にあるように思う。と言うのもその学校のシンプルなしつらえが、コモンスクールに託されたさまざまな目標を反映したものだからである。まずはその数の多さだ。地域の子ども全てを包摂するためには、アクセスが保障されなければならない。モータリゼーション以前の徒歩通学の時代だ。広大なアメリカ大陸の津々浦々に建てられねばならなかった。次に大切なことは、数が多い分、一施設あたりのランニングコストは低く押さえねばならない。建物はシンプルに教室が一部屋あるだけ、そして配置できる教師は一人が限界、それも前述のように人件費の安い若い女性が充てられることが多かった。だからと言って、住民の関心が低いわけではない。地域全体でしっかりその仕事ぶりをモニターする仕掛けが求められた。そしてできる限り子どもを効率よく教えるため、生徒を学年別に階層化し教師が一人で何役もこなすことが期待された。これらの（互いに矛盾するものもある）複雑なニーズや期待をすべて詰め込んだ夢の装置がワンルームスクールであったのだ。

ではワンルームスクールで、教師はどのように教えていたのだろうか。図2-1を見てほしい。これは二〇世紀初頭、中西部インディアナ州のワンルームスクールで実際に授業が行われている光景を撮影した貴重な写真である。すでに生徒の座席は長椅子（ベンチ）でも二人掛け椅子でもなく個人化されて、前を向いて一列に並んでいることから、時代が進んでいることがわかる。数名の子どもが前に出てきて、教師の前で何かを読んだり唱えたりしているさまが見てとれる。残りの大多数の生徒はわれ関せずとばかり、自分の席で下を向いて何か勉強をしている（あるいは勉強する振りをしている）。一体どのような仕組みで、こうした「授業」が成り立っているのだろうか。

私はかねてからワンルームスクールに関心を持ち、米国滞在中に往時の学校が保存されミュージアムになっている所を複数訪れた。図2-3はその一つ、ウィスコンシン州のハリスバーグ学校博物館で撮影したものである。黒板に、学校での一日の時間の流れがわかるよう、当時のタイムテーブルが書かれていた。それは私たちになじみの、曜日ごとの「時間割」とは大きく異なるものであった。この学校では一年から八年までの全生徒が参加しての「音楽」から一日が始まる（八時五五分〜九時一〇分）。次に一年生の「読本Reading」の時間が九時一〇分〜二五分、さらに二年生の「読本」が九時二五分〜三五分、九時三五分〜五〇分が三・四年生の読本の時間、といった具合に、一〇分あるいは一五分刻みに日程が組まれている。当該学年の生徒はこの一〇分〜一五分のあいだ、前方の教師の机近辺に呼び集められ、本を群読したり教師の質問に答えたり、一人ずつ暗唱させられたりする。その間、残りの大多数の生徒たちはめいめい自分の席に座り、静かにスペリングの練習や文法学習、黙読などをし、自分の学年の「授業時間」が来るのを待っている。先のインディアナ州の授業風景写真は、こうした進行の一コマを切り取ったものである。

またワンルームスクールで教える教師は、ボーディング（boarding）という慣行のもと、学校のそばに下宿住まいし衆人環視のもとにおかれた。アップス・ボディリーによると「教師はしばしば、学校関係者の誰かの家に起居した。教師の住居を提供することは、契約の一部に入っていた。教師はしばしば、下宿代も食費も払わなくてよかった。これは、教師に「部屋と賄い（"room and board"）」を提供すること、と呼ばれている」[*7]。これと関連して、当時女教師に対してそれこそ「箸の上げ下ろし」にまで及ぶようなうるさい行動規範が課せられていたとする展示が、訪れた学校博物館にあった。ワンルームスクール関連の資料の至るところにも同じ記述が散見された。その行動規範とは、以下のようなものだった。[*8]

○結婚してはならない。
○男性と親しく付きあってはならない。
○午後八時から翌日午前六時のあいだ校務以外の用事で家から外出してはならない。
○父親や兄弟以外の男性と車や他の乗り物に同乗してはならない。

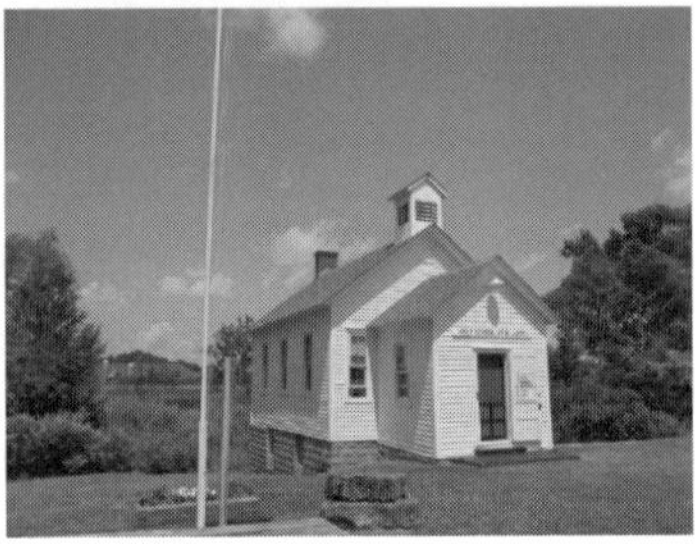

図２-２　いまも保存されているワンルームスクールの建物。ウィスコンシン州にて二〇一四年八月に筆者撮影

＊7　Apps-Bodilly, S. *One Room Schools: Stories from the Days of 1 Room, 1 Teacher, 8 Grades*, p.25.

＊8　Apps, J. *One-Room Country Schools: History and Recollection*, p.29.

図2-3　ハリスバーグ学校博物館に板書された一日の日課。筆者撮影

○喫煙してはならない。
○華美な衣服を着てはならない。
○最低二枚以上ペティコート（下着）を履かなければならない。
○衣服のすそはくるぶしから二インチ以上高くなければならない。
○教室をつねに整然と清潔に保つようにつとめ、最低一日一回は床を掃き、最低週に一回は床磨きをし、黒板を一日一回清め、午前八時には教室が暖まるよう、朝七時までに暖炉に火を入れねばならない。

最後の項目に、床掃きや床磨きなど教室掃除が女教師の業務の一つとされている。これは実際に、ウィスコンシン州のワンルームスクール教師の契約書に文言として書き加えられている（図2-4）。「掃除人janitor」に関する部分だけ手書きで書かれているのが生々しさを感じさせる。

以上より、当時の女教師に対しては貞淑規範の強制とともに一種のホームキーパー的役割、つまり学校を「家」に見立てた上でその「主婦」として衛生管理に務める役割が求められていたことが分かる。さらに当時の女教師たちは単年度契約であり、学校委員会の一存で簡単に職を失ってしまう弱い立場にあった（彼女らを組織する教員組合もなかった）。そうした条件下では役割期待から逸脱することもままならず、地域の大人（男性）たちの期待する女性教師役割を演じるほかなかった。財政的理由から既婚女性を排除しながら、学校管理にとって都合のよい部分だけ「母性」や「ケア役割」を期待するという男性の身勝手さである。ここには、教職像の女性化が狭義の女性化（従事者の女性化）を強化するという図式がみてとれる。ところがこの図式があてはまらないのが、次に見る日本の場合である。

■日本における教職の女性化の進展と停滞

先に述べたように、アメリカなど海外に比べて日本における教職の女性化の進展はかなり緩慢であった。図2-5にみるように近代日本における初等教員に占める女性比率は三割に達してから頭打ち状態

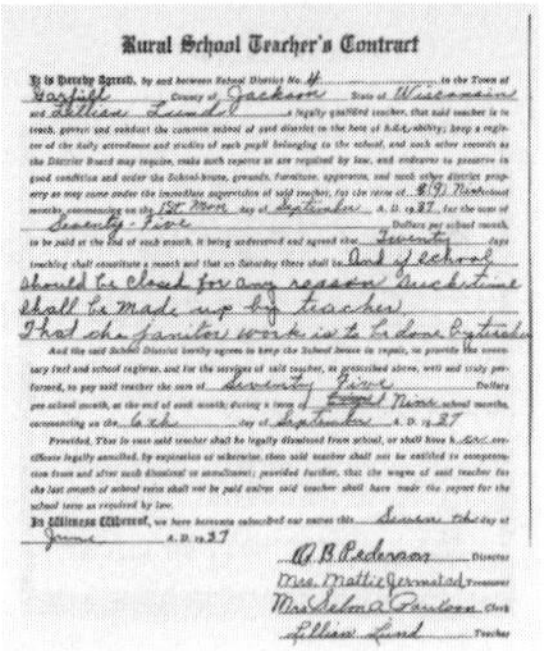

図2-4　掃除業務も教師の仕事の一部であるとうたった一九三七年度の契約書
（出典：*Schools of Yesterday in Jackson County, Wisconsin: A Collection of Memorabilia*, p.210）

になり、第二次大戦期に男性の戦時動員に起因して一時五割を突破するものの戦後再び四割台に戻り、一九七〇年前後にようやく五割を回復し、その後漸増して今日の水準に至っている。こうした停滞の背後には何があったのだろうか。

一口に「国家主導の公教育制度化」と言われる日本にも一定の紆余曲折があった。しかしその迷いを断ち切り、日本が英米と明確に異なる道を歩む決定打となったのが初代文相森有礼《ありのり》（一八八五年就任）による一連の制度整備であった。その森が女性教員を養成する必要性を力説した。子を産んだ女性は「直チニ天然ノ教員」となり、「家庭ノ教育ハ全テ慈母一人ノ手」で行われる。だから女性が「適當ノ資格ヲ得ルニ至レハ教育ノ全勝ヲ制シタル」[*9]ものとなる。だからなるべく尋常小学校では女教師が教えるのが望ましい。さらにご丁寧に「是レ女教員ノ學力ヲ薄トシ之レニ幼稚生徒ヲ托セントノ意ニアラス、幼稚者ヲ教育スルハ至難至重ノ事ニシテ特ニ女子ノ長所ニ係ルカ故ニ之ヲ女教員ニ托セント欲スルナリ」と付け加えている。[*10] べた褒めである。一国の教育行政の長の言葉であるから、比類のない重さがある。ここまで政府が前向きの姿勢をとったにもかかわらず、図2-5に明らかなように二〇世紀に入っても女性教師は少数派であったのだ。

大正期に入ってから教職の女性化が加速する。[*11] 一九一八年、臨時教育会議の答申に基づき「市町村義務教育費国庫負担法」が制定・公布された。不安定な市町村財政への依存度を小さくし国庫から一部教育費を支出することで教育財政を下支えしようとする、画期的な動きだった。だが時期が悪かった。第一次大戦後のインフレのもと、国庫負担は当初の「半額負担」の触れ込みからはほど遠い一割程度にとどまり、しかも年々率は低下していった。一方で市町村財政も同年の米騒動以降疲弊をきわめ、教育費「整理」が各方面で叫ばれるようになった。つまりは予算カットによる教員数削減、具体的には二部授業や「三学級二教員制」の提案である。これに対して教育界からは、教育の質を下げるとして猛反対の声があがり、この政府の動きに対抗する教育界の「切り札」となったのが女性教員の採用だった。むろ

＊9　大久保利謙監修『新修森有禮全集』二巻、四五四頁。
＊10　『新修　森有禮全集』二巻、三六五頁。
＊11　以下の記述は、齋藤慶子による周到な研究に大きく依拠している。齋藤慶子『「女教員」と「母性」――近代日本における〈職業と家庭の両立〉問題』。

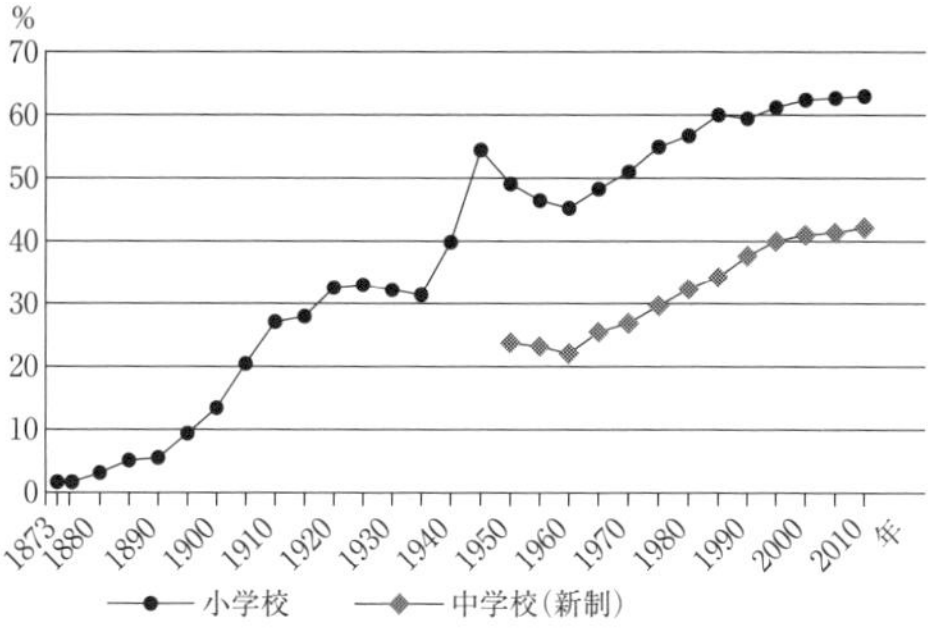

図2-5　教員に占める女性教師の割合
（出典：浅井幸子他「戦後日本の小中学校における女性教師の脱性別化——「婦人教師」から「教師」へ」一二二頁）

＊12　『「女教員」と「母性」』第一章を参照。

＊13　『「女教員」と「母性」』六一頁。

＊14　『「女教員」と「母性」』一〇一頁。

んこれは、米国の場合と同様、男女別賃金制を前提とした対抗策である。

以上の義務教育国庫負担削減問題が、教職女性化推進のアクセルであったとすれば、それにブレーキをかける動きが同時期に台頭した。「有夫女教員問題」、すなわち既婚女性を教育現場から排除しようとする動きである。その詳細は齋藤慶子の研究[*12]に譲るが、先の森有礼に見たように一方で「母性」を言祝ぎ女性の教員としての適格性の強調が行われるかたわらで、「婦人特有の病気あり妊娠あり育児あり姑舅子弟の看護の為めに欠席が多い」「宿直が出来ない」[*13]等々の理由を根拠に既婚女性を暗に排除しようとする声が、一九一〇年代に各所で散見されるようになった。これに対抗して、たとえば短時間勤務制導入のような職業と家庭両立のための配慮を要求する動きが女教員会議でみられた。その対抗ロジックを構築する中で、女教員の「母性」的長所は出産や育児を実際に経験した者の方がいっそう高度に発揮できるとして、女性の権利擁護の文脈で母性言説強化がはかられた点は興味深い[*14]。

いずれにせよ、男性の目線で抽象的に捉えられた「母性」が教師にふさわしい資質として称賛される一方で、生理・妊娠・出産・育児・看護といったその具体的諸相は教育活動の足を引っ張るものとして問題視された。まことに身勝手なダブルスタンダードの論理であるが、こうしたブレーキによって日本での教職の女性化は足踏みを余儀なくされ、前掲のグラフにみるように海外と比べて低水準のまま推移するに至ったのである。

教職の女性化によせて、長々と書いてきた。『女教師の記録』に記された教育活動を平野婦美子が開始する一九二六年時点での、日本あるいは世界で教壇に立つ女性をとりまく状況を想像する足しになれば幸いである。

2.「母」になった教師

『女教師の記録』は平野婦美子著となっているが、本講でとりあげる長浦尋常・高等小学校時代（図

２・６～８）は彼女の独身時代に重なり、当時の名は「佐久間婦美子」であった。したがって以下で著者に言及する場合は婦美子と表記することにする。

婦美子はのちにこの長浦時代を振り返ってこう書いている。

大正十五年、村の海辺の学校へ赴任した。そのころ教育界には自由教育、体験教育、生命の教育などと立看板にかかげられ、研究会が方々で催された。ことに千葉は自由教育のさかんに唱えられたところであったが、そういう研究会では、学校を休む子供が多くて困るというような問題などは取り上げられず、多くは一時間の教授の形式などがはなばなしく問題にされていた。そういう席で人々の講演をききながら、よその学校では子供が来なくて困る心配や、病人が多くて困る心配などはないのだろうか、どんな立派な方法論も、嬉々として子供が学校へ通えるようにならなくては通用しないのではないか。こうした研究会に出るよりは、一日家庭訪問でもして、一人でも多く学校へ来られるようにすればよかったと悔いたこともあった。[*15]

当時まだ大正新教育運動の残り香があり、否むしろ富裕層の子弟ばかり集めた私立学校で始まった運動がようやくすそ野を広げ浸透を見せ始めていたことが、「自由教育、体験教育、生命の教育などと立看板にかかげられ、研究会が方々で催された」との記述からわかる。また「千葉は自由教育のさかん」な土地柄という点も心に留めておきたい。だが婦美子は教育界のそうしたトレンドに不満であった。隆盛を極める新教育運動が「一時間の授業の形式」を追求するような教室内で閉じたものでしかなく、「学校を休む子供が多くて困る」ような現場にいる身には、それが絵空事としか思えないのだ。そして「こうした研究会に出るよりは、一日家庭訪問でもして、一人でも多く学校へ来られるようにすればよかった」とまで言う。教授法や教材論より、まずは学校に来られない子どもを何とかするのが先決ではない

図２・６　一九六〇年頃の長浦小学校全景。『女教師の記録』の頃の面影を残している。現在は移転して別の場所にある（『袖ヶ浦町史　通史編』下巻、四六〇頁）

＊15　平野婦美子『女教師の記録』三頁より重引。

図2-7　JR内房線長浦駅陸橋から海側をのぞむ（筆者撮影）。かつては駅のすぐ手前まで海岸線が迫っていたという

か。このロジックは、第5講でみる戦後の高知県で活躍した福祉教員たちのそれと同型だ（ちなみに漁村地帯を多く抱える千葉県も戦後、長欠不就学問題が甚だしかった。その根は大正末期から続いている）。ただ異なる部分もある。福祉教員が学校の外の社会に活動の場を求め社会に直接働きかけたのに対し、婦美子はあくまで教壇教師という立場にアイデンティティを求め、〈教育〉を通して子どもの現実に働きかけ変えていこうとする回路にこだわりを持ち続けた。そのあたりに留意しながら『女教師の記録』の中の「浜の子らと」のパートを読み進めていこう。

婦美子は赴任してしばらくのち、師範学校の恩師B先生に宛てて「新任だより」と題する手紙を書く。そこには前掲の引用と同じく、欠席児童の多さという現実に打ちのめされたことが綴られている。

新任だより（師範学校の先生へ）

B先生

五十三人のひなを抱くめんどりとなって、早一か月経ちました。卒業式の日、すぐ新任だよりを書きますと約束しながら、とうとう今日まで書けませんでした。

予想だにしなかった教育の現実問題にぶつかって、何からどう手をつけてよいのやら、とまどってばかりいます。……

波の音が教室まで響く海辺の学校です。

村の子供、農家の子供です。

男女合わせて五十三人の学級の母親となりました。

毎朝出席簿をめくります。その度、私は児童の欠席の多いのに驚かされました。毎日、五人から六人、多い時は、十二、三人も欠席するのです。……一日の仕事を終えて、休む児童の家々をたずねてみました。病気の子供が多いのです。それがほとんど医者になどかかっていないのです。その病気の種類も色々です。

＊16 『女教師の記録』一六―一七頁。

図2‐8 一九二九（昭和四）年の長浦尋常小学校卒業記念写真。佐久間（平野）婦美子は最後列左端に写っている（『女教師の記録』一〇頁。画像は『袖ケ浦市立長浦小学校創立百周年記念誌』より）

うす暗い納戸の隅などに侘しくぽつんと寝ている子供の、年寄りのようにひからびた手を握りしめ、私はじっとしては居られなくなります。[＊16]

この小文には、のちに婦美子が長浦時代に目を向け実践していくテーマが凝縮されていて興味深い。それ以上に重要なのが「五十三人の母親になった」の一句である。前に日本の女性教員が置かれた全体状況の項で確認したように、それがたとえ狭義の教職の女性化を帰結するものでなくても、「母性」言説の強力な磁場からは誰も逃れられなかった。男性が身勝手な「母性」観に基づいて押しつける排除の論理に抵抗するべく、女性も一層「母性」の価値に深くコミットせざるを得ない底なし沼のような状況だったのだ。こうした中で発せられたのが婦美子の「母になる」という言葉である。彼女はこれ以降、学級を家庭に擬し、衣食住すべての領域にわたる「ハウスキーパー」として七面六臂の活躍をみせていく。以下では衣・食・住のジャンル別にその取り組みをみていこう。

3．「衣」にかかわる改善実践――衣服と衛生管理

■テーマ①：ズロースと運動服

婦美子が比較的初期に実践したことの一つが、教室や学校の廊下に鏡を付けたことだった。なぜ「鏡」なのだろう?

鏡などめったに見ない子供である。町の子供なら、わざわざ鏡をのぞかなくても、通りを歩けば、家々のガラス戸に写る自分の姿を眺める事が出来るけれど、この村では、道を通りながら姿を写してのぞける家はほんの一軒か二軒の雑貨店だけである。いくらやかましくいっても気付かないのだから致し方がない。そこで気付かせる方法として、教室に柱鏡を掛け、廊下の突き当りの目立つ所へも鏡を備えてもらった。

これは容儀を整えさせるに非常に大きな効果があった。朝来ては鏡を見、「あ、又鼻汁」と自分でこそこそぬぐうようになり、外へ出る時、「あ、ボタンがはずれてる」と各自が気をつけるようになった。[*17]

欠席者の数の多さから、婦美子は子どもが暮らす村の生活に否応なく分け入っていった。そこには「母」としてなすべき課題が山積みだった。その一つとして目をつけたのが服装・身だしなみであり、その出発点として鏡で自分の装いを見てそれを意識する習慣をつけることだった。見事な一手だ。自己の規律化の第一歩は鏡からだった。

制服は学校による「衣」のコントロールの最上の形態であるが、長浦尋常小学校はコントロールにほど遠い状態だ。そのことが婦美子を苛立たせ、行動に駆り立てる。

私は子供の服装を調べてみた。この尋常四年生の男二十七人の中、さるまたをはいていた子はたった一人、女子は二十五人とも一人残らずズロースをつけていない。そして女の子は全部髪の虱で悩まされていた。下着にもたかっていたのが男に二人、女に三人。

その下着が、きちんとしたさらしの襦袢を着ていた子供が一人、他は、綿入れのちゃんちゃんこや、単衣の着物等実に多種多様であった。下にぷっくりとふくれた綿入れを着て、その上に付けひももつかない丈の短くなった着物をまとっているので、いくら合わせても合わせてもすぐ前がはだかり、おへそまで出して、しゃがんでいる。

こんな服装では体操などとても出来ようはずがない。運動服も持たないのだった。体操の時間となると、それでも男の子は裾を端折り、どたどたと跳び箱も飛ぶが、女の子供は、裾の乱れを気にして、なかなか跳ぼうとはしない。又、こんな服装では跳べともいえないのだった。今だにこんな学校があるのかと私は驚いてしまい、早く、この服装改善をせねばと心が焦った。まず下着とズロースを作る事。それが目下の

*17 『女教師の記録』二一一頁。

急務である。[18]

お金もないのに、五〇人分もの衣服をどうやって調達するのか。「ね、皆で、働いて、ズロースや運動服や下着を作りましょうよ。先生が縫い方を教えますから」[19]が答えだった。こうして海に出て牡蠣やはまぐりやあさりを拾ってお金に換え、布地を手に入れた。女子生徒を中心に人海戦術で縫い上げ、全員分の服ができた。

今まで、白い下着など着たことのない子供達が、新しい格好のシミーズを着て風邪をひくといけないというのに、「早く着てみたいんだもの」と裁縫室でお互いに、「似合う？」「私のも似合うか見て」といいあっているのは全くみていても気持がよかった。……

こうした気運はすばらしい力で父兄を動かし、その布のお金位ならいくらでも入り用なだけ出すから縫ってくれと、父兄から申し込んで来たのだった。

この調子で、長いこと先生を悩ましていた運動服もわずかの間に全部縫い上げることが出来、私は大きな仕事をしたような興奮と喜びで一ぱいだった。[20]

このエピソードで婦美子が発揮した行動力はたしかに称賛に値するし、以後も随所でこの力が発揮される。ただ気になるのは、彼女が問答無用にすすめた服装の改善が、この村の風土や気候に本当に適するものだったのか、村の「身の丈に合う」ものだったかである。白い下着やズロースを身につけるべきとする考えは、いわば学校で教わる近代的衛生観念に基づくものである。婦美子は村の大人たちに向けて、自己の優越性を誇示したと言えなくもない。「金なら出すからそちらで縫ってくれ」と言い出す親が出てきた件も、村内で新たな貸し借りの関係を作ってしまったことを考えれば、あまり美談だと喜ん

＊18 『女教師の記録』二二頁。
＊19 『女教師の記録』二三頁。
＊20 『女教師の記録』二三頁。

でもいられない。服装改善のエピソードは、親もまきこんでしまうことで、結構不穏なスタートとなったのではないだろうか。

▒ テーマ②：虱取りと爪切り

装いといえば、身につける衣装だけに限ったことではない。毛髪や爪など体の一部分をどう見せるかも広義の「衣」のテーマである。現代の高校で、学校側が生活指導の必要上から茶髪やくせ毛の「証明書」の提出を求めて物議をかもした事件が記憶に新しい。そこでは生徒側のかく装いたい、自分を見せたい意思が学校当局の思惑とせめぎ合っていた。だが婦美子の実践現場では、「装いたい主体」として子どもが認識されることはなかった。

> 今日は日曜日です。あなたは多分ピアノのお稽古でもなさっていらっしゃるでしょう。そしてあなたが指に血がにじむまで頑張っていらっしゃる、同じ日曜日、私は女の子供を二十人ばかり集めて虱とりや爪切りをしました。
>
> 髪などめったに洗ってもらえない子供達でしょう。だから皆虱がたかっているのです。
>
> 算術や読み方のノートの上に、麦粒程の虫が落ちて来たり、ひまさえあれば、無意識に手がモリモリと頭へいってしまうこの有様を見たら、美を愛し、芸術に浸るあなたならなおさら、ピアノをすてても、これを見過ごすことは出来ないでしょう。村の子供たちはこんな小さな寄生虫に悩まされています。
>
> あなたは音楽の美を求めて――。私は子供の喜びの美を求めて――。
>
> 求める心は同じでも、地域の違いは、こんなにも異なった生活現実です。
>
> 小使いのおばさんに、大釜に一ぱいお湯を沸かしてもらい、校庭にずっと机を並べて、めいめい持参の洗面器に、シャンプーと粉末除虫菊を入れた後へ、高等科の女生徒がお湯を注いで手伝ってくれました。
>
> 「おお、いい気持ちだ」

「先生、天国へ行ったようだ」
と思わずいうのです。「天国へ行ったようだ」とは、多分この子供の最上のうれしさのとっさ的表現でしょう……が、国家から、子供の幸福となる仕事を託された教師に、「天国へ行ったようだ」とまで感謝され、美しい笑顔が報いられる喜びは又、農村の女教師でなくては味わえないのかも知れませんね。[*21]

この文は「都会の学校の友へ」と題され、婦美子の学校時代の親友「吉岡つや子さん」に宛てられた手紙の一部である。シャンプーをしてもらって「先生、天国へ行ったようだ」と思わず子どもが声を漏らすくだりは微笑ましい。実感がこもっている。だがシャンプーや爪切りは、見方によっては、着脱可能な衣装の管理（改善）以上にダイレクトな身体管理の実践だと言えないこともない。それが完全なる善意でくるまれているだけに、権力性は感知されにくい。この抜粋のあと婦美子は吉岡に対して、わが子の頭を虱だらけのまま放置している児童の母親たちについて、「無教養な言葉なり仕ぐさなりが、随分多い[*22]」と批判めいたことを書いている。

ここで立ち止まって考えよう。わざわざ日曜日に子どもをあつめて、虱だらけの髪を洗い爪切りをし体を拭いてあげた婦美子と、管理教育全盛の時代に一世を風靡した中学生「丸刈り」校則（今でも一部の運動部活では実施されている）とは全く別物だろうか。子どもの身体の一部に教育が手を伸ばし管理下におさめようとする点では同類だ。だがわれわれは直感的に両者を峻別する。「丸刈り」はその実践があからさまな暴力性を帯びているばかりでなく、実践をサポートする「知」の存在が希薄である。丸刈りの方が衛生的で健康的だなどと言われても、今日誰も耳を傾けまい。むしろそこに根拠の薄い根性論をよみとって冷笑するむきが多い。だが婦美子の場合はそうではなかった。一九二〇年代から三〇年代にかけて、公権力による生への介入を正当化するさまざまな科学知――公衆衛生学、予防学、精神分析、児童心理学など――が急速に浸透した。もともと根強かった教職像女性化（母性を女教師の長所と

＊21 『女教師の記録』四八―四九頁。
＊22 『女教師の記録』五〇頁。

する論）の土壌と、そうした新興の科学知が結びついたところに、婦美子のような実践が産み出されたのである。この点はのちに、婦美子が「学校看護婦」の見習いになろうとするくだりで再度論じたい。[*23]

*23　土屋尚子「女教師と看護実習」教育の境界研究会編『むかし学校は豊かだった』七〇―七四頁から示唆を得た。

4.「住」にかかわる改善実践――日光とあたたかい布団

婦美子は欠席児童の問題に対処するため、本当にこまめに家庭訪問をしていた。その結果労せずして、村人の住環境の問題にも精通するようになった。以下のエピソードは、ある子どもの綴方（作文）に「人間の寝床に豚がねる」ような状況が書かれていたことをきっかけに、子どもを説いて毎日の家の換気、晴天日の布団干しを実行させるようにしたというものである。

この村では、家々の雨戸が繰られ、明るい障子の見えるのは、盆と正月とお祭りの時位のものである。秋から冬、春にかけては、どこの家をのぞいても、雨戸がぴったりと閉ざされていて、太陽の光と暖かさの入る隙がない。必要以上に家が広すぎ、全部戸を開け放つ暇もなく、朝暗い中に起き、夕方おそく家に帰るのだから、日中はほとんど戸外や物置で働き、その子供らも多くは日暮れまで素足で外を駆けまわっているのである。

家々は昼間は空家同然で、ひんやりしたその家の納戸には大抵寝床が敷きっ放しにされている。一年中万年床の家も多い。[*24]

*24『女教師の記録』七一頁。

……

幾日も幾日も閉ざされたひんやりした家、おまけに畳も敷いてない、わらの上にむしろを敷いた位のその室に、村の人々は昼の疲れた身体を横たえ、長々と手足を伸ばしていつとなく眠るのである。こんな事が毎日繰り返されているのである。

病む子供を家に見舞うと、そんな暗い家に独楽など枕もとにおいてひっそりと寝ている。こんな風では、家の中に病菌はますますはびこるばかりで、不潔である。

そこで、又私は考えた。家の戸を開ける事や閉める事、晴天の日は、布団を干す事位は、大人の手を借らずとも、この学校の生徒の手で出来る事である。ランプ掃除と共に、これは農村の子供にふさわしい家庭作業であると思った。又、校長先生は、早速朝会の時、全児童にこの事をお話し下さった。何でもよくうなずいて下さる先生で有り難い。

「太陽は金のかからないお薬だ」

「どこの家にも出来るだけ太陽を直射させるように」とおっしゃった。

だれも病気はしたくないに決まっている。こんな生活に密着したお話はとてもよく徹底していった。子供達は、小さな文化伝達者として、父や母の姿をみつけると、畠や田に駆けつけて、今日のその事を報告し、

「ねえよう、おっ母、毎朝戸を開けるの俺の役だよ。いいかい。ね、ねえよう」

「戸を締めておくとばい菌が入ってくるんだってよ」

「おや、そうかね。お前物知りだね」

と、その父母は啓蒙されていく。[*25]

ここでもポイントは、「太陽は金のかからないお薬」「戸を締めておくとばい菌が入ってくる」というフレーズに示される、衛生関係の科学知の威力である。家の中のあり方という最もプライバシーの高い領域に教師が踏み込もうとするには、こうした知の後ろ盾がどうしても必要であった。

また記録から読み取れるのが婦美子と村人とのかかわり方である。彼女は村の生活のダイレクトな改善の必要性を痛感しながらも、後年の福祉教員とは違ってダイレクトに働きかける回路をとらず、あくまで子どもへの教育的働きかけを経由して間接的に村の生活に影響を及ぼそうと努める。換気と布団干

＊25 『女教師の記録』七三―七四頁。

しの場合も、あくまで子どもへの衛生教育の体裁をとったものである。

もう一つ「押し入れ整理」というエピソードは「衣」と「住」の両方にまたがる話である。夏季休暇中を利用して、各家の押し入れから衣類を「引っ張り出して、洗濯、洗い張り、縫いかえし[*26]」をしようというものである。前項でみた子どもの身だしなみや着物の改善を、より徹底・高度化して実施しようというわけである。当然、各世帯の村人の協力が必要になるわけだが、ここでも婦美子は「高等科の女子と女子青年団を総動員して[*27]」という間接方式をとる。

解く組、洗濯する組、糊附けの組と三組に分かれ、解いた物は一まとめにして洗濯組にまわし、洗濯組は色彩、地質を考慮して、白物は洗濯係の白の方へ、黒っぽい物は、その方へ、色物は色物へと分けてやる。ゆすいだ物はどん〳〵さおにかける。この暑い日中には乾きも早く、休むひまもない程で、少し生乾きのものを、糊附けへまわす。糊附けでは、借り出した板を休めないように、乾いた後から後からはがしては張る。陽に当てている間、乾いたものの耳なおしや仕上げをして、すぐ縫えるようにきちんとまとめておく。解き糸は雑巾さしの為に大切にとっておかせ、少しの糸くずでもむだにしないような細かい注意がここでも必要だった。[*28]

読んでいるだけで体が洗われたような爽快な気分になってくる。村人からの「喜ばれようは実に予想以上であった[*29]」のもうなずける。だがこの村全体をまきこんでの取り組みは、どこか別のところで考え出された衛生観念が、村人の家の中に侵入し、ついには押入れの奥にまで達するという、典型的な文化侵略の一形態だとも考えられる。この取り組みの「副産物」として婦美子は「女子青年団の人と結び付いて、彼女たちの啓蒙を考えた[*30]」。そこで彼女はこう語った。「ひまを作っては本を読みなさい。新聞にも目を通すようになりなさい。日記もつけるようになさい。あなた方が一家の中心になって、皆を楽しく

＊26 『女教師の記録』七六頁。
＊27 『女教師の記録』七六頁。
＊28 『女教師の記録』七七頁。
＊29 『女教師の記録』七八頁。
＊30 『女教師の記録』七八頁。

気持よく朗らかに生活出来るよう骨折って下さい。何一つ勉強にならないものはないのだから、ご飯一つ炊くにも、もっといい方法はないかと考え、自分の生活にむだはないかと絶えず内省する人間であって下さい」[*31]。当時の婦美子は二〇歳になるかどうかだったから、女子青年団は自分と同年輩の人々である。ただここでみるように、横のつながりを作るオルガナイザーとして振舞うことはできず、どうしても教師然とした物言いが出てしまうのは致し方ないのだろう。

5．「食」にかかわる改善実践——内側からの身体形成

婦美子の生活改善の取り組みは、「衣」「住」だけでなく「食」のテーマにまで触手をのばしていく。長浦時代の終わり頃、一九三〇年前後にはこの鄙びた漁村にも「文化建設」の波が及んでくるが、婦美子はその尖兵役を担うかたちとなった。「村長さんはとても村の文化の為に熱心な方だったので、いつも私達の仕事に協力して下さった。そうした気運にむいて来た時、思い切って村人に働きかけた。学校職員を中心として、村長、学務委員、役場吏員、巡査、青年団員とこの村の文化建設に就いて協議し、具体案を進めて行った。全校父兄会を開き、それには、百パーセントの出席を実現させようと、総動員して戸別訪問して下さった。全く空前の集まりを見せた」[*32]。学校は単に場を提供するだけでなく、婦美子のような教師を中心として文化啓蒙の推進エンジン役になった。この頃になると、いままで登場しなかった「食」のテーマも顔を出す。

　県の社会課からしば〳〵衛生活動のフィルムを借りて、村の子供や大人達に見せる事が出来た。コレラ、チブス、赤痢等の伝染病の経路、蠅の恐ろしさ、寄生虫の侵入、トラホーム、虫歯の経路などは、最も村人を驚かした。百の理屈を並べて説くより効果は絶大だった。

……

＊31『女教師の記録』七八—七九頁。

＊32『女教師の記録』七九—八〇頁。

それから又、婦人の為に栄養の講習も度々開いた。

スプーンに何グラムなんてのは、ここではだめ。

何もかもグツ〳〵ととろける程煮てしまっては大事な栄養分がなくなってしまう事。

生で食べる物はよく洗う事。寄生虫が恐ろしいから。

皮を厚くむかない事、人参、大根等洗ってすむものは皮をむかなくてもよい事。

中毒を起こしやすい食物。その時はどうしたらよいか。

子供のお弁当のおかずに就いて――。

あさり、牡蠣等の海のものや、芋、ごぼう、人参と畠の野菜が豊富にあるのに、子供の弁当のおかずは、梅干しが一つころんとしていたり、削鰹節がのせられたりした寒々としたものが半分もいる。それを注意深くみていると、一週間も二週間も毎日同じ物ばかり続いている。仕事も忙しいだろうが、ほんの朝晩の十分やそこいらのわずかな時間で、もっと栄養価のある、子供を喜ばせるおかずが出来るのだから心してほしい。[*33]

この食のくだりからは、栄養という観点から食を捉える「食の近代」が長浦に訪れつつあることが見てとれる。都会人の目からみると「海の幸に恵まれた」としか思えない村の食生活の実態に切り込んだ功績は大きいと言えるだろう。そもそもこの頃、学校給食は存在していなかった。食生活を管理するエージェントとして学校が想定されていなかった時代に、こうして学校から食文化を発信したのは先駆的と言える。だが、改善のための介入が食にまで達したことの意味も考えてみなければならない。人間の身体を内側から作るのが食べものだとすれば、食の管理は身体の内奥までコントロールが及ぶということである。項を改めて論じるが、これは国家が国民の健康に、強い身体の形成に関心を持ち始めたあらわれと言え、そこに忍び寄る戦争の影を感じることもできる。「内面」といえば思想信条などの「心」ば

＊33 『女教師の記録』八一頁。

かりが強調されるが、内側からの身体形成という意味で、近年の「食育」ブームを再検証することも必要だろう。

このように婦美子は「母」やハウスキーパーとして子どもの生活改善に取り組み、そのテーマは衣・食・住すべての領域に及んだ。この取り組みは両義的なものだと考えられる。長期欠席や断続的欠席を繰り返す子どもの現実に分け入り、その生活を知ることから始めた婦美子の実践は、一面でソーシャルワーク的な、社会改良事業的側面をもっていた。当時としては革新的なアプローチであり、当局の警戒を起こさせる潜在性をもっていた（次項で婦美子が被った弾圧について述べる）。他方で、戦時体制をみすえて政府がその傾向を取り込み、政策として学校衛生、健康教育が推進されており、その時流にうまく乗ったものと解釈することもできる。その意味では体制に沿ったものであった。婦美子の実践が体制の志向する方向と一致していたことは、たとえば「学校看護婦」志望の次のくだりからもわかる。

この多くのトラホーム児童を治療させたくも、村には一人の医師もいない。校医はあっても、一年にたった一日、四月の末近く隣村から自転車で山坂を越えて来て下さり、四百三十人の身体をしらべて、かえられるのである。こんな村にこそ熱心な医師がいてくれて、人々を啓蒙し、病魔から救ってくれたらどんなに村人に幸福をもたらすことになるであろうと考えられる。

医師の治療を受けられない子供達をそのまま放っておけば、ます〳〵悪くなり、その数は増すばかりである。せめてその病勢の進まないように、自分の手で洗滌位はしてやりたい。大きな学校には看護婦がいるからいいけれど、看護婦のいない、こんな小さな農村の学校では教師が看護婦の代用が出来る位の技術をもっていないと困る。おできが出来ても、ちょっと手当してやればじきになおるものを、不潔にしたり、手当をしないで、ばい菌をつけたりする為にいつまでもなおらず、その上他人に伝染させたりするのを見ても、その方面に対する教師の心遣いの薄さと知識の貧弱さがつきまとってくる。冬休みになったら、父にどこか適当な医者に紹介してもらって、そこへ住み込み、包帯の巻き方やら、応急処置法やら、眼の洗滌法やら、学校衛生に必要な実習をさせて頂こうと思う。[*34]

長浦小学校のような鄙びた地では、校医もめったに来ないし看護婦も配置されていない、と婦美子は嘆いている。ここでいう看護婦とは「学校看護婦」のことで、その後職制運動によって養護訓導――養護教諭（いわゆる保健室の先生）として教員の仲間入りを果たすことになる。[*35] 学校衛生や健康教育に力を入れていた政府にとって校医の指定や学校看護婦の普及は一押しの教育政策であり、一大イノベーションであった。次に婦美子が勤務した市川小学校ではすでに「食事の後では、学校に歯みがき道具を置いてあって、全部が、洗面所で歯みがきをする習慣になっていた[*36]」し、「学校には看護婦がいて、トラホームの治療、虫歯の手当、矯正体操、健康調査、体温調査と、一生懸命働いて［おり］、虚弱児の為にサンルームがあり、十三人という多くの校医が、受け持ち教師のように、学級を分担[*37]」する体制だった。一方で長浦小学校のような田舎の学校にはこうした波がまだ行き届かなかった。そうした中で自ら「学校衛生に必要な実習をさせて頂こう」と言いだす教師がいるのは、当局にとっても願ってもない話であったに違いない。婦美子が実際に「看護実習」に行ったかどうか定かではないが、彼女が時流とシンクロしていたことは確かである。

6．賞賛と弾圧――映画化から教育界引退へ

長浦小学校時代の実践をこうして後世の者が知ることができるのは、平野婦美子著『女教師の記録』として西村書店から一九四〇年に出版されたからである。しかし本書が世に出たことは、彼女が教育界を放逐されるきっかけともなった。まずはこの本の出版経緯に触れておきたい。

平野（佐久間）婦美子は結婚を機に、長浦を離れ一九三〇年に市川小学校に転勤する。前任校とはち

＊34　『女教師の記録』六八頁。
＊35　すぎむらなおみによれば、日本初の学校看護婦の配置は一九〇五年九月のことだった。すぎむらなおみ『養護教諭の社会学――学校文化・ジェンダー・同化』五〇頁。
＊36　『女教師の記録』九四頁。
＊37　『女教師の記録』九五頁。

がい「街の子」と過ごす日々を送る。その間に城戸幡太郎ら教育科学研究会のメンバーと知遇を得る。教育科学研究会は「教育の科学的再建」を目指して一九三七年五月に結成された民間教育団体で、城戸のほかに留岡清男、山田清人、松永健哉ら多士済々であった。このうち山田とは「市川時代にはお互いの家が近かった[*38]」という縁もあった。この城戸らから出版を勧められ、書かれたのが『女教師の記録』である。

『女教師の記録』は刊行後文部省からの推薦も寄せられ、ベストセラーとなる。その推薦文では「單なる教室での教育に止まらず、漁村に或は工場街に児童一人一人の生活の中深く入って行って、精神的のみならず肉體的にも暖い愛撫の手を伸ばし」と激賞されている。そして原節子主演、佐藤武監督で映画化されることになり、翌四一年には秋田県などでロケが行われた。婦美子はマスコミの寵児となったのである。ところがあるとき映画会社から連絡が入る。「先生、身辺が危ないから気をつけてください」。「文部省は推薦を取り消し、原作者の名前も削って題名も変えてということ[*39]」になったのである（一九四二年に『若い先生』の題で公開、図2-9）。この頃、婦美子は東京の視学官から呼び出しを受け（当時東京市品川区第四日野小学校に勤務）、職を辞めるよう言い渡された。一九四二年四月のことだった。

推薦から弾圧へと、当局の姿勢が手のひらを返すように変わったのである。退職を迫られた直接の理由は、後日の本人の弁では国分一太郎との関係を疑われたからだという[*40]。国分は北方綴方教育運動の代表的教師の一人で、前年に検挙されていた。このように世情の急転も見落とせないが、より重要な背景は婦美子の実践がもともと胚胎していた両義性である。一方で時流に添いながらも、他方で当局の思惑を超えて既存の秩序を脅かす潜在力がそこには潜んでいた。当局が真に警戒したのは社会主義や左翼思想への接近というより、学校が福祉機能を取り込み始めた先に展望される、教育の無限責任という悪夢だったのではないだろうか。

本講でみてきたように、教職の女性化が進行したのは、公教育の普及が財政を圧迫し破滅を招くこと

＊38　海老原治善『昭和教育史への証言』二六八頁。

＊39　『昭和教育史への証言』二七七頁。

＊40　『昭和教育史への証言』二七七頁。

図2-9 『若い先生』新聞掲載広告（『秋田魁新報』一九四二年四月二二日（水）朝刊第三面）。秋田県でロケをしたため、『秋田魁新報』でよく取り上げられた

への恐怖がきっかけだった。つまり当局があてにしたのは、女性を雇えば安あがりで済むというその一点だけだった。森有礼以来の「天然ノ教師」論、いわゆる母性言説は、あまりに安易な低コスト説をカモフラージュする一種の煙幕に過ぎなかった。だが、女性こそ教職に適しているとの言説は、一九三〇年代になると建前論でなく教育の現実と一致し始める。学校のケア機関化という時流がそれを引き起こし、平野（佐久間）婦美子のような存在を押し上げていった。とりわけ長浦小時代の彼女の実践は、学校のケア機関化の行き着く先を暗示するものだった。すなわち、学校に来ない（来られない）子がいた場合、教師自らその原因を調査し、地域社会に働きかけ特定した要因を取り除き、自らの力で出席を回復させる（たとえば『女教師の記録』中の「子守り学級と託児室」のエピソード）。ケア機能を内部に取り込むことで、他システムに頼らない自己完結性を学校が備える。こうしたヴィジョンである。婦美子は自らの女性性をフル活用し、この未来像を体現してみせた。しかし言うまでもなくすべての学校がケア機能を充填するには、天文学的な費用がかかる。平野（佐久間）婦美子の実践の肩越しに当局者がみたのは、学校に地域のケア拠点の役割が求められ、膨大な費用をそれにあてねばならなくなる悪夢だった。男性の身勝手な論理から始まった教職の女性化は、教育費の肥大化を恐れる当局者の首を締めるような皮肉な事態を生みだしたのではないだろうか。そして賞賛から弾圧へと一変した彼女の境遇の背後には、この両義性があったのではないだろうか。

おわりに

本講では日本および世界における女性教師の立ち位置を「教職の女性化」をキーワードに確認したうえで、平野（佐久間）婦美子の『女教師の記録』を読み解いてきた。ところで『女教師の記録』の長浦小学校時代のくだりを読むと連想するのが、『二十四の瞳』の大石先生である。学校を出たての女教師が海辺の鄙びた学校に赴任する。時期も大正末期で全く同じだし、戦時下に教壇を去るのも似ている。

ただ大石先生はフィクションの中でのみ生きるのに対し、平野（佐久間）婦美子は実在した人物だ。実人生を生きた分だけ、存在に凄みがある。「泣きみそ先生」のあだ名どおり悲しい現実に泣いてばかりいた大石先生に比べ、二十一世紀最初の年まで生き延び、九〇年を超える生涯を全うした婦美子には、清濁あわせ飲む奥深さがあった。賞賛と弾圧という両極端の反応を招きよせた彼女のアンビバレンツも、そのことの証しであろう。一九四二年の放逐後、一度も教壇に復帰しなかったことを問われると「だってつぎつぎと子どもが生まれ、育てるのにせいいっぱいだったの」[*41]とかわし、多くを語らなかった。私が教育を受けた一九七〇〜八〇年代もまだ彼女は健在だった。その頃の教育界についても万感思うところがあったのではないか。それを存命中に確かめたかった。

＊41『昭和教育史への証言』二七七頁。

参考文献

＊平野婦美子『女教師の記録（ほるぷ自伝選集／女性の自画像 五）』ほるぷ、一九八〇（原著一九四〇）
Apps, J. *One-Room Country Schools: History and Recollection*, Amherst Press, 1996
Apps-Bodilly, S. *One Room Schools: Stories from the Days of 1 Room, 1 Teacher, 8 Grades*, Wisconsin Historical Society Press, 2013
浅井幸子・玉城久美子・望月一枝「戦後日本の小中学校における女性教師の脱性別化——「婦人教師」から「教師」へ」『和光大学現代人間学部紀要』第四号、二〇一一
海老原治善『昭和教育史への証言』三省堂、一九七一
Elsbree, W. S. *The American teacher: Evolution of a Profession in a Democracy*, New York: American Book Company, 1939
Fuller, W. E. *One-Room Schools of the Middle West: An Illustrated History*, University Press of Kansas, 1994
岩下誠「「長い一八世紀のイギリス」における教育をめぐる国家と社会」広田照幸・橋本伸也・岩下誠編『福祉国家と教育

――比較教育社会史の新たな展開に向けて』昭和堂、二〇一三
ラバリー、D（倉石一郎・小林美文訳）『教育依存社会アメリカ――学校改革の大義と現実』岩波書店、二〇一八
大久保利謙監修『新修　森有禮全集』二巻、文泉堂、一九九八
Rury, J. *Education and social change: Contours in the history of American schooling*, Routledge, 2016, p.90
齋藤慶子『「女教員」と「母性」――近代日本における〈職業と家庭の両立〉問題』六花社、二〇一四
佐久間亜紀『アメリカ教師教育史――教職の女性化と専門化の相克』東京大学出版会、二〇一七
Schools of Yesterday in Jackson County, Wisconsin: A Collection of Memorabilia, Black River Falls, Wisconsin: The Authors, 1997
すぎむらなおみ『養護教諭の社会学――学校文化・ジェンダー・同化』名古屋大学出版会、二〇一四
土屋尚子「女教師と看護実習」教育の境界研究会『むかし学校は豊かだった』阿吽社、二〇〇九
Zimmerman, J. *Small Wonder: the Little Red Schoolhouse in History and Memory*, Yale University Press, 2009

第3講

教師－生徒の人間関係学
［なぜ生徒は授業中に内職できるのか？］

■W・ウォーラー『学校集団』（一九三二年）
■E・ハンター作／R・ブルックス監督『暴力教室』（原作一九五四年・映画一九五五年）

キーワード

アクティブ・ラーニング
非対称な関係
支配と服従
ゲオルグ・ジンメル
公式のカリキュラム
「友だち教師」
教師の身体的特徴
ベルクソン『笑い』

はじめに：アクティブ・ラーニング騒動

いま日本では猫も杓子もアクティブ・ラーニングである。もともとは、大学のマスプロ型講義では社会人として必要な主体性が育たない、という経済界からの横槍から始まり、やがて小中高すべての学校段階で授業改善の「視点」として、文部科学省のお墨付きを得た。学習指導要領に書き込むにあたり横文字では具合が悪く、また以前に学力低下論争を仕掛けられて懲りた反省から、「主体的・対話的で深い学び」という表記になった。一方で興味深いデータもある。学校段階が上がるほど、授業を受ける側のアクティブ・ラーニングへの忌避感が高まり、一斉授業（マスプロ講義）を好む者が多くなる。[*1]学校暮らしが長くなるほど一斉授業を愛し、アクティブ・ラーニングに胡散臭い目を向けるのは何故か。その問いにヒントを与えてくれるのがアメリカの社会学者ウィラード・ウォーラーの作品『教えることの社会学（The Sociology of Teaching）』（邦題『学校集団』）である。教育社会学の古典と目されるこの大著は、あらゆる側面から学校という組織の現実を描き出した労作で、今日読んでもさまざまな洞察に満ちている。本講ではこのうち、教室での教師と生徒の人間関係を論じた部分を中心に紹介する。

　ウォーラーの特徴は、教師と生徒の関係を支配‐服従という非対称な関係と捉えている点にある。と言っても、教師が生徒を支配する（服従させている）のはけしからぬ、もっと対等で民主的にしろ、などと浅薄な議論をしているのではない。学校という制度にこうした関係が深くくみこまれ、誰もがそこから逃れられないとの認識が彼の議論の根底にある。こうした現実を生きる者の哀歓をあるがままに描いた点で、実はウォーラーと『坊っちゃん』は響き合っている。「生徒は八釜しい。時々図抜けた大きな声で先生と云ふ。先生には答へた。今迄物理学校で毎日先生々々と呼びつけて居たが、先生と呼ぶのと、呼ばれるのは雲泥の差だ。何だか足の裏がむず〳〵する」[*2]。たしかに教室において教師は一種の支配者である。だが大勢の生徒を前にした時のよるべなさ、居心地の悪さはどうだろうか。ウォーラーはこの感覚に、ジンメルの社会学理論などを援用してメスを入れ、その出どころを突きつめて考えた。また、同じ現実を生きねばならないのは教師だけではない。もう一方の当事者である生徒たちが、学校という制度をどのように生きているのか考察した点も彼の功績である。教師‐生徒関係は非対称な関係だが、それは一方が支配し他方が服従するという意味だけではない。教師が全身全霊を投じてコミットしなければならない一方、生徒は自己のほんの一部をその関係に割けばいい。生徒にとってのこのお気楽さ、軽さがポイントである。現代日本の若者が直感的に一斉授業を支持しアクティブ・ラーニングを嫌う秘密はここにある。ウォーラーの著作は一九三二年に書かれたずいぶん古いものであるが、このように今の日本にもなお適用できるほどの鮮度をたもっている。

　ウォーラーの議論に今日的リアリティをもたせる文脈はアクティブ・ラーニング騒動ばかりではない。「友だち教師」という言葉がある。ジンメル研究者として知られ、二〇一六年の逝去後もなおその著作が広く読まれ続ける社会学者、菅野仁の造語である。『友だち幻想』において、孤立を恐れる若者が他者の機嫌を損ねないよう気遣いあって疲弊する現実を描いた菅野は、次作の『教育幻想』で今度は

＊1　小針誠『アクティブ・ラーニング――学校教育の理想と現実』一九―二〇頁。

＊2　夏目漱石「坊っちゃん」『漱石全集　第二巻』二七〇―二七一頁。

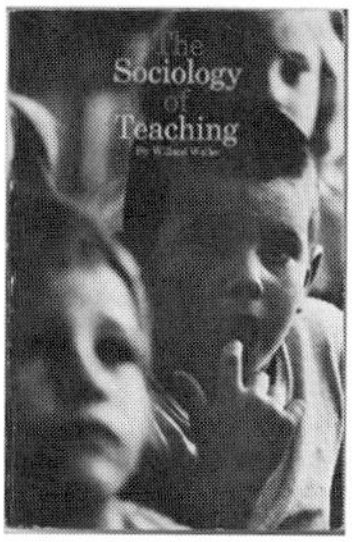

図3‐1『学校集団』原著［Waller, W. W., *The Sociology of Teaching*, John Wiley & Sons Inc, 1965（originally published in 1932）］

＊3　菅野仁『友だち幻想――人と人の〈つながり〉を考える』、同『教育幻想――クールティーチャー宣言』。

図3-2　『暴力教室』（DVD、発売元：復刻シネマライブラリー、©1955, Supplementary Material Compilation ©2005 Turner Entertainment Co.）

教師が、生徒から嫌われまいとして「友だち」然としてふるまい、その結果威信を失い教室をコントロールできなくなる点を指摘した。[*3] こうした教師は近年の日本で急に出現したわけではない。ある程度普遍的にみられる現象だというのがウォーラーの立場で、抜かりなくこの問題に言及している。

ただ教室で教師がコントロールを失うのは、こうした心得違いだけが原因ではない。時には本人の力ではどうしようもない理由が絡んでいる場合もある。ウォーラーは学校の「記述者」に徹し続けた結果、その著作にはときに目を背けたくなる現実まで描きこまれている。たとえば教師の容姿はその威信とどう関係するのか。こうした不条理を描かせたら、社会学者の本よりも文学や映画に一日の長があるだろう。ロックンロール時代の一九五〇年代はじめ、都会の荒廃した教室での教師の苦闘を描いたエヴァン・ハンター作『暴力教室（*The Blackboard Jungle*）』（一九五四年、翌年グレン・フォード主演で映画化）を参照しよう。作者ハンターはのちにエド・マクベインの筆名で「八七分署シリーズ」などのミステリーの大家となるが、作家になる前、実業ハイスクール（日本の専門高校［旧職業高校］に相当）で教師をしていた。『暴力教室』にはウォーラーとよく似た教師のタイプ分けも出てきて興味深い。

1．ジンメル社会学と教師 - 生徒の力関係――「主人は奴隷の奴隷」

ウォーラーが『学校集団』の中で立てたのは、教師と生徒の関係がどうあるべきかという問いではない。そこに「事実」として支配と服従の関係をみてとった上で、なぜこうした関係が維持され存続しているのか、という問いを立てるのである。次の引用にあるように、ウォーラーはゲオルグ・ジンメル（一八五八―一九一八）の社会学からそのアイデアを汲んだ。

> ジンメルは従属関係というものが社会的体制としてどんなふうにして可能なのか、それを示そうとしているが、その論旨は次の通りである。従属ということが可能なのは、そのような関係が支配する人間にとっ

ては意味が大きいが、従うものにはこれと逆比例して意味が少なくなるからである。だから支配者は全身を打ちこむか、そうでなくとも自己の大部分を投入してこれに関与するに反し、服従する方は自分のほんの一部分しかこれに投入しない。一人で百万人をも支配するものがあるが、これはその人間が自分の全身全霊をその関係に打込むに対し、百万人のほうはほんの申訳にしかこれに関与しないからである。[*4]

支配する側が全身全霊を投入するのに対し、服従する側はほんの申し訳程度にしか関わろうとしない。なのになぜ、カギを握っているのは後者の方なのか。一見ねじれた論理のように思えるが、ジンメルの言葉を参照しながらその意味を解きほぐしていってみよう。

支配や権力をテーマにした社会学的議論ではマックス・ウェーバーのものがよく知られている。「合理的・伝統的・カリスマ的」という支配の三類型がそれであるが、ウェーバーの叙述の力点は基本的に支配する側にある。それに対してジンメルは、支配する側の何らかの属性（権力や権威の強大さ、カリスマ性など）に注目するだけでなく、服従する側の反作用（リアクション）、それが支配者側に及ぼす影響を視野に入れている。ジンメル社会学が相互作用論的社会観の上に打ち立てられたと言われるゆえんである。[*5]『坊っちゃん』の主人公に訪れた「むずむずする感じ」は、無言の生徒たちから受ける反作用を受け止めたものである。ジンメルの文章にも、生徒集団に対峙したときの教師への言及がある。

会衆に向かいあった演説家や、クラスに面した教師は、それのみの指導者であり、一時的な上位者であるように思われる。にもかかわらずそのような状態に置かれた者がだれでも感じるのは、表面的には彼をそのまま受けいれ彼に操縦されている大衆の規定的および操縦的な反作用である。そしてこのことは、たんに直接にたがいに向かいあっているばあいのみとはかぎらない。無数のばあいに主人が彼の奴隷の奴隷であるのと同じように、すべての指導者はまた指導されもする。「私は彼らの指導者である。それゆえ私は彼

＊4　ウォーラー、W（石山脩平・橋爪貞雄訳）『学校集団――その構造と指導の生態』二四六頁。

＊5　菅野仁『ジンメル・つながりの哲学』四七頁。

らに従わなければならない」とは、ドイツの政党の最大の指導者のひとりが、彼の支持者について述べたところである。[*6]

教室での授業場面では、教師から生徒への影響（作用）にばかり注目が集まる。そして反作用が問題にされる場合でも、生徒からの応答や発言だけに関心が払われる。沈黙はふつうリアクションとは見なされない。だがジンメルによれば、演台（教壇）に立つ政治家（教師）に常にひしひしと感じられるのはこの沈黙の存在であり、それこそが最も強力に政治家（教師）に作用するリアクションだというのだ。

ジンメルは、人を上位者と下位者に分かつもの、前者の後者に対する優越性はどこから来るのかと問い、その淵源は後者の「感動」に、「無制約的な服従」にあるのだと論じる。[*7] そしてその基盤となるのは「従属している者の自由」、それも「かなりの程度」の自由にある点を強調する。[*8] だから指導者の地位は、指導される者が自由の名において指導されることを放棄した瞬間、もろくも潰える。生かすも殺すも指導される者の胸先三寸だ（だから主人は「奴隷の奴隷」なのだ）。この反作用の力をひしひしと感じるからこそ指導者は、自発的な服従を被指導者から調達しようと懸命に語り、働きかける（作用）。こうして作用と反作用がせめぎ合って支配・服従の関係は成り立っている。こうした洞察を背景にして、コミットの非対称性テーゼ――一方は全身全霊、他方は片手間――が語られるのである。

> 社会においてたんにひとりのみが支配して大衆が支配されるばあい、その社会の構造が規準的な意味をもつのは、支配者がその関係に彼の全人格を投入するのにたいして、大衆すなわち支配される要素は、それに属するそれぞれの人格のたんに一部のみを注入するということにおいてである。支配者と個々の被支配者は、けっしてそれぞれの人格の同じ量によって関係に入るのではない。……ひとりと多数とのあいだの完全な支配関係は、明らかにたんに政治的なそれにかぎらず、人格のこの解体を基礎としている。[*9]

＊6　ジンメル、G（居安正訳）『社会学――社会化の諸形式についての研究（上）』一五三頁。

＊7　『社会学（上）』一五二頁。

＊8　『社会学（上）』一五〇頁、一五一頁。

＊9　『社会学（上）』一六七―一六八頁。強調は筆者による。

先のウォーラーの引用は、このジンメルの言葉を踏まえたものである。ジンメルの言う「人格の解体」を可能にするのが支配する側とされる側の「ひとりと多数」という数の非対称性だという点も要注意だ。被支配側に人格解体が可能なのは、マスの中に紛れこんでしまえるからなのだ。このジンメル（そしてウォーラー）のテーゼは、教室での一斉授業の教師‐生徒関係によくあてはまる。沈黙や服従のかげに隠れて、思いのほか広い自由の余地がそこにあるという指摘にも得心がいく（内職、居眠り、隠れスマホなど）。この絶妙のバランスがくずれない限り、この秩序は長続きする。

支配する者とされる者とはいつもある程度利害が衝突する。そのような関係の続く限り、それぞれの役を演ずる人々の間にも常に相当のまさつがあるようだ。それにもかかわらず、そんな関係がなかなか変わらないこともある。これは従うものが必ずしも支配する者を嫌悪するとは限らないし、下積みのものが反逆を起すとも限らないからである。そして、これはまた、服従するものの自己感情がこうした支配関係とは別の所で発散されるからでもある。服従しても大したことでないから、平気なのである。[*10]

しかし、アクティブ・ラーニング然り、現代の教育改革、授業改革の動向は一貫して、官僚制的で無味乾燥な教師‐生徒関係をなんとか「人間化」する方向、あるいは少人数教育を追求してマスから個別化へと関係を転換する方向を志向している。その果てに予想されるのは、これまでの教師‐生徒の支配‐服従関係の動揺である。しかしそれは必ずしも生徒にとって愉快な話ばかりではない。特に関係の個別化は、形ばかりの服従の代償として得ていた大きな自由の余地を掘り崩す最大の脅威である。アクティブ・ラーニングにせよ、それ以前の「新学力観」に基づく授業形態にせよ、生徒や学生に対して場への主体的・能動的な参加を求める。その場合、マスの中に逃げ込み、人格の解体、すなわち「それぞれの人格のたんに一部分のみ［の］注入」でやり過ごすことが許されない環境が、教室の中に出来する。逆

＊10　『学校集団』二四六頁。

に、これまで「奴隷の奴隷」の地位に甘んじてきた教師にとってはそこから脱却し、より支配を強化するチャンス到来と言えるかもしれない。こうした変化は控えめに言って、生徒に「福音」をもたらすものでは到底ない。冒頭で述べたアクティブ・ラーニングへの嫌悪は、こうした成り行きを予期しての反応だと考えられる。

2．ウォーラー社会学と教師‐生徒の人間関係——「友だち教師」

ウォーラーがジンメルの理論にヒントを得て、教師‐生徒関係を支配‐服従関係として捉えた点は以上でみたとおりである。一般的特性はそうだとして、この関係の固有性は何だろうか。それを捉えるキーワードが公式のカリキュラムである。

教師と生徒の関係は制度的な支配と服従の一種である。教師と生徒とは学校でもともと相反する欲求を抱きながら向いあっている。だからその対立がどんなに少なくなっても、どんなに外に現れなくても、やはり対立そのものはなくならないのだ。教師はおとなを代表している。おとなというのは、いつになっても子ども仲間の自然な生活の敵なのだ。また教師は公式のカリキュラム（formal curriculum）を代表している。教師の関心は、このカリキュラムを課業という形で子どもに押しつけることにある。ところが生徒は、教師が与えてくれる無味乾燥なおとなの生活などより、自分たちの生活の方にずっと興味があるのだ。教師のほうは学校の既成秩序を代表し、その維持に関心を示すのに反し、生徒のほうはそんな封建的な上部構造などにはごく消極的な関心しかもっていない。こんなふうにして、教師と生徒とは、底に横たわる相手への敵意をすっかりなくさないままで互に対立しているのである。[*11]

公式のカリキュラムとは耳慣れない用語だが、カリキュラムが子どもの興味・関心などの内的世界を顧

＊11　『学校集団』二四九—二五〇頁（*The sociology of teaching.* p.195）。一部訳語を変更した。

慮することなく、大人社会の論理と正統な手続きだけに基づいて作成されるとき、それは公式のものであり、かつ子どもにとってよそよそしいものだという点を押さえておけばいい。必ずしも日本のように、国家の手でナショナル・カリキュラム（学習指導要領）として策定されたものだけを公式のカリキュラムと呼ぶわけではない（米国にはナショナル・カリキュラムは存在せず、策定主体はいまだにローカルな学区単位である）。

さてこのように、公式カリキュラムを間にはさんで向かい合う教師と生徒の間には、対立の火種がくすぶっている。だがそれが抜き差しならない対立となって暴発するのを回避する仕組みがちゃんと備わっている。その一つが生徒の無意味化戦略である。

ところで生徒は教師がどんな規則を課したところで、それを無意味にしてしまう傾向がある。ただ機械的に服従したり、先生なんか「笑いとばして」しまったり、世の中で先生という人間ほどいやなものはないといったり、とうてい先生などの手のとどかぬところへ自分かってな遊びを求めてここへ逃避したり、とにかくそんなことをして、生徒は教師の束縛など意味のないものにしてしまうのだ。[*12]

このように教師・生徒関係は危ういバランスを保ってなんとか維持されているが、その均衡を破ろうとするさまざまな力にさらされている。外側から秩序を脅かすのが、先述したアクティブ・ラーニングに代表される「進歩」的教育改革・授業改革の波である。ウォーラーの生きた時代にも「プロジェクト・メソッド」[*13]などの教授改革が花盛りだった。そしてもう一つ、内側からこのバランスを崩そうとするのがいわゆる「友だち教師」の存在である。生徒と別世界に住む住人の代表者、無意味化戦略を蒙る敵役という位置取りに耐えることができず、なんとか友好関係を築こうとあがく教師たちである。こうした弊に特に陥りやすいのは若い教師だという。老教師との対比も面白いので、長くなるがウォーラー

＊12　『学校集団』二五〇頁。

＊13　『学校集団』二九八頁。

の言葉をひこう。

若い教師と生徒は関心も似ているから、生徒の世界は教師にとって絶好な自己実現の機会を与えてくれるようにみえる。……そんなわけだから、若い教師には生徒の世界が魅惑的にみえるに違いない。よほど自制しないとこれに足を入れないでいることができなくなる。……しかし教師がいったん生徒の世界にまきこまれてしまうと、もう教師としての特権はなくなってしまう。そうした特権や除外例は、彼が教師仲間の一員たることに安んじ、他のグループに色目を使わない限り与えられるのだ。……教師と生徒が同じ世界に住んでいることはまた別の面でも教師にとって不利益である。だいたい、生徒の世界に入っていこうとする教師は、そこで自己を実現させたいからなのだ。そんな気持があれば、当然の結果として、ある生徒とは仲がよくても、他の生徒には敵対するということが起る。教師と生徒のいがみあいというのは、だいたいこんなふうに、初めに教師が生徒の世界へ［と］足を踏入れることから起るのである。……こうなると、教師も生徒もねらうところは同じ自己実現であり、同じ栄誉である。だからどうしても相手に勝って目標を手に入れようと競争が起ってくる。その結果、教師は高い所に立って生徒を助けてやるという立場でなく、生徒の競争相手という立場になってしまう。……年とった教師は簡単に生徒の服従を得ることができる。自分は年長者なのだと構えて親がわりになるから、権威もできる。その上老教師は年のせいで精神が硬化し社会的にも融通がきかなくなっているから、生徒との仲も……かえってうまく行く。こういう教師は生徒の世界にまきこまれたり、競争相手になったりしない。昔自分で自分の問題を解決できなかったからこそ、今ではかえって若いものになにかさせてやろうと熱心になる。生徒を通じて自分の望みを遂げようというわけだ。年をとっているから、生徒ともなにかにつけて隔たっている。……生徒を人間としてみていないから、生徒も彼を人間として扱わない。人間でないからかえって権威ができる。ただし感化力は皆無である。[*14]

＊14 『学校集団』二七一―二七四頁。

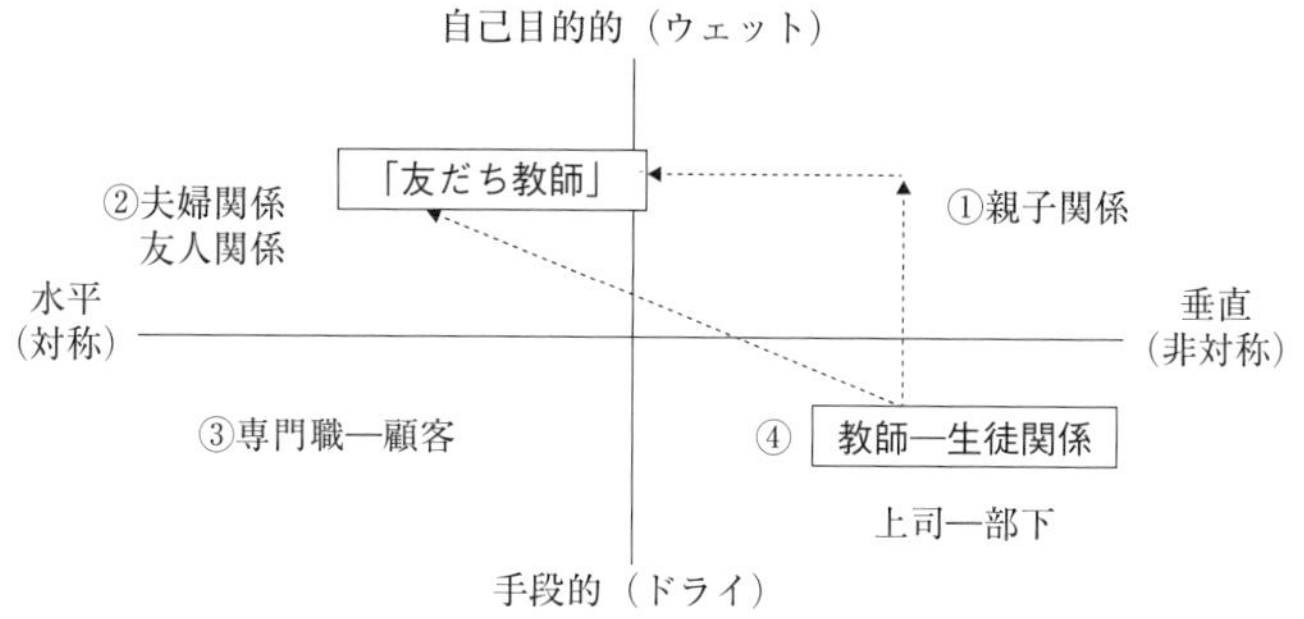

図3-3　人間関係の類型図

*15『学校集団』二九九頁。

生徒の中に巻き込まれてしまう若い「友だち教師」は、自身もまた充実した人間関係を渇望している。それゆえ学校生活に充実を見出そうとする生徒と同じ土俵に立ち、公平性という生徒との関係の大原則を踏みにじってしまう。それが人間関係のトラブルのもととなる。いわゆる熱血教師もののテレビドラマのように、現実にはけっしてうまくいかない機制がクリアに説明されている。逆に老教師は超然としているのでそうした弊害から免れるが、互いに「人間」扱いしないので感化力も及ぼせないというのは、リアルかもしれないが何だか寂しい話ではある。

　若年の教師の中から「友だち教師」が出現する蓋然性が高いことをウォーラーは指摘したが、その誘惑は普遍的なものであり、すべての教師にとって他人事ではない。図3-3に従って、その一般的性質を説明しておこう。縦軸は人間関係それ自体を味わうことが目的（ウェットな関係）か、それとも何か目標達成のための手段的関係（ドライな関係）かを表し、横軸は垂直（タテの関係）か水平（ヨコの関係）かを表している。この軸をクロスさせてできる四つの象限に、社会に存在するさまざまな人間関係を当てはめることができる。象限①（自己目的的で垂直的）には愛情でつながり、保護する／されるという非対称性がある点で親子関係が、象限②（自己目的的で水平的）には夫婦関係や損得勘定抜きの友人関係が該当する。象限③（手段的で水平）の典型には、商取引の当事者同士のビジネスライクな関係や、訴訟依頼人と弁護士のような専門家・顧客関係が思い浮かぶ。そして最後の象限④（手段的で垂直的）にあてはまる人間関係として、ひとまず教師・生徒関係が想起される。

　先ほどみたようにウォーラーによれば教師は第一義的に、公式カリキュラムを生徒に習得させる存在として生徒の前にあらわれ、その目標達成のために生徒と関係を結ぶ。しかしこの目標達成へ至る道のりは苦痛に満ちている。なぜなら「カリキュラムが一般生徒の要求に合致しないため、教師は、生徒たちののぞきたくもない知識の世界へかれらを無理に引張っていかねばならない」[*15]からである。生徒の生きる世界から乖離し、よそよそしい教科内容との距離をなんとか縮める手立てとして、教師はときに戦略的に象限①の領域に身を置くことがある。つまりまずは教師である自分に愛着を持ってもらい、生徒が関係そのものに快を感じるように持っていく。それを梃子にカリキュラムの習得を促そうという戦略である。④と①の間を往還し、ウェットとドライを緩急自在に使い分けようというのである。第2講『女教師の記録』の平野婦美子はこうした戦略を駆使する名人だったのではないかと思われる。また生徒の「記憶に残るような」素晴らしい授業をしようと工夫をこらす教師もこの範疇にあてはまるが、それが嵩じてひたすら「思い出作り」に走るようになると次の「友だち教師」の域に入ってしまう。[*16] この戦略のポイントは、自己目的的な関係構築はあくまでフェイクであり、カリキュラム習得が本来の目的であるのを見失わないことである。

しかし実際にはこの戦略はなかなか困難である。ウォーラーの若年教師に関する指摘にあるように、ひとたび人間関係の充実を求めて生徒のなかに飛び込んでいったとき、もはや「教師としての特権はなくなってしまう」。その権威や威信を失うという代償を払ってしか、生徒のなかに入っていくことはできないのだ。したがって象限①に足を踏み入れた教師は坂道を転げるように、左の②へとスライドしてしまいがちになる。象限②（自己目的的なヨコ関係）はもともと友人関係を典型とする人間関係類型であった。そのポジションに嵌まってしまったのが「友だち教師」である。

ウォーラーは「悪評の立つ教師タイプ」として以下の一一項目をリストアップしている。[*17] それぞれについて、学生から収集したエピソードや種々のドキュメントから引用した事例が付けられ、実に面白い読みものになっているが、いま論じている「友だち教師」に該当する項目（②好人物の教師）も含まれている。

①生徒のカモにされる教師　easy markers
②好人物の教師　amiable and sympathetic teachers

＊16 『教育幻想』一四〇頁。

＊17 『学校集団』三一八―三四七頁。一部訳語を原著に基づき変更。（*The sociology of teaching.* pp.253―277）。

③とんまであほうの教師　the egregious or nincompoop
④無能教師　the incompetent
⑤暴君的教師　the tyrant
⑥おしゃべり教師　the overtalkative
⑦弱虫教師　the weakling
⑧性的に軽率な教師　flirtatious teachers
⑨漫画的な教師　the caricature
⑩弱いものいじめの教師　the bully
⑪尊大な教師　pride-fulfilling

「友だち教師」はなんとか生徒の歓心を買い好かれようとするのに、生徒から悪評が立って結果的に強い嫌悪の対象となってしまう。なんとも皮肉な逆説だが、『学校集団』のなかでは、事例に依拠してこのメカニズムが説得的に示されている。「好人物教師」のジョーンズ先生の事例である。長い引用だが、身につまされる話で引き込まれて読んでしまう。

経験をつんだ教師は、お人好しな同僚の失敗に対し、チャンと説明を用意している。ジョーンズ先生の失敗は「生徒に自分を尊敬させないからだ。」……なぜ教師が「生徒に自分を尊敬させる」必要があるのだろう。なぜ生徒は、気持のいいジョーンズ先生を尊敬しないで、気むずかしがりやで怒りっぽい同僚のほうを尊敬するのだろう。……まず重要なことは、この先生は教師の権利と生徒の権利との間に一線を画するのに失敗している。つまり物事のあり方にけじめをつけることができないのである。その結果、生徒は日に日にジョーンズ先生の権利・特権を犠牲にして、自分たちの権利・特権だけを拡張していく。物事のあり方が厳重にきめられない限り、その場の情況は人間同志の力関係できまってしまう。こうなると自然、生徒の活動はドンドン伸びていって、教室本来のあり方と肩を並べるほどになってしまう。……さて、次にもっとたいせつな点は、生徒との間にジョーンズ先生に対しかさにかかった態度をとりたいという動機のあることである。「いったいオレたちの力であの先生をどこまで押していけるかやってみたい」という悪らつな衝動である。……けっきょく、この先生がどれほど好人物で気が長くても、もうこれ以上はがまんがならぬという所までいってしまう。ここで先生はがんばる。ところが生徒の心情に訴えようとしても、自分の立場がグラついているのだから失敗する。……先生のほうもがんばるのが遅すぎたわけだ。今になって強行しようとしていることは、もうクラスではチャンと生徒の権利になってしまったことなのだ。「以前は先生が許してくれたことじゃないか」と、前例はことごとく先生に非である。先生は自分の言分を通すため、他の教師以上に懲罰を用いなくてはならなくなる。……間もなく生徒のほうでも先生を憎むようになる。生徒の憎しみが強くなるから、先生はどんな罰を加えても権威をスッカリとり戻すことができなくなる。こうなれば万事休すである。[*18]

教師にとって生徒集団の統制は、どのみち避けて通れない必要悪である。お互い気まずく気が重いが必要なことがらなら、先に済ませてしまった方がいい。嫌なことを後回しし、上げも下げもできなくなってから権力行使をやろうとすると、生徒から食らう反感は倍加する。心して受けとめるべき指摘だ。逆に生徒の方もこの裏事情を知っておくと、教師を見る目が変わるのではないか。最初のうち当たりがきつい教師でも、しばらく様子を見て長い目で判断することが可能になる。なかなか実践的なテーゼではないか。

最後に、数あるウォーラーの名言のなかでも心に響いたものを掲げておく。教師稼業の厳しさとして彼は、生徒集団統制の難しさとともに、同じことの繰り返しに耐えることを指摘している。教師は少々

＊18 『学校集団』三二〇―三二一頁。

頭の悪い人間の方が向いているという衝撃的な言葉も、全体の文脈のなかで考えると納得がいく。

教師は自分の学科に対して真剣さと熱意を失いたくないと思っても、長い間一つの学科を教えていると、うまくそういかない場合もある。教師は一定期間何か一つの学科を教えていると、担任生徒のできがよくてりっぱな教師とほめられようが、生徒のできが悪くて不良教師の烙印を押されようが、とにかくその学科の重要性を過大視するようになる。ところがもう一方熱心さ enthusiasm ということになると、それを失わずにいるのはなかなかむずかしい。何度も繰返したため今では少しも自分の気持にアッピールしないことがらを、相変わらず続けていかなくてはならない。そこに教師という仕事の根本的なむずかしさがある。こう考えると他の面でもそうだが、教師は少々頭の程度の低いほうがトクである。頭の悪い教師なら自分の仕事はたいせつだと自信をもち、分り切ったことにいつまでも熱中できるからだ。事実鈍物の教師は毎年同じことを繰返しても常に新しいことを見つけ出しては喜んでいる。またこれとは別に、教師がはっきり割り切った態度をとり頭の切りかえを行えば、単調な教師稼業とバランスを保ち、学科への熱心さを失わないですむこともある。[19]

特に最後の一文は、本書執筆当時ネブラスカ大学で教鞭をとっていたウォーラー自身に向けられた言葉に思えてならない。ネブラスカ大学の本拠地はいまも当時も変わらず同州リンカーンにある。米国中部、合衆国のへその位置に当たるネブラスカ州は一言で言えば「何もないところ」である。大学院で博士号取得後最初の就職先だったネブラスカを、彼は「つかの間の居場所 good place "for a while"」ぐらいに考えていた。[20] 最初は調子よかったが、田舎町での教師生活に次第に息苦しさを覚えるようになる。そうした鬱屈した生活の中、彼は夏休み中に教師たちにその仕事と生活についてインタビューを重ね、のちに『学校集団』に結実する原稿を書き溜めていた。[21] 早く本を出版して、その業績をひっさげて母校

＊19 『学校集団』二八六頁。

＊20 Goodie. W. J. Furstenberg. F. F., Mitchell. L. R. "Willard Waller: A Portrait." p.33.

＊21 "Willard Waller", p.34.

のペンシルバニア大学がある東海岸に帰還したかったのだろう。しかしいつその日が来るとも知れず、当面はネブラスカで単調な教師生活に甘んじるほかなかった。ウォーラーは軽蔑的に書いているが、繰り返しの中から「常に新しいことを見つけ出」すのは大変なことであり、また大切なことである。自身は「割り切った態度」と「頭の切りかえ」でしのいだのだろうが、自分の力で職場を変えることがままならない初等・中等段階の学校において、新たな発見に喜びを見出す教師はけっして「鈍物」ではない。そして本質的には同じことが、我々大学教師にも言えるのではないかと思う。

3. 映画『暴力教室』にみる教師の容姿と威信

『学校集団』という本は、同じ教師稼業のはしくれの身として読んで、けっして愉快な話ばかりではない。むしろ身につまされたり、ドキッとさせられる部分が多い。特に自分がひそかに気にしている、身体的特徴や声質などに話題が及んでいる部分は、とても冷静に読むことができなかった。この点については、視聴覚に訴えるメディアである映画がより雄弁に語っている。ウォーラー亡きあと（一九四五年に四六歳で逝去）、一九五四年にエヴァン・ハンターによる原作が、そして翌五五年に映画化され日米で大変なセンセーション[*22]を巻き起こした『暴力教室』を重ね合わせながら話を進めていきたい。

『暴力教室（*The Blackboard Jungle*）』は、ニューヨークの下町にある「北地区実業ハイスクール」の教員採用面接を受けに一人の男が来るところから始まる。この男、リチャード・ダディエ（グレン・フォード演、ニックネームはリック）は第二次大戦の帰還兵で、GIビル（復員兵援護法）の恩恵を受けて大学に進学、ニューヨーク市立大学ハンターカレッジで正規の教員養成教育を受けた。妻が子を身ごもっていて、安定した職を探していたところこの求人情報に行き着いた。同じく面接を受けに来たなかにいたのが、のちに同僚となるジョシュア・エドワーズ（リチャード・カイリー演、ニックネームはジョッシュ）だった。面接を通過して国語教師として採用されたダディエを含むすべての教師が集められ、校

＊22　『暴力教室』の日本での上映は一九五五年八月二六日から始まったが、その後千葉、兵庫、福島など各地で上映拒否や自粛が相次ぎ、文部省が通達を出すなど騒ぎが拡大した（乾孝「暴力教室」『児童心理』一〇巻七号、一九五六年）。

＊23　ハンター、E（井上一夫訳）『暴力教室』五五頁（*The Blackboard Jungle.* pp.30）。

長から訓辞がある。スモール校長はこの新学期に着任したばかりだが、数々の実業系ハイスクールを渡り歩いてきた歴戦の勇士として自己紹介した。そしてダディエたち教師に次のような指示をした。「秩序のない暴徒に教育することはできないのですから、まず秩序のある学校にすること。すなわち服従です。すぐに服従するということです。そのうちにいうことを聞くとか、明日やるとか、来週いいつけにしたがうとかいうようなことではありません。即座にいわれたことを実行することです。命令は即座に実行されなければならない。教師は命令者（boss）です。これを忘れないでいただきたい[＊23]」。この話を聞いて新任のダディエたちの心中には不安がむくむくと湧き上がってくるが、まだこの日は新しい職への希望の方が勝っていた。解散後、ダディエは自分の専用教室（official room）の二〇六教室に行ってみた。ひとけのない部屋であれこれ見ていると、同僚になったエドワーズがふらりと訪ねてくる。この物語で明暗分ける二人が初めて言葉をかわしあう邂逅シーンだ。

彼は机の前に静かに坐って、ひとけのない教室を見わたしていた。戸口のほうで声がした時は彼はびっくりした。

「どうです？」

声のするドアの方を見て、それはスタンリーが今朝紹介してくれた新任教師だということに気がついた。小柄でおとなしそうな男で、度の強い眼鏡をかけ、まじめそうな茶色の目をしていた。その大きな茶色の目には、何かが燃えているようだった。丸い顔には笑いがたたえられている。リックはその男の名を思い出そうとしたがだめだった。空っぽの教室ですましているところを見られて、少してれくさかった。この小柄でにこにこしている男の闖入は、いささか腹立たしく感じられた。

「まあね」彼は実際よりもぶっきら棒でないようにつとめて答えた。「悪くはない」

小柄な男はにこにこしながら、リックのその言葉を、室内への招待とでも受けとったように部屋にはいって来た。リックが何もいわなかったら部屋にはいっては来なかったかもしれないのだがという調子である。「こんな気持になるとは思わなかった」小柄な男は闊達にいった。「ただの職業にすぎないと思っていたがねえ」

「まったく」リックもいった。彼はこの新任教師を二十八かそこらだと思った。名前をおぼえておけばよかったとも思った。自分の話している相手の名がわからないなんて……

「ところが、一歩教室にはいってみたら、まったく違う気持になった。ゴールにつく前の気持。わかるかね。もうついたぞという気持だ」小柄な男はますます笑顔になってつづけた。「たしかに悪い気持じゃない」その「小柄な」男の興奮に、最初の反感は消えて、リックの気持もほぐれてきた。「どうも、きみの名を忘れてしまったらしくて……」

「エドワーズだよ。」「小柄な男は言った。」「ジョシュア・エドワーズ。二つとも苗字じゃなくて名前みたいなんだ。ハリー・ジェームズみたいにね。スイングは好きかね?」

「ああ、好きだ」

「ぼくも好きなんだ。よく集めてあるぜ。そのうちにもってきて、生徒に聞かせてやろうと思ってるよ。生徒たちも聞きたがるだろう?」

「そうだなあ。喜ぶだろうね[*24]」

私は最初このくだりを何の気なしに読み流していた。しかし次に引用するウォーラーの「小柄な教師」に関する言及に接してから再度読み直したとき、エドワーズの形容にやたらと「小柄な small」という言葉が出てくるのが妙に気になった。この短い部分に合計五回も、しかも訳書では二ヵ所省かれている(破線部)ので原文ではつごう七回も登場するのである。なぜハンターはこれほどしつこく、エドワーズの体格を問題にするのだろうか。彼が結果的に悪たれ共を御すことができず、ある悪夢のような出来

＊24 『暴力教室』六七―六八頁。強調は筆者による。また一部訳語を補った。(*The Blackboard Jungle*, pp.38–39)

事に襲われ、失意のうちに教壇を去る行く末の暗示なのだろうか。ウォーラーによる教師の体格に関する言及は以下のとおりである。

男性には、身体の大きさと力のありそうなようすが一番たいせつな身体的特徴らしい。教師は平均より小柄とか、あるいは見たところ平均より大きくないと、高校生を扱う際にずいぶん損をする。小柄な男は生徒を訓育するとき二つの理由で失敗するようである。第一、彼は生徒の目におかしくみえる。第二に、彼自身どうしても劣等感を抱きやすく、これがためおくびょうになり自己主張もできず、求めて困難を招くようになる。……なぜ小柄だとおかしくみえるのか……。よくいわれることだが、舞台に現れるおどけものは、たいていチビかデブである。そんな人間は大げさに観衆の耳目をひくふるまいをするが、それに比べてよくよく身体の大きさを考えてみると……本当の値打ちはごくつまらない。そこにおかしさが生じるのであろう。チビ教師の場合も同じことで、とるにたらぬ身体つきのくせに、学校という制度の中ではいばっているから、その対照がはっきりしすぎておかしくなるのである。[*25]

ウォーラーはここで、小柄な教師がかもし出す可笑しさ、滑稽さを指摘している。この点を深めるのに、身体と可笑しさの関係を考察したH・ベルクソン『笑い』がヒントになるだろう。感動的な演説をしている人が突然くしゃみをしたときなぜ可笑しいのか。その笑いは「私たちの注意力が突然、精神から身体へひき戻されるところからくる」[*26]ものだ。「精神的なものが問題になっているときに、人間の身体的な側面に注意を向けさせるすべての出来事は滑稽である」[*27]。

原作でも映画でも、エドワーズ先生の日常の授業風景の描写はない（原作では同じ国語科の教師、映画では数学科という設定）。ただ日を追うごとに仕事に幻滅し、疲弊し、ダディエに愚痴をこぼすようになる描写から、彼の授業が容易でない問題に遭遇していることがほのめかされている。

＊25　『学校集団』二七七頁。

＊26　ベルクソン、H「笑い」ベルクソン、H／フロイト、S（原章二訳）『笑い／不気味なもの』五〇頁。

＊27　「笑い」五〇頁。

エドワーズ：おれは悪い男か？（Am I a bad guy?)
ダディエ：いい男だよ、ジョッシュ、おそろしくいい男だ。
エドワーズ：では、なぜおれに教わりたがらないんだ？（why won't they let me teach?)
ダディエ：生徒が悪いやつばかりだからさ
エドワーズ：いや違う。そんなことをいってはいかんよ
ダディエ：そうだよ。生徒が悪いんだ[*28]

むろん小柄ということだけがエドワーズの困難を説明するわけではない。私の狭い経験の範囲でもいくらも例外を知っている。だが、ダディエとの邂逅シーンのやり取りから明らかなように、エドワーズ先生は教職こそ自分の天職だと興奮し、その熱量は最高潮に達していた。自分の好きなジャズのレコードを生徒に聞かせたいというせりふは、生徒に公式カリキュラムを押しつける役回りを超えて、即自的に人間的つながりを作りたい気持ちのあらわれだろう。こうした教育にかける思いが熱ければ熱いほど、ベルクソンが言うところの「精神から身体への注意のひき戻し」は露骨になる。そこに滑稽さが醸し出され、教師としての威厳が損なわれる大きな引き金となったのかもしれない[*29]。

そして悲劇が起こる。取って置きのレコードコレクションを持ってきて教室で生徒に聞かせるが、生徒はだれもまともに聞こうとしない。やがてふざけてエドワーズのレコードを投げ合いはじめ、一枚残らず割ってしまう。異変を察知したダディエが駆け付けるが、あまりの惨状にかける言葉を失う。リチャード・カイリー演じるエドワーズの、呆然と見開かれた目が胸を締めつける（ちなみに映画でのエドワーズは小柄ではない。キャストする上でさほどこの問題が重視されなかったのだろう）。

さて、ダディエとエドワーズが対照的なのは、生徒集団統制の成否だけではない。ダディエは着任早々、図書室で生徒に暴行されかけた女性教師を救出し、一躍「マッチョ」として校内に名がとどろい

＊28『暴力教室』二〇三頁（*The Blackboard Jungle*, p.120）をもとに改変。

＊29 ところで私がこんなに教師の体格（身長）問題に執着する理由ははっきりしていて、自分の身長が低いことに長年、コンプレックスを抱き続けてきたからである。このコンプレックスを私は学校によって植え付けられたものと理解している。なぜなら日本の学校は、つねに生徒を背の順に並ばせることに執着する文化をもち、常にその先頭付近だった私はこうした慣行によって劣等意識をもつようになった。米国において同様の学校文化があるのかどうかわからないが、『学校集団』のウォーラーの記述に接して、それが必ずしも日本だけにとどまらない可能性に気づかされた次第だ。

たため、あからさまに刃向かってくる者はなかった。その点で統制上の苦労は味わわなかったが、生徒が授業に乗ってこず、面従腹背に悩まされていた。はじめ彼にとって教職の仕事はその場しのぎに過ぎず、エドワーズに比べてその体温は著しく低かった。だがやがて、どうすれば公式カリキュラムと生徒との距離を縮められるか考え、授業改善に真剣に取り組むようになっていく。その過程は悪戦苦闘の連続であった。たとえば、教科書の代わりに大衆雑誌をもちこみ、生徒が興味を持ちそうな冒険小説を読み聞かせようと試みる。ところが出鼻をくじかれる。教室の真上は機械室になっていて、実習が始まり機械が動き出すとすさまじい騒音が下に響くのだ。最悪のタイミングで機械が動き出した。こうした間の悪い出来事は、ほんとうによく教室に起きる。だがダディエは出来事の逆手をとった。

最初はにぶい物のきしる音で、彼はほとんど本から目も上げなかった。ところがその音がヴォリュームを増し、丸鋸が回っているような音になった。リックは心から弱ったような顔で天井を見上げたが、クラスじゅうの生徒がにやにやしているのに気がついた。彼は眉をぴくりと上げ、肩をすくめるとまた読みはじめた。

丸鋸は最初はカチカチというくらいの音だったが、そのうちにだれかが歯車の中にねじ回しでも投げこんで、歯車が躍り出したみたいに、ガタガタという音に変わってきた。部屋じゅうがこの音で震動し、窓はがたつき、机の上の鉛筆が躍り出した。

リックは驚いて目を丸くした。生徒たちは笑った。この笑いは、彼の心のなかに何か応えるものがあった。最初は本当に驚いたのだが、彼はちょっと芝居をやって見せた。びっくりしたように目を丸くし、口をあけ、眉毛が頭の生えぎわにくっつくくらいにあがる。

クラスは鳴りをひそめて待っている。リックは大学時代にグループで《ルーム・サーヴィス》の劇をやった時のことを思いだした。マルクス三兄弟が映画でもやった、その作品の笑わせるせりふのきっかけを待つ感じ、どっとうけるタイミングを待つ。やがて、全員の注意を引きつけておいて、いやにゆっくり、いやにはっきりという。「ありゃ、何じゃい?」

クラスじゅうが笑って、生徒のひとりがいった。「上の階の機械室だがな、センセ」

リックは額をぴしゃりとたたいて、気絶せんばかりの様子を見せて、「やれやれ、それでは捨てちまうわけにもいかんな」

彼は半分本気に、半分は誇張して大声で笑ったが、生徒たちもいっしょになって笑った。生徒たちが彼のことを笑いものにしているのでないことはわかっていた。彼は教壇の上から生徒たちを見て、彼らが天使のように、善良でないことはわかっているが、今のところ彼らは彼と同じ問題をいっしょに笑っているのを知った。[*30]

騒音によって物語世界から一気に現実に引き戻されることで生じる可笑しさは、ベルクソンの言う「精神から身体への注意のひき戻し」に近い。しかしダディエに集った目線を逆手にとり、芝居で身につけた顔芸をきっかけに教室にまきおこった笑いは、ベルクソンがもっぱら関心を払った矯正としての笑い、「屈辱を与えて脅かすこと」[*31]を目的とする笑いとは異質なものだった。生徒の笑いはダディエの可笑しさに向けられたのでなく、ままならぬ状況に翻弄される自分たち（生徒も教師も含むクラス全体）に向けられたアイロニーとしての笑いだった。

もちろんダディエの試みが徹底して空回りし失敗に終わることもあった。ある日、彼は教室に新風を吹き込もうとして、テープレコーダーを使った授業をしようとした。レコーダーの前で話をさせて、録音された声を聞いて話し方を反省的に振り返ろうという趣向である。ところがミラーというリーダー格の生徒（シドニー・ポワチエ演）が教師の意図を読んで、ひどいなまりのあるプエルトリコ人生徒のモラレスにレコーダーの前で話をするよう仕向けた。モラレスは朝起きてから学校にくるまでのストー

＊30 『暴力教室』二三三―二三四頁。

＊31 「笑い」一六二頁。

リーを語ったが、ひどくたどたどしい話し方だった。ダディエはまだ授業時間が残っているにもかかわらず、もう音声を再生しようとしなかった。授業を台無しにしようとするミラーの意図を見切ってのことである。目論見どおりにいかなかったダディエは敗北感とともに教室をあとにした。[*32]

このように『暴力教室』という作品は、作者ハンターの実業ハイスクールでの教職経験が投影され非常にリアリティの高いものになっている。その記述精度の高さは、ウォーラーの『学校集団』との共鳴からもうかがえる。じつは『暴力教室』は原作・映画ともにクライマックスにドキドキするような暴力シーンがあり、それがこの作品が色眼鏡で見られることに寄与しているように思う。そうした色眼鏡を外せば、教師 - 生徒の人間関係や底辺層の生徒（マイノリティや貧困層など）の教育について、深く考えることができるすぐれた作品なのである。

最後に告白しておくが、私は自分の声にもひそかに負い目がある（コンプレックスの塊のような人間である）。教師の声質がその威信とかかわりがあることを論じた以下のウォーラーの一節を目にして心穏やかではいられなかった。

教師の声には教室向きとしていい声悪い声とはっきりいえるものがある。一番悪いのは男のくせに女らしい声である。これは実際は子どもっぽい声である。こんな声を聞くと、この男は何事も他人任せという子どもっぽい習慣からいまだに脱け切っていないことがすぐ分ってしまう。尻下りでなく尻上りの声であるから、断乎たる決意という印象を与えることができない。……その声が顕著だともうそれだけで教師には致命傷である。もちろん女教師よりも男性教員の場合のほうが致命傷になりやすいことはいうまでもない。なぜこんな声が当の教師に致命的かというに、ちょっと変な話だが、この声は聞くものをしゃくにさわらせるからである。[*33]

＊32　『暴力教室』二六三―二七五頁。

＊33　『学校集団』二八八頁。

おわりに：日本の教師－生徒の人間関係

このように現代日本の読者をも不穏な気持ちにさせるほどのインパクトに富んだ著作をものしたウォーラーは、本書刊行前にトラブルから大学を解雇され、思い描いたのとはちがう形でネブラスカを去る羽目になった。その後ペンシルベニア州立大学で職を得て、希望通りに東海岸に戻ることができた（最後はニューヨークにあるコロンビア大学の女子版バーナード・カレッジに栄転する）。[*34]『学校集団』が刊行されるのは、ペンシルベニアへの移動直後のことだった。しかし彼が踏み台程度にしか考えなかったネブラスカ大学の学生たちがウォーラーに提供した[*35]さまざまな質的データこそが、本書を魅力的な作品に押し上げたのは皮肉な話である。

それにしても教師－生徒の人間関係は探求しがいのある複雑で厄介なテーマである。本講ではアメリカの研究や事例を主に参照してきたが、そこでは授業場面を通してのかかわりが分析の中心だった。しかし日本では大きく事情が異なる。周知のように日本の教師は、授業場面以外に多くの接点を生徒との間に持っている。生活指導場面然り、進路指導然り、それに部活動の指導がある。これらの接点のなかには、一方が全身全霊でかかわり他方が片手間に済ますといった非対称な構図では論じきれないものも含まれる。そこではもっと抜き差しならない関係が発生している可能性がある。逆に言えばこうした日本的な風土では、授業場面は生徒にとっては勿論のこと、ある程度勝手知ったる教師にとっても、正面衝突を回避し互いにうまくやり過ごせる、学校の中ではかなり希少な場面なのかもしれない。また中等教育では、上級学校の入学試験準備（受験対策）が大きなウェイトを占めている。そこではカリキュラム受容のハードルはアメリカよりはるかに低く、ウォーラーが論じたように異物として生徒から違和感をもって受け止められることはあまりないのかもしれない。さらに、教師－生徒のあいだにも、受験という困難に一致団結していどむ「戦友」のような関係が結ばれ、ウォーラーが指摘する権威喪失や「友

＊34　“Willard Waller” p.39, 42.

＊35　“Willard Waller” p.39.

だち教師」の弊害も存外小さいのかもしれない。それらについては今後の課題としたい。

参考文献

＊ウォーラー、W（石山脩平・橋爪貞雄訳）『学校集団――その構造と指導の生態』明治図書、一九五七〔Waller, W. W., *The sociology of teaching*, Martino Pub., 2014 (originally published in 1932)〕

＊ハンター、E（井上一夫訳）『暴力教室』ハヤカワ文庫、二〇〇二〔Hunter, E. *The Blackboard Jungle: A Novel*, Open Road, 1999 (originally published in 1954)〕

ベルクソン、H「笑い」ベルクソン、H／フロイト、S（原章二訳）『笑い／不気味なもの』平凡社、二〇一六

Goodie, W. J., Furstenberg, F. F., Mitchell, L. R. "Willard Waller: A Portrait" in Waller, W. *On the family, education, and war: selected writings*, University of Chicago Press, 1970

菅野仁『ジンメル・つながりの哲学』NHK出版、二〇〇三

――『友だち幻想――人と人の〈つながり〉を考える』筑摩書房、二〇〇八

――『教育幻想――クールティーチャー宣言』筑摩書房、二〇一〇

小針誠『アクティブ・ラーニング――学校教育の理想と現実』講談社、二〇一八

夏目漱石「坊っちゃん」夏目金之助『漱石全集　第二巻』岩波書店、一九九四（原著は一九〇六）

ジンメル、G（居安正訳）『社会学――社会化の諸形式についての研究（上）』白水社、二〇一六（原著一九〇八）

第4講

教師の限界

［ジェントルマンの園から描かれる「無力さの物語」］

ピーター・ウィアー監督／トム・シュルマン脚本『いまを生きる』（一九八九年）

キーワード

プレップスクール
学寮（寄宿学校）
男子校
ホモソーシャリティ
挫折・敗北の物語
父・子・教師の三角関係

はじめに：男子進学校の閉じられた世界――『いまを生きる』

日本には私立の進学校と呼ばれる学校がいくつもある。大学合格実績ランキングをもとに最新の「御三家」はどこかで盛り上がるなど、社会の注目度も高い。だが、（少々古い話になるが）日米の高校比較の調査が目的で一九七〇年代に阪神地区を訪れた人類学者のトマス・ローレンが、「日本を代表する進学校《プレップスクール》」と目される灘高校をみて愕然としたという話がある。[*1] よく言えばその「質素な佇まい」に驚いたのである。ローレンの念頭にあったのは母国アメリカの本場のプレップスクール、さらにそれに影響を与えたヨーロッパのエリート教育機関（たとえば英国のパブリックスクール）だった。灘高の歴史をたどると、昭和戦前期に造酒業者が設立した旧制の中学校が起源である。中等教育学校としては「新興」の部類だし、もともと地味な学校だったのだ。おそらく歴史や格式において、またそうした学校を支える富の蓄積（それは親の財布から拠出されるわけだが）の点において、灘をはじめ現在の日本の進学校と欧米のエリート学校とでは、ケタ違いの格差が存在するということだろう。かく言う私も、灘より一段と歴史の浅い、一九五〇年代に開学した新々興の中高一貫男子校の出身である。

そんな、日本人のはるか霞の上に存在する学校を舞台とした作品が、本講で扱う映画『いまを生きる』（原題は"Dead Poets Society" 死せる詩人の会）である。この作品で描かれたウェルトン・アカデミー（以下ウェルトン校と略す）のような学校は、たしかに大学進学を目的とした予備的学校《プレパラトリースクール》ではあるが、進学実績を誇る日本の進学校のイメージをそこに重ねてはいけない。やって来る生徒の質、その家庭環境、教師のリクルートメント、学校のしつらえなど何から何まで別世界だ。米国北部のヴァーモント州の美しい大自然をバックにした広大なキャンパス、歴史的建造物の校舎や寮、それに親や教師や生徒が容姿端麗で身なりがよいこと！（ちなみに非白人は一人も出てこない）[*2]。いろんな意味で、見ていてため息が出てくる映画である。

そして『いまを生きる』は、学園青春ものドラマの永遠の傑作と言われている。たしかにそこには学園ドラマに必要なすべてのアイテムがそろっている。厳格な校風と厳しい規則、親の期待に息詰まる生徒、そんな中で自由・自主を説く型破りな教師キーティングの出現（ロビン・ウィリアムス演）、怖ず怖ずと動き出し、次第に大胆さを増す生徒たち、ロマンスのほのかな香り、やがて振り下ろされる学校当局の鉄槌、友情と裏切り、学園を去っていく熱血教師、悲痛な別れ……。しかしよく考えると気になる点もある。この物語が「閉じられた」ものである点がその一つだ。キーティング先生自身もウェルトン校の出身で、ローズ奨学金を得てオックスフォードで学んだほどの秀才、ロンドンの名門校で教鞭をとったあと母校に教師として帰ってきたという設定である[*3]。抑圧からの解放や自由を熱心に説くこの教師自身が、富裕で高学歴のエリート男性のみからなる均質な社会から一歩も外に出たことがないのである。いわばジェントルマンの園で、エリート層限定に語られる「解放の思想」の限界。学園を追われたキーティングも、これまでのキャリアや人脈を活かして似たような勤め先に再就職するか、教育系大学院で学位をとり大学の教師に転身するか、そんなところだろう。彼はどこまでも自分の世界内に踏みと

図4-1 『いまを生きる』（N・H・クラインバウム著、白石朗訳、新潮文庫刊、一九九〇年）

＊1 ローレン、T（友田泰正訳）『日本の高校――成功と代償』二九頁。

＊2 正確に言うとほんの一瞬、黒人と思しき人物が写り込んだシーンがある。教師でも生徒でも保護者でもなく、学校のまかない食堂ではたらく労働者の一人として、である。

＊3 クラインバウム、N・H（白石朗訳）『いまを生きる』一一、六九頁。

どまる。こう考えるとこの映画にもはやあまりロマンは感じられなくなる。その分、プレップスクールという特殊な世界のなかで、そのホモソーシャリティ[*4]が再生産されていくさまが際立って目に入ってくることになる。教師キーティングをこの学校のアウトサイダーと位置づけるのでなく、秩序再生産への加担者と考えると、また別の読み方がそこに開けてくるのではないか。

また『いまを生きる』は、学校・教師の無力さを徹底して描いた「敗北の物語」である。まずウェルトン校は全制的組織（トータル・インスティテューション）である。生徒は親元を離れて寄宿舎に入り、二四時間体制で学校の監視下におかれている。兵営や精神科病院などにも共通するこの組織形態は収容者にとって逃げ場がなく、圧倒的影響力を制度から一方的に受け、洗脳などの危険性が高いことが指摘されている。[*5]だがここに描かれたのは全制的組織の過酷さではない。逆に際立つのは、全寮制の学校といえども親の恣意的支配から子どもを守る防波堤の役目すら果たすことができない、その無力さである。演劇にめざめ悲劇的な死を遂げる生徒ニール（ロバート・ショーン・レナード演）の父子、そして肩身の狭い転校生で兄への劣等感にも苦しむトッド（イーサン・ホーク演）の父子、この二組の親子に注目しながら、「無力さの物語」を読み解いていきたい。

もう一つの無力さは、キーティング先生の影響力に関わることだ。ニールやトッドをはじめ、キーティングに感化された生徒を中心にこの作品は描かれる。しかし皆がみな大きな影響を受けたわけではない。彼から距離をおいていた生徒のことは、この作品から読み取れない。しかし、彼がかつてウェルトン校在籍中に作った地下組織「死せる詩人の会」に興味をもちそれを再興した少年たちの中に身を置きながらもキーティングの感化力の圏外にとどまっていた者がいた。キャメロンという少年である。最後に仲間を裏切る敵（かたき）役にもなる、このキャメロンの存在に注目すると、また別の「挫折・敗北の物語」を見出すことができる。

＊4　ここで言うホモソーシャル（homosocial）な関係とは、権力を握る男性同士が、仲間内でその結束を確かめ合う関係を指す（上野千鶴子『女ぎらい——ニッポンのミソジニー』）。

＊5　ゴッフマン、E（石黒毅訳）『アサイラム——施設被収容者の日常世界』

1. 学寮の歴史的背景

本作の舞台、ウェルトン校のような学校は別名ボーディングスクールとも呼ばれる。原義は賄い下宿（boarding）付き学校、要は寄宿制学校のことだ。ボーディングスクールの中にはイギリス植民地時代に設立された歴史の古いものもあり、庶民を対象とする公教育制度（コモンスクール）とは全く異なる成立史をもつ。これらが範としたのは、中・近世ヨーロッパにおける中等教育機関、エリート層のための大学進学準備教育を施す学校である。それらは基本的に、通学制ではなく人がそこに「住まっている」学校、寄宿制学校だった。ウェルトン校のような米国のボーディングスクールの原型として、ヨーロッパに広くみられた学寮（コレージュ、カレッジ）という形態の小史をおさらいしてみよう。[*6]

今日の私たちになじみ深い、原則全ての子どもが通う場としての「学校」はようやく近代に、おおむね一九世紀に入ってからできあがったものであり、その歴史は非常に浅い。それは全国民の子弟を対象に、読み書き計算や道徳、身体形成といった基礎基本の教育を施すことを目的とするものだった。裏返して言えば近代以前の長い間、こうした基礎教育は学校の責任において果たされるべきものと考えられていなかった。それらは「家庭あるいは職業について見習うことで習得されるもの」[*7]とされていたのだ。米国のボーディングスクールが範をとったヨーロッパの教育機関はすべて、自らは基礎教育の責を負わず、すでに生徒の自己責任においてそれを済ませたことを前提に、一足飛びに最高学府の大学への準備教育を行うものであった。そこで取り入れられたシステムが学寮であった。

はじまりの中等教育機関を正確に理解するポイント、それはこれらの学校が大学教育を先取りするプレ高等教育機関だったことにあり、小学校の延長としての、大衆的性格が求められるポスト初等教育機関（日本の公立中学校を連想すればよい）から絶縁している点を押さえておかねばならない。「歴史と格式」のある欧米の中等教育機関は、大学史の文脈で理解するべき対象なのだ。さらに先取りして言え

＊6　以下の記述は、主に次の文献に依拠した。アリエス、Ph（杉山光信・杉山恵美子訳）『〈子供〉の誕生――アンシァン・レジーム期の子供と家族生活』、デュルケーム、E（小関藤一郎訳）『フランス教育思想史』、梅根悟『教育の歴史』、ハスキンズ、C（青木靖三・三浦常司訳）『大学の起源』、アンダーソン、D（安原義仁・橋本伸也監訳）『近代ヨーロッパ大学史――啓蒙期から一九一四年まで』。

＊7　『〈子供〉の誕生』一三六頁。

ば、中世の大学のあまりに自由奔放なありさまへの対抗策、アンチテーゼとして生まれたのが学寮であった。その形態が重点的に採用されたのが予備教育段階、すなわち中等教育機関だった。

たとえば世界最古の大学都市と言われるイタリアのボローニャ。そこでの「大学」の姿は今日からは大きくかけ離れていた。世界諸国を遍歴する学生がこの町に滞在し、自分の好きな教師を選んでその講義をきく。師弟関係は固定したものでなく、気ままに出入りすることができた。また特に固定した学校施設はなく、講義は家や修道院の一角を借りて行われた。いわば私塾の集合体であった。教師たちが主に教えたのは法学であったが、「三学四術」と呼ばれる教養科目も教えられた。学校組織は教師中心でなく、学生のつくる組合であった。学校が学生に対して統制を及ぼすことはほとんどなかった。自由の極地ともいうべきこの姿に、まだ学寮の徴候はみられない。

ボローニャと並ぶ大学都市となったのがパリである。パリで主に教えられたのは神学・哲学であった。ボローニャと対照的にこちらは教師中心の組合組織として成立し、組合員から認められ教授免許状を受けた者だけが講義を許された。一種のギルド的な、今日の大学にも受け継がれているシステムである。当初はやはり固定された学校施設はなく、教師も学生も町のあちこちに住み、三々五々集まって講義が行われた。下宿する学生の暮らしは気ままで、そこに何ら統制が及んでいない点はボローニャと変わらなかった。他方で貧しい学生も多く、そうした給費学生を対象とする宿所が市内に開設されるようになった。これが寄宿寮、コレージュの原型である。貧しい神学生の給費生の中には年長になると、予備教育としてのラテン語を補助的に教える者もいた（学寮設置の背景には、将来有望な神学生を囲い込もうとする法皇庁の思わくがあったと言われている）。

ここに興味深い二つの変化が同時に起こった。一つは給費生の単なる共同体であった学寮が、教育活動が行われる場へと変わっていったことである。第二に、それまで存在しなかった難易度別に段階化されたカリキュラム、年齢による生徒（学生）集団の組織化が導入されたことである。それまでの雑多な集団から年少者が切り離され、集中的な予備教育の対象者として析出され、それを行う場として教師（年長の給費生）が存在する場だった。こうして学寮が浮上したのである。猥雑な街なかの「教室」とちがい、学寮は厳格な規律が存在する場だった。こうして学寮の年少生徒たちは雑多な集団だけでなく猥雑な環境からも切り離された場で、ラテン語の訓練を受けることになった。さらに次の重要なステップはこのシステムが、給費生だけでなく非給費生・通学生にまで広く開放、あるいは適用されたことである。街なかで気ままな下宿生活を謳歌する者も、ラテン語を学ぶために学寮への「通学」を余儀なくされた。学寮では学生と共に年長のチューター的人物が暮らしを共にし、図書室も備え、厳格な規律を保ちながら勉学に勤しむ場となっていた。その空気に惹かれ、給費生以外の者が寮費を払ってでも入寮する場合が相次いだ。そしてついに最後のステップ、学寮が一個の独立した「学校」となる段階が訪れる。かつて学校（大学）のメインは街なかに点在する「教室」にあった。だが次第に教育活動の中心は学寮に移り、神学や哲学の教師たちもこちらを訪れて講義するようになった（やがて居を共にするようにさえなる）。「学生たちは食事と宿泊のほかに、彼等の必要とする授業の全部をコレージュで充足できることになった。彼等はもはや外に出る必要がなくなった」[*8]。この移行は一五世紀に完了した[*9]。やがて学寮としての学校はその規律正しさで名声を高め、富裕層の子息をひきつけるようにもなる[*10]。かつて貧乏学生のための施設だった学寮が、『いまを生きる』のウェルトン校の寄宿舎のように富裕層の子弟で「占拠」されるまでには、さらに二〜三世紀の時の経過を必要とした。

こうして学寮（コレージュ、カレッジ）はヨーロッパ教育史に確固たる地位を占めるにいたった。今日「伝統と格式」をほこる名門校に特徴的な寄宿制が、その起源をたどると貧乏学生を収容する学寮に行きつくのが面白い。ちなみに学寮はフランスでは中等教育に吸収された一方で、英国ではケンブリッジやオックスフォードに見られるように大学の一部として残った[*11]。国によって歴史的展開はちがえど、このシステムが近世以降エリート層男性によって占拠され、その特権性の維持・存続のために最大限に

＊8　『フランス教育思想史』二三〇頁。
＊9　『フランス教育思想史』二三〇頁。
＊10　『〈子供〉の誕生』一五〇頁。
＊11　『フランス教育思想史』二四五頁、『近代ヨーロッパ大学史』一〇頁。

利用されたという点は共通する（ここまで登場した生徒・学生はすべて男子と考えて間違いなかろう）。封建時代を経ずに近代民主国家として船出したと言われる米国にさえも、このエリート学校文化は植民地時代に大陸から移築され、しっかり根づいていった。

エリート層男性は、近代という時代にもっとも巧妙に立ち回り勝者の立場を維持した集団である。プレップスクールのようなエリート教育機関は、近代の支配秩序を再生産するかなめであった。興味深いのは近代の勝者たちが、我が子を常に目の届く圏内に止めおくという近代家族の価値観にあえて反してまで、親元を離れた寄宿舎付き学校に子どもを入れたことである。ここに一つのねじれが生じる。それが「親・子・教師」の三角関係である。『いまを生きる』でも、この三角関係がもたらす悲劇が一つの大きなテーマとなる。

2.「さっきのあれ、試験に出るかな」

キーティング最初の国語の授業。作品タイトルでもある「カルペ・ディエム（Carpe Diem）」すなわち「いまこの瞬間を生きろ」というメッセージが初めて伝えられる、重要なシーンだ。

生徒はカチカチに緊張して教師を待ち受けている。全員が紺のブレザーの制服にネクタイをきちんと締めている。座っている生徒数は二五名ぐらい。同時代の日本では学級定員は五〇名を超え、すし詰め状態だったのを考えると恵まれた環境だ。作品中に近隣の公立ハイスクールの教室が映し出される場面があとで出てくるが、人数が多いだけでなく皆まちまちの私服姿なのが雑然とした印象を与え、ウェルトン校との対照を際立たせる。

そこに口笛を鳴らしながらキーティングが入ってくる。生徒の顔を一瞥しながら机の間を歩き回る。そして教室後方のドアから出ていってしまう。呆気にとられる一同。ドアから顔をのぞかせ「ついて来い」とうながす。生徒が連れてこられたのは記念展示室だ。「壁には一八〇〇年代にまでさかのぼる生徒たちの写真が並べてかけられている。棚やガラスケースには、あらゆる種類のトロフィーがぎっしりと並べられていた」[*12]。そこでキーティングは一人の生徒を指名し、教科書の一遍の詩を朗読させる。

薔薇の蕾をつむのならいま　*Gather ye rosebuds while ye may,*
時の流れはいと速ければ　*Old time is still a flying:*
きょう咲きほこるこの薔薇も　*And this same flower that smiles today,*
あすには枯れるものなれば　*Tomorrow will be dying.*

「こうした感情を、ラテン語では〝カルペ・ディエム〟という。さて、その意味を知っているものは？」。ラテン語が得意な生徒が「正解」を答える。「きょうを楽しめ、です」。さらに教師は発問する、この詩人は、なぜこの詩を書いたのだろうか？　生徒は答えに詰まる。彼はたたみかける。「われわれが蛆虫の餌だからこそだよ、諸君！……われわれが経験できる春や夏や秋の回数には、しょせんかぎりがあるからこそなんだ。いまはまだ信じがたいかもしれない。だがわれわれは、だれもが、ひとり残らず、いつの日にか呼吸をやめ、冷たくなって死んでいく」[*13]。ここでキーティングは、記念室に飾ってある歴代のＯＢの写真を、近寄ってよく見るよううながす。「いまのきみたちと、どこもちがわないだろう」。だが、と彼は言う。「彼らの大半は、その能力がありながら、自分に正直な人生を送るのを、ほんの少し先送りにして、結局手遅れになってしまったとはいえないだろうか？　成功という全能の神を追い求めるのにかまけて、あたら青春の夢をむなしく散らせてしまったとはいえないか？　彼らの大半が、いまでは水仙のこやしになりはてている。けれども、もっとずっと近くに寄ってみたまえ。そうすれば、彼らのささやきがきこえるはずだ。さあ、耳を近づけて」[*14]。ニールやトッドらは、吸い込まれるように写真に見入り物思いにふけっている。その背後からキーティングがしわがれ声で「カルペ・

＊12　『いまを生きる』三九頁。
＊13　『いまを生きる』四〇頁。
＊14　『いまを生きる』四一頁。

ディエム」とささやく。ここでキャメロンがちらっと振り返り、胡散臭そうな視線をキーティングに送る。彼には、昔の生徒の写真が発するささやきなど聞こえないかのようだ。授業が終わって生徒が外に出てくる。「ぞっとしないな」「ちょっと変わってる」「気味が悪いよ」と、風変わりな今の授業内容を振り返っている。そこにキャメロンが一言。「さっきのあれ、試験に出るかな?」[*15]。仲間の一人があきれて「お前、何もわかってないな」と返す。

わざわざOBたちの古い写真を見せに連れていくことで、キーティングはひとつの哲学を説いた。いまこの瞬間を充実したものとして生きよ、未来の準備に従属させるな。この言葉はしかし、進学予備学校《プレップスクール》のなかで発せられるとアイロニカルに響く。ウェルトン校は生徒をアイビーリーグ（名門大学）に送りこみ、その後の栄えある人生の土台を提供することを目的とした学校だ。数学や科学やラテン語など、そのために必要なハードなカリキュラムが目白押しである。その中にあって、詩や文芸をテーマとするキーティングの国語の授業はやや浮き上がったものだ。「いまを生きろ」とは、自分の教えているクラスに対する教師の正当化、アカウンタビリティをはかる戦略的発話にも聞こえる。

のっけから意表を突く展開で生徒の心をつかもうとしたキーティングだったが、この物語の主要登場人物たちを惹きつけるのに十分だったようだ。ただ一人、キャメロンにだけはその神通力が通じなかった。「さっきのあれ、試験に出るかな?」という発言は、国語教師の矩を踰えて生徒に感化を及ぼそうとするキーティングの言葉を、カリキュラムというフレーム内にさしもどそうとするものだ。このキャメロンに周囲は「お前、何もわかってないな」と侮蔑を隠さなかった。だが、逆にこうも言えないか。他の生徒たちが他愛もなくキーティングの手玉にとられ、彼のもくろみどおりに影響され始めたのに対し、キャメロンだけが感化力に巻き取られず主体性を把持している、と。キャメロンのように感受性に乏しくスクェアな優等生は、通常「創造性・主体性」に最も欠く生徒とみなされがちだが、逆説的にも、主要登場人物のなかでは唯一、そんな彼だけが教師に対抗する存在たりえたのである。

*15 『いまを生きる』四二頁。

もう一つ、キーティングの風変わりな授業を描いたシーンを取り上げよう。「詩の理解について」と題された教科書の「序文」がくだらないとして、生徒にその部分を破り取るよう命じる場面である。ここでもキャメロンの存在が異彩を放っている。

謹厳な表情で教卓の前に腰を下ろしたキーティングは、生徒に教科書を開くように命じ、生徒を指名して朗読させる。詩の評価の主要要素は、第一が詩の完成度で第二が主題の重要度である。完成度を横軸に、重要度を縦軸にとれば、詩の偉大さは両者の積として表されるだろう。朗読の声が響くなか、やおら彼は立ち上がって黒板に向かい、横軸にP(完成度)、縦軸にI(重要性)をとったグラフと、G(偉大さ)＝P×Iという「数式」を板書する。カメラはここでキャメロンの手元を映し出す。キーティングが板書を始めると、彼は律儀にノートにそれを書き写しだす。ご丁寧に座標軸を引くのに定規まで使って。ここまではノーマルな一斉授業の風景だった。だがこれは小芝居に過ぎなかった。

カメラは教室をナメながら、他の生徒の様子も映し出していく。他の生徒はキャメロンほど真剣に聞いていない。頬杖をついていたりノートによからぬ落書きをしたり、中にはこっそり早弁している者もいる。実はかれらがキーティングの術策にはまりつつあることを、こうした態度は意味している。教科書を使った定型的な授業や体系的なカリキュラムこそ、キーティングが最も否定したいものだからだ。ここでもキャメロンはその影響力から免れている。そして「ちゃぶ台返し」が始まる。「くそったれ」。えっ、という表情でキャメロンが顔を上げる。「J・エヴァンス・プリチャード〔筆者注、教科書の序文の著者〕はアホだ」「詩はパイプ工事とちがう。ヒットチャートでもない。〝バイロン四二位〟。大したことない(笑)」。カメラはまたキャメロンの手元を映し出す。教師の豹変を受けて、さきほど書き写した図を恥ずかしそうに塗りつぶす。さらにキーティングは命じる。「そのページを破れ」。さすがに戸惑う生徒たち。「構わん、そっくり切り取れ」。生徒たちが顔を見合わせるなか、死せる詩人の会の中心メンバーのチャーリーが一ページ切り取ってみせる。「もっとやれ」と焚きつけるキーティング。そこから堰を切ったようにみなが破り取りはじめ、教室は祝祭のような雰囲気になる。キャメロンだけが「まずいよ」と抵抗しようとするが、誰も耳を傾けない。彼は定規を使って丁寧に序文を切り取った。

この場面でキーティングは、前場面より一歩踏み込んだ権力行使をしている。この文章は「クソ」だという彼の評価を明らかにするまではまだよい。前の場面で「カルペ・ディエム」と自分の信条を生徒に吐露したのと同様の行為だ。だが自分の基準で「クソ」だと判断した教科書の文章をすべての生徒に破り取らせたのは、明らかに一線を越えている。これは教師の価値観を生徒に強制する押し付けにほかならない。この価値観の強制もまた、彼の密やかな「挫折・敗北」の一環であろう。破り取りの強制は、自らの価値観の説得力の低さを糊塗するものにほかならず、それによって価値をいっそう低めるものである。

うがった見方をすれば、キャメロン以外の主要登場人物たちはキーティングの授業を受けるうちに「学習」し、授業の冒頭部分が彼の小芝居に過ぎないこと、このあと彼が「何かやらかす」ことを見破っていたのかもしれない。だがこれは教師の「思うつぼ」だった。教師の意向を忖度し、それに適合する身体が生徒にできあがりつつあるのだから。だが映画版では以上二つの場面を通じて、キャメロン少年に焦点が合わされている点が面白い。キーティングがその人間的魅力によって生徒をどんどん虜にしていく過程と並行して、密やかな「挫折・敗北」がここに描かれている。キャメロンの岩盤のように頑なな頭脳だけは、キーティングの感化力の浸透をこばんだのだ。こうした彼の「主体性」は、物語の結末部のニールの自死を受けた危機的状況において、悲劇的な形で発揮されることになる。

3．ホモソーシャルな共同実践――「死せる詩人の会」

この物語の肝が、生徒たちの地下組織「死せる詩人の会」をめぐる動きにあることに疑いの余地はない。脚本（原作）の書き手はおそらく、若者の自由への希求、その表出と挫折のエピソードとして受け取ることを期待している。それ自体は別にまちがっていない。ただ注意すべきなのは、「死せる詩人の会」にははじめから、女性を他者化するミソジニー（女性嫌悪・蔑視）が内包されており、男同士の結束を確認するホモソーシャルな性格が刻印されていたことだ。それはニールやトッドたちの時代に始まったことでなく、キーティングが生徒だった戦前期[*16]から継続されているものだ。

以下はニールたちが古い学校年鑑からこの存在を嗅ぎつけ、元首謀者とおぼしきキーティングにネタをあてる重要なシーンである。そのやり取りを再現してみよう。

ニール：キーティング先生！　先生？　おお船長よ！　わが船長よ！

先生、〈死せる詩人の会〉ってなんですか？

（中略）

教　師：秘密組織だよ。現在の学校当局がどう思うかは知らないけれど、まず好意的には見てくれないな。きみたち、秘密は守れるかね？

（一同、うなずく）

教　師：よろしい。〈死せる詩人の会〉は生きることの精髄を心ゆくまで味わうための組織だった……。いまの文句はソローの引用でね、会合のたびに読みあげられたんだ。少人数のグループで、学校近くの古い洞窟に集まり、順番にシェリーやソロー、ホイットマンといった詩人の作品や、自作の詩を朗読したんだ――それはまさしく歓喜の一瞬で、われわれは魔法にからめとられたようになっていた……[*17]

キーティングはウェルトン校時代の青春の日々に思いを馳せ、恍惚の表情をみせたのだった――が、生徒の一人ノックスはすかさず突っ込んだ。「つまりその、男同士何人かで集まって詩を読んでた……ってことですか？」[*18]。これには伏線がある。生徒たちが引っ張り出してきた古い学校年鑑の、キーティン

＊16　映画では、キーティングがウェルトン校を卒業したのは一九四二年と描かれている。

＊17　『いまを生きる』七〇―七一頁にもとづき改変。

＊18　『いまを生きる』七一頁。

グの写真の下には次のように書かれていたのだ。「サッカー・チームのキャプテン、年鑑編集委員、ケンブリッジ行き確実、なんでも可ならざるはなしか、〈女の太腿を愛する男〉、〈死せる詩人の会〉」[*19]。生徒はここで、ミソジニーを紐帯とする男同士のホモソーシャルな絆にうったえるシグナルを（自信をもって）発しているのだ。そしてキーティングはこう応答した。

教　師：男だけじゃなかったよ、オーヴァストリートくん。それにね、ただ読むだけじゃなかった……いってみれば、舌先から蜂蜜をしたたらせるようにして、詩を朗読したのだ。娘たちは夢心地になり、精神は高揚し……そうとも、その場には神々が現出したんだ[*20]

こう返すことでキーティングは、ノックスからのホモソーシャルな呼びかけに応えた。会には、女子との密やかな交流の場という裏の目的があったわけだ。キーティングはこうして、ホモソーシャルな絆を生徒たちと確認し合うともに、それを通して自らの俗人性を生徒にさらけ出してみせたのである。俗人性の表出は、単なる親しみやすさの演出ではない。あえて自分の価値を聖から俗に貶めることで、自らを絶対視する生徒に及ぶ感化力が無限大にならないよう、歯止めをかけようとしたのだ。いわば「従え」と言いつつ同時に「従うな」というメッセージも発する、ダブルバインド的なコミュニケーションである。このメッセージを受け止めた者と、受け止め損ねた者とがいた。

キーティングとのやり取りが終わり、姿が見えなくなると、ニールがすぐに「よし、今晩行ってやろうぜ」[*21]と言い出す。これに対して賛否こもごもの反応が寄せられるのだが、興味深いのはここに早くも、ホモソーシャルな呼びかけを受け止め損ねた者とそうでない者との温度差があらわれていることだ。キーティングに傾倒し始めたニールはのちに、参加を渋るトッドに「なんで朗読がそんなにいやなんだ？　だってさ、それがそもそもこの会合の目的じゃないか。自分を表現することが？」[*22]と言って説

＊19　『いまを生きる』六七―六八頁。

＊20　『いまを生きる』七一頁にもとづき改変。

＊21　『いまを生きる』七二頁。

＊22　『いまを生きる』七六頁。

得する。この発言は、ニールが教師のホモソーシャルな呼びかけを受け止め損ね、キーティングを依然「聖人」に祭り上げたままでいることを示している。他の生徒たちの反応は対照的である。まずキャメロンの反応は、「いままでの話を実行に移しただけでも、どれだけの減点になるかわかってるのかい?」[*23]である。発覚したときの制裁への恐れの表明は、会合の隠された目的――あえて言うなら女性の「所有」という裏の目的――を正確に受け止めたればこその反応である。この点で彼は、仲間のなかで最もませたチャーリーや、一目惚れした他校の女子生徒クリスに夢中のノックスと同じ地平に立っている。二人のやり取りはこうだ。

チャーリー:ノックスは?
ノックス　:どうしようか……。うん、やっぱりやめる
チャーリー:来いってば。クリスの気をひくのに役だつかもよ
ノックス　:ほんとに? どうしてそう思うんだい?
チャーリー:キーティングがいってただろう、女の子たちが夢見心地になったって
ノックス　:でも、どうしてだろう? なんで夢見心地になるんだろう? 教えてくれよ、なんでうっとりしちゃうんだい?[*24]

チャーリーはのちに「死せる詩人の会」の洞窟に、町中で「調達」した女子二人を連れてきて、ニールやトッドたちを唖然とさせることになる。またノックスも、思いが通じたクリスを洞窟に連れてくるのである。(映画ではこの場面はカットされている)[*25]。会合をめぐる意味づけの亀裂が、こうしてあらわになっていくのである。「生きることの精髄を味わう」というキーティングの教えを徹底的に現世的、快楽主義的にとらえたのがチャーリーやノックスであった。かれらはキーティングと、ミソジニー実践において共犯

＊23『いまを生きる』七三頁。
＊24『いまを生きる』七四―七五頁にもとづき改変。
＊25『いまを生きる』二一〇頁。この場にキーティングも登場し、一同を驚かせる。

関係にあったと言える。他方で教えを字義通りに精神主義的にとらえ続けたのがニールやトッドであった。前者はキーティングを俗人化して自分の世界観の一隅に飼いならすことができたのに対し、後者は俗人化に失敗し、その精神をキーティングに支配され続けたままでいた。ホモソーシャルな絆を共有し、ミソジニーにコミットした者が教師の存在を相対化でき、絆を形成しえなかった者がその絶対化を免れなかったのは、皮肉な事態である。のちにこの亀裂が、双方に悲劇を生む。[*26] だが悲劇性の度合いが深かったのはニールやトッドたちの側だった。かれらはキーティングの存在を相対化できず、その世界観に同一化してしまったのだ。

またキーティングは「死せる詩人の会」のような非公式の場ばかりでなく、授業という公の場でもミソジニーを実践している。ある時間に彼は、黒板に大きく「大学（COLLEGE）[*27]」と書き、「大学生活を実りゆたかにするために欠かせないテクニック[*28]」を講じ出す。レポートの書き方についてひとくさり講釈したあと、「試験の罠」に話題を進める。ここで彼は、いきなり問題用紙を配って抜き打ち試験を生徒に受けさせせながら、スライド映写機でスクリーンに次々と女性のセクシーな写真を見せるという挙行に出た（映画ではこのシーンはカットされている）。冒頭で次のように言いながら。

教　師：マンモス大学というのは、ここではめったに見かけないような美しい生物が棲息する悪徳の都だ。この生物は〝女〟という。女という生物は、危険なほどわれわれの精神集中を乱してしまう。だがきょうの試験では、その点についても、きみたちが慣れることができるように配慮した。この試験の結果は成績判定につかわれるので、そのつもりで。はじめ[*29]

ここでも大学への進学を約束された（あるいは果たした）エリート男性同士のホモソーシャルな絆が、ミソジニー実践を通して再確認されている。高等教育機関（大学）は今日でも、あらゆる校種のなかで

＊26　どこまでも快楽主義的に教えを受け取ったチャーリーは、学校新聞に「ウィルトン校も女子生徒を受け入れるべきだ」という論説を「死せる詩人の会」の署名で書いてしまう。このことで彼は放校処分を受けてしまった。

＊27　*Dead Poets Society*, p.111.

＊28　『いまを生きる』一六八頁。

＊29　『いまを生きる』一七一頁。

最も男性支配が徹底した場所である。そうした大学の男性文化を育む苗床が、こうしたエリート中等教育機関の学校文化なのかもしれない。

4．父と子と教師の三角関係

ウェルトン校には、親や家庭のことで悩み苦しんでいる生徒が何人かいた。思春期の子どもがつどう中等教育機関において、これは普通のことだ。だが公立学校におけるような、家の経済状況や親の教育への無理解といった悩みではない。この作品で親子関係がクローズアップされるのはニールとトッドの二人である。ふたりとも両親そろっているが、ニールは父親による支配に苦しみ、トッドは親の関心が優秀な兄だけに注がれ自分が顧みられないことに悩む（旧約聖書のカインとアベル以来の普遍的テーマで、第6講『スタンド・バイ・ミー』の項でもふれる）。そしてふたりともキーティングに強く傾倒していく。親子（父子）の二者関係に教師がわりこみ、子どもを間にはさんだ三角関係が成立する。親との関係に悩んでいたからこそ、それを根本的に打開してくれそうな第三項（教師）の存在に期待をかけたのだろうが、教師の登場によって子どもは三角関係に引き裂かれ、いっそうの悲劇の深みにはまりこんでいく。

ニールの場合

ニールと父親の重苦しい関係は、作品の冒頭から描かれる。新学期の始業式の日、寮のニールの部屋に乗り込んできた父親は、「課外活動をたくさんとりすぎている」[*30]として勝手に学校年鑑の委員を辞退させたことを告げた。「医学部さえ卒業してくれれば、あとはおまえの勝手だ。……それまでは、わしのいうことをきくんだ」[*31]と言い捨てて去っていった。一部始終を級友の前にさらしてしまったニールはトッドの前で「あのくそ親父が！」と怒りを爆発させるも後の祭りだ。そんなニールがある日、「夏の夜の夢」と題する演劇公演とオーディションのチラシを見つける。「とうとう見つけた。やりたかったことを」と興奮するニール。先日の父とのやりとりを目撃したトッドは「お父さんが許してくれなくて

＊30　『いまを生きる』二五頁。
＊31　『いまを生きる』二六—二七頁。

芝居やって平気なの？」「オーディションにいくことぐらい話しとかないと、あとで半殺しの目にあうんじゃないの？」[32]と心配するが、ニールは取り合わない。彼はその後、主役をかちとり、芝居の稽古にのめりこんでいく。

　こうして公演前夜をむかえた。ニールが寄宿舎の自室に戻ると、そこに父親が待っていた。青ざめるニール。芝居に入れあげていることが父親にバレたのだ。出演を辞退するよう迫る父。反抗できないニールはわかりましたと答えるが、苦渋の表情である。父親が部屋を出るまぎわにこう捨て台詞を吐く。「お前のために多大な犠牲を払ってきた（I've made great sacrifices to get you here, Neil）[33]。期待を裏切るな」。ニールの父親の職業は描かれていないが、他のウェルトン校の親たちと同じく身なりの良い紳士然としている。母親も上品な人だ。ただ他の親より年齢が少し上かもしれない。富裕層ばかりの親の中では、相対的に暮らしが苦しい部類に入るのだろう。何しろ尋常でなく高い学費が、負担となって親にのしかかっているのだ。別の場面でも似たようなことがほのめかされる。翌日、ニールは出演を強行し、公演の場に現れた父が憤怒の表情で自宅に連れ帰る。そしてニールに、ウェルトン校を辞めさせ軍学校《ミリタリースクール》に転校させると告げるのだが、その場面で息子にこう言っている。「おまえは、わしが夢にも見なかったようなチャンスを手にしているんだぞ！」「おまえがそのチャンスを、むざむざどぶに捨てるのを許すわけにはいかん」[34]。これらの言葉から推察して、ニールの父は苦労して今の地位に成り上がった一代の成功者なのだろう。無理を重ねてきたことが父子から余裕を奪い、「医者になれ」という過剰なプレッシャーとなってニールにのしかかっていた。

　その夜、ニールは救いを求めてキーティングのもとを訪れる。寮監の教師たちとともに彼も同じ寄宿舎に住んでいるのだ。「部屋は小さくがらんとしていて、ものさびしい雰囲気だった」。机の上には写真立てがあり「写真に写っているのは、二十歳代とおぼしき、美しい女の人だった」[35]。初めて入ったキーティングの部屋を見回して、ニールは無遠慮に「こんなに狭い部屋しかもらえないんですか」[36]と慨嘆す

＊32　『いまを生きる』九七頁。

＊33　*Dead Poets Society*, p.119. 白石訳では「おまえをこの学校に入れたのはひどい失敗だった」（『いまを生きる』一七七頁）。

＊34　『いまを生きる』二一〇頁。

＊35　『いまを生きる』一八〇頁。

＊36　『いまを生きる』一八三頁。

る。そして彼は本題に入る。

ニール：父から、ヘンリー・ホールでやる芝居をやめるようにいわれているんです。頭のなかでは、〝カルペ・ディエム〟を心がけているというのに、これじゃ牢屋に入れられているみたいな気分です！　芝居は、いまのぼくにとってすべてなんです、キーティング先生！　心からやりたいと思ってるんです。もちろん、父のいいたいこともわかります。うちは、チャーリーのところ［引用者注、銀行家］のように裕福な家庭ではありません。でも、父ときたら、今後のぼくの人生を全部決めてしまって、ぼくにどうしたいかときもしないんです[*37]

この相談に対するキーティングの答えは、とにかく今からでも父親に自分にやりたいことを伝えろ、というものだった。「きみの演劇にかける情熱」を、「きみがほんとうはどういう人間か」を、「これこそ本心からやりたいことだ［というもの］[*38]」を、今すぐ父親に話しにいけ、というのがアドバイスだった。続けて彼は言う。

教　師：それでうまくいかなかったら……きみもいずれは十八歳になる。その年齢になれば、好きなことができるじゃないか
ニール：十八歳ですって？　じゃ、芝居はどうなるんです？　公演はあしたの夜なんですよ！
教　師：お父さんに話したまえ
ニール：もっと簡単な方法はないんですか？
教　師：自分自身に正直になろうとするのなら、方法はそれだけだな
ニール：ありがとうございました、キーティング先生。ようやく決心がつきました[*39]

＊37　『いまを生きる』一八四頁をもとに改変。
＊38　『いまを生きる』一八四―一八五頁。
＊39　『いまを生きる』一八五頁をもとに改変。

しかしニールはその言葉通りに行動しなかった。彼は父親に話すことなく出演を強行し、その場から連れ戻され、その非を詰られ転校を告げられ、その晩ピストルで自殺した。

どんな教師であってもこの局面に立たされれば、呻吟するにちがいない。こうすればよいといった正解などありえない。しかし結果がニールの自殺という最悪のものであったことから、教師にはニールの命を救う力がなかったこと、無力だったことだけは確かだ。これはまぎれもなく挫折・敗北である。教師自身の敗北であっただけでなく、教師が熱心に説いた「カルペ・ディエム」という思想の敗北であった。それは人間解放の思想であったかもしれないが、解放される対象を選ぶ思想だった。「さほど裕福ではありません」という自認をもつニール一家すら取りこぼすほどに、狭く限定された特権的な者だけに解放を約束するに過ぎなかった。

▩トッドの場合

トッド・アンダースンは寮でニールのルームメイトである。トッドは転入生ということで、新学期のはじめからとりわけオドオドしていた。新入りというだけでなく、この学校を優秀な成績で卒業した兄への気後れがあったからだ。二人の最初の会話で「両親は初めっからこの学校にぼくを通わせたかったんだけど、成績があんまりよくなくてさ。で、成績をよくするためにバリンクレストに行かなくちゃならなかったんだ[*40]」というトッドの発言があったように、兄と同じコースを歩むことを期待され、強制されながら、けっして兄のようになることができない。そこに彼の悲劇性があった。

こうしたトッドの立ち位置を象徴するエピソードが、昨年と同じ誕生日プレゼントの挿話である。学校あてにトッドのプレゼントが家から届くが、それは昨年送ったのとまったく同じデスクセットだった。呆然とするトッドにニールが話しかける。「また同じものが必要だと思ったんじゃないのか」。しかし「親がなにも考えてないんだ」と返すトッド。こうしたとき彼は即座に兄を引き合いに出す。「両親は、兄貴のことでなけりゃ、まともに考えもしないってことさ!」「兄貴の誕生日となれば、そりゃも

*40 『いまを生きる』二〇頁。

ういつだってわが家のビッグイベントだからな」[*41]。ノベル版ではこのあとトッドの湿っぽい回想が続くが、映画ではトッドの気持ちを察したニールが、「このデスクセットは空を飛びたがっている」と、やおら屋外へとそれをぶちまける。「来年また同じものがもらえるしな」。トッドの悲しみ・怒りを受け止め、それを笑いに昇華させる素晴らしいシーンだ。

キーティングとトッドが交わる主要なシーンは、国語の授業で自作の詩を読み上げる場面である。トッドは宿題として出されていた詩作がどうしてもできなかった。「それでは、きょうはきみの内面に潜んでいるものがいかにすばらしいか、それを示すとしようか」。こう言ってキーティングはホイットマンの詩句を板書し、その「野蛮な咆哮 Yawp」を実演してみるようトッドに促す。トッドは叫び、拍手が起こる。すると教師は続けて、壁にかかっているホイットマンの肖像画を指し、彼を見て何を連想するかとトッドに尋ねる。キーティングに促されて、トッドは苦しげに、口ごもりながら少しずつ言葉を紡ぎ出していく。このシーンはさながら、精神科のセラピーの場面を見るかのような趣がある。

この詩の授業がきっかけでトッドは、気おくれを感じながら参加していた「死せる詩人の会」も楽しめるようになる。会合を重ねると、彼も洞窟のなかでタバコをくゆらし、リラックスするようになる。そんなトッドにとって最大の悲劇は親友ニールの死であり、「死せる詩人の会」を扇動しニールを死に追いやった責任を帰せられたキーティングの学園からの追放であった。「死せる詩人の会」に参加した生徒が次々に校長室に呼び出され、両親の立ち会いのもと、会の活動に関する調書にサインさせられる。キャメロンの密告で、参加者の名前は知れ渡っていた。チャーリーを除き、サインさえすればお咎め無しの温情判決、全てはキーティングの扇動だったことにして処理されようとしていた。ここに、影のうすかったトッドの両親が登場する。編入直後のオドオドした表情に戻ってしまったトッドは、サインを求める校長に対して、「先生はどうなるのですか?」と尋ねるのが精一杯だった。親はただ腹立たしげに、サインを渋る息子を非難がましく見るだけだ[*42]。キーティングが学園を去っていくときの有名な

＊41 『いまを生きる』一二七頁。

＊42 映画では、トッドがサインしたかどうかはっきり描かれてない。ノベル版では、トッドはサインを拒み年度末まで保護観察処分となる（『いまを生きる』二三七頁）。

ラストシーンで、彼はまっさきに机の上に立ち、キーティングへの敬意と謝意をあらわすのだった。

トッドの場合、親からの関与が不在だったところに強い影響力をもつ教師・キーティングが出現したのであるから、厳密には三角関係は成り立っていない。親にかまわれた経験が希薄だったトッドにとって、キーティングとの出会いは初めての親的人物との関わりだったかもしれない。「キーティング先生は、ぼくのことを気にかけてくれたんだ。父さんは、ぼくのことなんか考えてもくれないじゃないか！」[*43]とトッドは校長室で親を面罵する。そしてキーティングとの別れはトッドにとって、親離れの象徴的意味をもっていた。「親」との間に適切な距離がとれたことで、かえってその感化は深く彼の心に刻まれ、永続するものとなったのかもしれない。多くの挫折・敗北のなかで、キーティングとトッドの関係は例外的な「成功」だったと言えるかもしれない。

おわりに：教師という仕事のままならなさ

『いまを生きる』は特殊な教育環境を描いた作品である。このような教育に手がとどくのは社会のなかのほんの一握りの人間にすぎない。冒頭で私は「思わずため息が出そうになる」と書いたが、そのポイントを数え上げればきりがない。たとえばロマンを語り合い実践できる「秘密の洞窟」が校地のはずれにちゃんとある環境、それでいて人里離れて孤絶したロケーションというわけでもなく、他校の生徒と交流したりダウンタウンに芝居の稽古に通うことも容易な環境。これだけでも大変な贅沢である。またこの物語の時代設定はなんと一九五九年！である。昭和三四年の日本と言えば「三丁目の夕日」の頃である。アメリカでも五〇年代はノスタルジックな回顧の対象だ。プレップスクールはもちろん健在だが、男女共学化の波が押し寄せている。[*44]ホモソーシャルやミソジニーは今日では後景に退きつつあるかもしれない。だが本講で試みたように、この作品に内在して検討をすればするほど、環境の特殊性や時代的制約は霞んでしまう。われわれはそこに教育の普遍的なテーマがいくつも抉られているのを目にし

＊43　『いまを生きる』二二三六頁。

＊44　日本人女性による名門プレップスクール留学記もある。岡崎玲子『レイコ＠チョート校——アメリカ東部名門プレップスクールの一六歳』。

て、もはや特殊性に拘泥しなくなるのだ。
この作品は、キーティングという個性的な教師の栄光と挫折を通して、教師という仕事のままならなさに肉迫している。これだけの贅を尽くした施設環境、優秀で個性的な教師陣、選びぬかれた生徒、その育ちのよさと安定した家庭環境、あらゆる条件がそろっても、なおかつ教師にはままならない広大な領域が広がっている。ため息は、ままならなさを生む教育という営みの複雑さに対してこそ吐かれるべきものだろう。歴史が最も浅いとも、また古いとも解釈できる微妙な教育領域である中等教育を考察しようとするとき、『いまを生きる』はなお色あせない光芒をたもっている。

参考文献

＊クラインバウム、N・H（白石朗訳）『いまを生きる』新潮社、一九九〇［Kleinbaum, N. H. *Dead Poets Society*, Kingswell Teen, 1989］

アンダーソン、D（安原義仁・橋本伸也監訳）『近代ヨーロッパ大学史――啓蒙期から一九一四年まで』昭和堂、二〇一二

アリエス、Ph（杉山光信・杉山恵美子訳）『〈子供〉の誕生――アンシァン・レジーム期の子供と家族生活』みすず書房、一九八〇

デュルケーム、E（小関藤一郎訳）『フランス教育思想史』行路社、一九八一

ゴッフマン、E（石黒毅訳）『アサイラム――施設被収容者の日常世界』誠信書房、一九八四

ハスキンズ、C（青木靖三・三浦常司訳）『大学の起源』八坂書房、二〇〇九

岡崎玲子『レイコ@チョート校――アメリカ東部名門プレップスクールの一六歳』集英社、二〇〇一

ローレン、T（友田泰正訳）『日本の高校――成功と代償』サイマル出版会、一九八八

上野千鶴子『女ぎらい――ニッポンのミソジニー』紀伊國屋書店、二〇一〇

梅根悟『教育の歴史』新評論、一九八八

第Ⅱ部　子どもの世界

『山びこ学校』の舞台、山元村は山形県上山市に吸収合併されて今はない。上山城址周辺は町なみが美しく整備されているが、旧山元中学校（二〇〇九年春廃校）所在地はここから遠い（画面右奥の背中は町歩きする筆者）

第5講

長期欠席・不登校の壁にいどむ
［子どもの生活というパンドラの函］

■無着成恭編『山びこ学校』（一九五一年）
■高知市福祉部会『きょうも机にあの子がいない』（一九五四年）

キーワード

新制中学校
長欠・不就学
生活綴方
『母の死とその後』
福祉教員
被差別部落
不登校問題から「多様な教育機会確保」へ

はじめに：子どもの目からみた世界

子どもの世界を読み解くテクストの筆頭に無着成恭編『山びこ学校』（一九五一年）を持ってきたが、これを教師の物語（第Ⅰ部）として位置づけたい誘惑にも抗しがたいものがある。無着成恭は山形師範学校を卒業した一九四八年、新任で山形県山元村の山元中学校に赴任した。その彼がたった三年後、『山びこ学校』で日本中に巻き起こした一大センセーションは本当にすごいものだった。プロ野球で新人ルーキーがいきなり三冠王をとり、新人王はもちろんその年のＭＶＰに輝いたようなものといえば伝わるだろうか。だが天才新人選手にもその後長くつらい野球人生が控えているように、「日本一の有名教師」にもその後の長い教師生活が待っていた。そして無着のトータルな教師人生はどうも輪郭がぼやけていて、あの『山びこ学校』が放つ光芒の前では（そして『こども電話相談室』などで発揮された文化タレントとしての輝きの前でも）かすんでしまうのだ。ここでは教育実践者・無着成恭個人への関心やその教育学上の位置づけに関しては禁欲し、教壇から子どもの肩越しに垣間見える子どもの世界を丸ごと受

図5‐1　無着成恭編『山びこ学校――山形縣山元村中学校生徒の生活記録』青銅社、一九五一年

けとめ、それを自らの教育実践の血肉たらしめた事例の決定版として『山びこ学校』を読み解くことにする。

ところで『山びこ学校』と同じ一九五〇年代前半は、全国各地で長欠・不就学問題が深刻な状況にあった。戦後の新学制実施にともない、義務教育は小学校六年間に加え中学校三年間の合計九年間となった。フルタイムかつ職業に直結しないアカデミックな中等教育は、戦後改革以前は一部の恵まれた子弟だけのものだった。新制中学校の発足により前期中等教育の機会が劇的に開かれたわけだが、大衆の側の戸惑いも大きかった。そのあらわれが長欠・不就学問題だった。山形の無着は特に「長欠・不就学対策」を意識して実践を行ったわけではない。結果的に、綴方(作文)を通して生徒の肩越しに、長欠を生む厳しい現実を垣間見ることになった。一方、山形とは対照的な風土の南国・高知では大々的な長欠・不就学問題への取り組みが行われていた。高知には、福祉教員という特別な名を与えられ、制度的な使命を帯びて生徒たちの生活の現実にぶつかっていった教師たちがいた。本講後半部でこのことにも触れたい。また長期欠席(長欠)は、今日でも大きな教育問題と目される不登校にも連続している。二〇一六年、これまでの不登校問題の推移に大きな画期をなす「教育機会確保法」が成立した。フリースクールや夜間中学の教育参加をオフィシャルに肯定する新たな動きである。『山びこ学校』や福祉教員の時代と様変わりしつつある近年の動向についても、あわせて触れたい。

1. 無着成恭と平野婦美子の接点と共通点

無着成恭は旧制の教員養成を受けた最後の世代であると同時に、戦後の新学制とともに教員の道を歩み始めた純粋な「戦後派」教師であった。着任のときから三年間受け持った生徒を指導して学級文集『きかんしゃ』第一号を一九四九年七月に刊行し、以後第一五号まで続く。これをもとに編まれた生徒の作文集『山びこ学校』がやがて青銅社から一九五一年に出版されることになる。その過程で無着が出会ったのが、第2講で扱った平野婦美子『女教師の記録』だった。一九四八年夏、仙台の古本屋で偶然みつけ夢中になって読んだ平野の本のあとがきで、国分一太郎の名を知る。[*1] それがきっかけで国分ら戦前の生活綴方運動の担い手とつながっていった。国分のもとに送られた『きかんしゃ』をみたジャーナリスト野口肇が感動し、その出版を強く決意したのである。こう考えると平野婦美子は『山びこ学校』の生みの母と言えないこともない。

平野と無着には学歴の面である共通点がある。最終的に師範学校を卒業してはいるのだが、一四歳から寮に入りどっぷり師範文化に染まる「王道コース」を歩んだわけではない。新人時代の二人がみせたつき抜けた明るさは、堅苦しく陰険な「師範タイプ」の対極にある。曹洞宗の寺の息子として生まれた無着は一九四五年春に旧制山形中学を卒業する。駒澤大学に進んで僧侶になる勉強をする予定だったが、爆撃を受け壊滅状態にあった東京行きを避け、とりあえず師範学校の道を選んだのである。最初は「でも・しか」教師だったのだ。師範学校に入ってすぐに敗戦を迎え、教員養成の日々の大半を価値観の転覆と虚脱状態のなかで送った。この空隙を突いて無着のような特異な教師が生まれたのだった。一方、二〇年ほど年長の平野は旧システムで育ったが、師範学校「編入組」だった。つまり一九二五年に木更津高等女学校を卒業（男子の中学校卒に相当）後、千葉女子師範学校二部に編入し一年間だけ在学したのである。当時を振り返って「二部生のほうが、のびのびしてたようよ。女学校を出てからでしょ。一部の人は、高等小学校を出てすぐ師範教育でしょ。型にはまっちゃっておっかないという感じでしたね」[*2] と語っている。二人はともに、中学校・高等女学校という一般社会においては「正系」の学歴を所持し立場としては恵まれた境遇にいたが、教育界では「傍系」とまで言えないにせよ、どこか主流から外れたアウトサイダー的な醒めたまなざしを持っていたのではないだろうか。

『山びこ学校』に戻るが、その舞台となった山元村が、山形県における満州開拓団送り出しの拠点的存在だったことにも触れておきたい。[*3] 山元村を含む山形県南村山郡には、満州蔵王郷建設計画という大

＊1　奥平康照『「山びこ学校」のゆくえ――戦後日本の教育思想を見直す』四四頁。

＊2　海老原治善『昭和教育史への証言』二六九頁。

規模な移民計画があった。結局これは実現されず、零細農家が集中する一部の町村をピンポイントに対象にして移民計画を推進していくことになった。その中でも際立ってマークされたのが山元村だった。一九二七年に始まる昭和恐慌や東北冷害など度重なる災厄に翻弄されてきたこの山村にとって、開拓団参加の誘惑には抗しがたいものがあった。渡満戸数の割合は「山形市の六倍近く」、一二・四％に及んだが[4]、移民員数割りあてのノルマがあり、足元をみるような勧誘もあったことだろう。学校関係者もこの動きに加担させられた。こうして青少年義勇軍や開拓団として山元村から満州に送り出された中には、ソ連参戦後の逃避行やシベリア抑留などで命を落とし、故郷の地を踏めなかったものも多い。一九三五～三六年生まれの「山びこ」の子どもたちは、紙一重でこうした運命をまぬかれた。[5]だが底流にある山村の貧困・生活苦という条件は何ら変わらなかった。

2. なぜうさぎを殺したか——平吹光雄『うさぎ』

『きかんしゃ』に感銘を受けた野口肇は、無着に出版許諾を求める連絡をしたが、その際に「クラス全員が書くこと」という条件を付けた。[6]無着の受け持ち学年（一学級のみ）は四三人いた。この約束は守られ、『山びこ学校』には四三人全員が最低一度は登場する。しかしかれらの間にはすさまじい学力差があった。佐藤藤三郎のように優れた文章を書ける生徒から、小学校にほとんど通えずひらがなの習得もままならない者までいた。『山びこ学校』は結果的にそうした格差もありのままに写し出した。「うさぎ」という詩一篇のみを掲載した平吹光雄という生徒もまた、底辺の学力層の一人だった。

うさぎ

平吹光雄

＊3　佐野眞一『遠い「山びこ」——無着成恭と教え子たちの四十年』第五章。

＊4　『遠い「山びこ」』一〇三頁。

＊5　無着が卒業した本沢村尋常高等小学校からも、数名が満蒙開拓義勇軍に参加した。（無着成恭『無着成恭——ぼくの青春時代』三一三頁）。

＊6　『遠い「山びこ」』三七頁。

うさぎをころすとき
こがたなで　こつんと一つくらすける[補注1]と
「きい　きい」となきました
そして
うさぎのけっつから
こがたなをさしました
それから
そりそりとむきました
足にきたとき
ちょっときずをつけて
ぽつりとおだり[補注2]ました
すぅーっとむきました
手にきました
またおだりました
頭にきたら　むきづらくなりました
こがたなで
ガス　ガス　むきました
（一九五〇年一月）[*7]

［補注1］くらすける……なぐりつける

［補注2］おだる……おる

この詩は平吹がまとまって書いたほぼ人生初の文章だった。これを読んだ中央の知識人やジャーナリストがリアリズムの詩として激賞し、山元村に押し寄せた人々が平吹光雄という「詩人」はどんな顔をし

＊7　無着成恭編『山びこ学校』九一―九二頁。本講が準拠する岩波文庫版には標準語のルビが就いているが、引用に際しては全て割愛し、補注を追加した。以下同様の扱い。

ているのかと探し回ったという。

　私は一〇年ほど前、教職課程の授業でこの詩をプリントで配り、自分が教師ならこの詩にどんなコメントを返すか考えさせる試みをしばらく続けたことがある。実は無着が寄せたコメントが資料に残っており（後述）、それと自分の感想を対比させることがねらいであった。ところが学生の考えたコメントの大半が、光雄の詩の残虐的・猟奇的な性格をやんわりと批判し、正気を取り戻すよう諭すというものだった。山形の山村では、うさぎを捕獲し、捌いてその肉を食したり皮を利用することが生活の一部であり[*8]、それは残虐行為でも嗜虐的行為でもないことに思い至らない、そんな想像力の貧困がショックだった。当時、少年による理解を超えた猟奇的犯罪がときどきニュースとなって世間を騒がすことがあった。そうした「少年A」の心の闇に、この詩の作者を重ねてしまったのだろう。

　ところが実は、出版を思い立って山元村を訪ねたジャーナリストがこの詩を読んだ時の感慨は、この学生たちの感想に近いものだったのだ。前出の野口が所属する学生書房の嘱託社員だった青木虹二は、無着から「うさぎ」の作文を渡される。目を通した青木は「背筋に寒いものが走るのを覚え、一言、『おそろしいな』といった」という。「日本の教育がここから出発しなくちゃならないとすれば、本当にたいへんなことですね[*9]」。青木の言葉に無着もうなずき同意したという。背筋を凍らせるような、不気味なゾッとする感じ。一九五〇年にジャーナリストが抱いたのと同じ感想を、現代の学生たちが持っていたのだ。

　この作文に対して無着は次のようなコメントを平吹光雄に返した。


　光雄!!　よくかいた。ところで肉はどうしたの？　すぐくってしまったのか？　おればもよべばよかったなあ。おれも、うさぎの肉くいたくっていったんだぜ。ところで、どうして、殺したの？　こんどは、なぜ殺さなければならなかったのか、そこんとこかけな。なあ、光雄。[*10]

＊8　うさぎは一九五九（昭和三四）年まで『食料需給表』に統計が載せられていた。その頃は食べ物として認識されていたのだ（赤嶺淳「高度成長期の食生活の変化を聞き書く――食生活誌学の試み」）。

＊9　『遠い「山びこ」』四六頁。

＊10　梅根悟・海老原治善・中野光編『資料日本教育実践史四』四一九頁。

「今度はうさぎを殺さなければならなかった理由・事情」を書けというアドバイスには、うさぎを食する（食さねばならない）光雄の生活背景をみつめ、その洞察へとつなげていく生活綴方教育の指導観がよく現れている。また宗教家として、他の生き物を食さねば生きられない人間の業の深さに注意を促そうとしているのかもしれない――こんなもっともらしい解説を私は講義でしていた。だが今になって考えると、この無着のコメントからは、もっとストレートなおののきが感じられるようにも思う。この詩の作者から心のはたらきが一切感じられず、ただ冷え冷えとした感覚だけが残る。無着はそうした読後感をいだいてこの詩におののいたのであろうか。

ちなみに、卒業から四〇年が過ぎた『山びこ学校』の生徒たちを訪ね歩きその人生を問うた佐野眞一の労作『遠い「山びこ」』によれば、平吹光雄は神奈川県西部で牧場を開き、元気に働いていた。取材に訪れた佐野に次のような言葉を残した。「オレは学校の成績は悪かったけど、学校を出てからは生まれかわって、一番いい頭でやってきたと思ってるんだ。オレたちが生まれた時代は勉強をしたくたってできなかった時代だからな。無着先生がきてから子供の頭がよくなるなんてことはなかったよ。うちは畑と炭と牛飼いをやっていたけど、その仕事を手伝わされるより、学校へ行った方がマシというくらいのもんだった[*11]」。

3．貧困からみつめる社会――江口江一『母の死とその後』

■『母の死とその後』の世界

『山びこ学校』の巻頭をかざるのは「雪」と題された石井敏雄の詩、「雪がコンコン降る。／人間は／その下で暮らしているのです。[*12]」である。敏雄もまた欠席常習生徒だった。ちなみに敏雄はもう一篇、「すみ山」という詩を寄せていて、毎日の炭焼き仕事のことをシンプルな言葉で綴っている。その中で「『みんなのように学校にゆけたらな』とおもっているときがたびたびあるのです[*13]」と思いを書いてい

*11 『遠い「山びこ」』二四三頁。
*12 『山びこ学校』二一頁。
*13 『山びこ学校』四二頁。

る。「雪」に続いて掲載された大作が江口江一の「母の死とその後」である。この作文は『山びこ学校』刊行以前から山形県では評判をよび、作文コンクールで文部大臣賞を受賞するなど注目を浴びていた。初出は『きかんしゃ』第二号（一九五〇年一月）である。受賞を機に種々の媒体に掲載された（『季刊新児童文化』、『模範中学生作文集』、『世界』など）[*14]。それでも江一の作文は、『山びこ学校』を論じる際に欠かせないものである。山元中学校での無着の教育実践のエッセンスがそこに詰まっているからだ。

この作文は、母親が亡くなってから明日で三五日を迎える江一が、これまで家庭に起こってきた出来事やいまの心境を綴ったものである。父は彼が六歳のとき他界しており、あとは年老いた祖母しか残っていない。家計を維持できないので、下のきょうだい二人と明日離れ離れになってしまう。親の死、きょうだいとの別離といえば筆は湿っぽくなりそうだが、江一の筆致はあくまで冷静に、なぜ自分の家がこうした境遇になったかを綴っていく。ここに無着の指導の真骨頂がある。

僕の家には三段の畑と家屋敷があるだけで、その三段の畑にへばりついてお母さんが僕たちをなんとか一人前の人間にしようと心配していたのです。

お母さんは、身体があまり丈夫ではなかったので「自分が死んだら家はどうなることか。」ということを考えていたかも知れないけれども、自分の身体を非常に大事にする人でした。それでも貧乏なために、ほかの人にしょっちゅうめいわくをかけなければならなかったことと、役場から扶助料をもらっていることを悔いにして、知らないうちに無理がはいっていたのかも知れません。僕も、去年中学一年のときから無着先生にことわって、たびたび学校を休ませてもらい、力仕事なんかほとんど僕がやったのですが、やはり一家の責任者でないから気らくなものでした。[*15]

江一一家は母の存命中から「扶助料」つまり生活保護を受けていた。（旧）生活保護法は戦後すぐの一

＊14　『「山びこ学校」のゆくえ』二五頁。

＊15　『山びこ学校』二三―二四頁。

九四六年一〇月に施行され、日本国憲法第二十五条で生存権が規定された後、一九五〇年に大幅に法改正され今日の制度の骨格ができあがる。この頃はちょうど端境期で、まだ日本に社会権や生存権が権利意識として根づいていなかった。江一の母が扶助のことを苦にしており、それが命を縮める要因になったのも無理はない。こうした状況下で江一は学校を欠席することも多かった。

母の最期の場面は次のように書かれている。

それでも、お母さんが死ぬ前の日、十一月十二日、「境分団がゆうべ自治会をひらいてきまったんだ。」といってみんな手伝いに来てくれたときは、仕事の見とおしがつかなくて、「もう、いくらやってもだめなんだ。」と思ってがっかりしていたときでしたので、僕をほんとに元気づけてくれました。ほんとに僕が一人で何日かかっても終わりそうでなかった柴背負いが、たった半日の間に、またたくうちに終ってしまったんです。

その次の日、忘れもしない十一月十三日の夜があけないうちです。母が入院している村の診療所から六角の叔父さんに、叔父さんのうちから僕のうちに「あぶない。」というしらせが来て、みんな枕もとに集ったとき、そのことを報告したら、もうなんにもいえなくなっているお母さんが、ただ、「にこにこっ」と笑っただけでした。そのときの笑い顔は僕が一生忘れられないだろうと思っています。

今考えてみると、お母さんは心の底から笑ったときというのは一回もなかったのではないかと思います。お母さんは、ほかの人と話をしていても、なかなか笑わなかったのですが、笑ったとしても、それは「泣くかわりに笑ったのだ。」というような気が今になってしまいます。それが、この死ぬまぎわの笑い顔は、今までの笑い顔とちがうような気がして頭にこびりついているのです。

ほんとうに心の底から笑ったことのない人、心の底から笑うことを知らなかった人、それは僕のお母さんです。[*16]

---

*16 『山びこ学校』二一四―二一五頁。

亡くなった母親のことを「心の底から笑ったことのない人」、「心の底から笑うことを知らなかった人」と中学二年生の息子が書く。その突き放したような冷静な筆致に胸打たれる。その母がいまわの際に「にここにこっ」としたという記述がいっそう凄味を増す。だが江一の作文の主題は心情的なことにはない。母をして「心の底から笑うこと」をできなくさせた金銭的事情、その即物的な記述に以後の文章があてられていく。

入院させてしまうと、僕は急にせかせかしだしました。入院は十一月二日でしたが、それまでは、いくら病気をしていてなにもできなくとも、お母さんがいるということであんたいしていたのです。それが急に僕一人になってしまったものだから、あわてだしたのです。それで、ツエ子はどんなあつかいをしているか心配でしたけれども、僕が行くと、それでなくともおくれている仕事がまだまだおくれてしまうので、行かずに毎日仕事をしていました。

それでもやっぱり、自分が責任をもってやるとなると心配で、なにもわからないからなおさら心配でした。それで十一月八日、そのことを書いて先生にやったら、先生がすぐ返事をよこしてくれました。それで元気づけられているところへ境分団から応えんに来てくれたのです。

それでもとうとう十一月十三日お母さんは死んでしまったのです。葬式は十五日でした。そのときは無着先生と上野先生が来てくれました。同級生を代表して哲男君も来てくれました。境分団の人がみんな来てくれました。伝次郎さんが境分団の「お悔み」を持ってきてくれました。僕はなんにもいえませんでした。だから黙ってみんなの方をむいて頭をさげました。あとで先生に聞いたことですが、同級生のみんなが「お悔み」を出し合ったほかに、義憲さんや貞義さん、末男さん、藤三郎さんたちが「江一君のお母さんへお悔みを……」といって全校から共同募金を集めてくれたということですね。僕はこのときぐらい同級生というものはありがたいものだと思ったことがありません。

　それで、葬式をすまして、金を全部整理してみたら、「正味七千円のこった。おまえのおやじが死んだときよりも残った。」とばんちゃんがいったので、僕も、「ほんとにのこったのかなあ。」と思ったほどでした。しかし借金を返したら、やはりあとには四千五百円の借金がのこっただけでした。だからやはり父が死んだときの方がよかったのです。[*17]

傍線部のように、江口江一の作文からはときに、作文を媒介とした無着とのコミュニケーション（綴方を通した生活教育実践）を垣間見ることができる。『母の死とその後』もまた、そうした日常的な綴方実践の延長線上に書かれた作品と考えられる。だが最後のパラグラフは、学級で積み重ねられてきたそうした暖かい人間交流の美談から一気に現実に引き戻す厳しさをもっている。父の死去のときと比べて家計が一層悪化したとのシビアな判断が述べられている。「言葉だけじゃダメだ。いつも頭の中に数字を入れて考えろ。[*18]」というのが無着の生徒たちへの教えだった。情緒に流されず厳しい現実を直視する江一の作文も、こうした教えの産物と言えるかもしれない。

　江一の思いは一点に、すなわちどうして自分の家は貧しさから抜け出せないのかという問いに収斂されていく。

　それから、ここまで書いてきてもう一つ不思議に思うことは、自分がそんなに死にものぐるいで働いて、その上村から扶助料さえもらって、それでも貧乏をくいとめることができなかった母が、私が卒業して働きだせば生活はらくになると考えていたのだろうかということです。

　そのことになると僕は全くわからなくなって、心配で心配で夜もねむれないことがあるのです。それは「あんなに死にものぐるいで働いたお母さんでも借金をくいとめることができなかったものを、僕が同じように、いや、その倍も働けば生活はらくになるか。」という考えです。

＊17　『山びこ学校』二七―二八頁。強調は筆者による。

＊18　『遠い「山びこ」』五二頁。

今日の昼間、先生に次のようなことを書いて出したのです。

(1) 来年は中学三年で、学校にはぜひ行きたいと思うから、よくよくのことでなければ日やといには行かず、世の中に出て困らないように勉強したいと思う。

(2) さらい年は学校を卒業するから、仕事をぐんぐん進めて、手間とりでもして来年の分をとりかえす。

(3) 金が足りなくなく、暮らせるようになったら、少し借金しても田を買わねばならぬと思う。なぜなら、田があれば食うにはらくにくえるから、もしも田がなくて、その上、だれも金も米も貸さなくなったら死んでしまわねばならなくなるから。

(4) それから、金をためて、不自由なものはなんでも買える家にしたい。不自由なしの家にしたい。

(5) それには頭をよくし、どんな世の中になっても、うまくのりきることができる人間にならなければならない。

(6) とにかく、羊みたいに他人様から食わせてもらう人間でなく、みんなと同じように生活できる人間になりたい。

先生に書いて出したのはこの六つですが、これは考えれば考えるほどまちがっているような気がしてならなくなるのです。

第一は、ほんとに金がたまるのかというギモンです。第二は、僕が田を買うと、また別な人が僕みたいに貧乏になるのじゃないかというギモンです。[*19]

ここにも、作文を介した生徒と教師との日常活動の重ね書き、いわばメタ作文としての本作品の性格が浮き彫りになっている（傍線部）。江一はいま考えていることとして上記六項目を書いて提出するが、これらはいかにも優等生的な観念論であり、地に足着いた考えではない。「いつも頭の中に数字を入れて考えろ」という無着の教えに反している。そこで江一はさらに考えを展開させていく。葉煙草栽培と

＊19 『山びこ学校』三〇―三一頁。強調は筆者による。

扶助金による収入と種々の支出、さらにこれまでに負った借金額など、具体的に数字を挙げた詳細な収支計算が続く。そして「貧乏なのは、お母さんの働きがなかったのではなくて、畑三段歩というところに原因があるのではないか[20]」との結論に到達し、「だから今日のひるま、先生に書いてやったようなことは、ただのゆめで、ほんとは、どんなに働いても、お母さんと同じように苦しんで死んでゆかねばならないのでないか、貧乏からぬけだすことができないのでないか[21]」と確信する。

こうしてどん底に沈んでいた江一の家に無着が訪ねてくる。

十一月二十九日、校長先生と無着先生がたずねてきてくれたとき、そのことをきこうと思ったのでしたが、無着先生から――「今、バイタ背負いしているのか。」

「今、何日かかるんだ。」「それが終ったらなんだ。」

「葉煙草のし。」

「そりゃ何日ぐらいかかるんだ。」

「わからない。」

「わからなければ去年の日記を出してみろ。」

「去年の日記さそんなこと書いてない。」

「だめだ。日記さ、ちゃんと今日から葉煙草のしを始めた、何日間かかるか、毎日書いて、次の年、計画が立てられるようにつけるんだ。今日からさっそくつけろ。」

「葉煙草のしが終ったら何だ。」

「雪がこい。」

「それが終ったら何だ。」

「それが終ると学校に行けるかも知れない?」

＊20　『山びこ学校』三四頁。

＊21　『山びこ学校』三四頁。

「なんだ、それじゃ二学期はほとんど来れないじゃないか。明日水曜日で米配給だろう。」

「そしたら午前中、学校さ来い。そしてもう一カ月半も学校に来ないんだから、みんなに顔を合わせて、お母さんが死んだとき義憲だ心配してくれたんだからお礼の一つもいいなさい。」

「それから、明日まで仕事の計画表をつくってもってこい。」

等々、ポンポンいわれたので、なんだか気持がすうっと明るくなったような気がして、その夜は十二時までかかって、「ほんとにどのくらいすればよいのかなあ。」などと考えながら仕事の予定表を作ってみました。作ってみると先生からいわれたとおり、十二月は一回か、よくいって二回しか学校に行かれないことがわかりました。[*22]

うち沈んでいた江一に、無着は矢継ぎ早に質問し指示を与える。そのように「ポンポンいわれた」ことで「気持がすうっと明るくなる」。無着のコミュニケーションに一種の天才性をみるのは、こうした微妙な心のあやを見事にとらえているところだ。湿っぽい会話を一切せず、前向きに、具体的に行動へと誘っていく。計画表作りという合理的作業に江一を没頭させたのだ。計画表を作ったからと言って、苦しい現実が打開されるわけではない。シビアな現実を改めて突き付けられるだけのことだ。ただこの作文では最後に一つのファンタジーが起こる。翌日、江一が作ってきた計画表をみた無着は、級長の佐藤藤三郎にそれを見せて「なんとかならんのか。」と問うた。藤三郎はちょっと考えて、「できる。おらだの組はできる。江一もみんなと同じ学校に来ていて仕事がおくれないようになんかなんぼもできる。なあ、みんな。[*23]」と言う。こう言うようにうまく無着がもっていったのかもしれない。こうして「一人では何日かかっても終わりそうでなかったバイタはこびと葉煙草のし」を、クラスメイトが手伝いに来てくれたので一日で終らすことができ、雪がこいも済んでしまった。「僕は、こんな級友と、こんな先生にめぐまれて、今安心して学校にかよ[*24]」えるようになったと喜びの言葉を書き、なぜ母のように貧困に

---

*22 『山びこ学校』三四―三六頁。
*23 『山びこ学校』三六頁。
*24 『山びこ学校』三七頁。

苦しんで死ぬ人が出なければならないか究明するため、真剣に勉強することを母の霊前に誓って作文は締めくくられている。

クラスメイトの善意で仕事が片付き、江一が学校に通えるようになった最後のエピソードはその場しのぎの解決に過ぎず、問題はまだ何も解消されていない。彼の長期欠席の背後にあるのは、もっと構造的な問題、彼が実証的につきとめたような家の農業経営の根本的不採算性、さらにそれを生む日本の社会構造といった土台のことである。その意味で、この作文の結末は若干甘ったるいものになっていると言える。その点は、無着の実践に対して後に寄せられた批判にもつながっている。生徒がいくら作文を書いても、少しも貧困問題は解消しないし社会の矛盾も解決しないではないか、と。

しかし無着の実践はもともと、直接的な社会変革を目標としたものではない。戦後日本に導入された社会科という新しい教科の指導に試行錯誤するうち、日常生活の根っこにある社会構造を探求し摘出できるような力を養う指導に、綴方（作文）指導が活用できることに思いあたったのだ。『母の死とその後』を読んでいると、希望と絶望が交錯している。作文を武器に社会の問題を探求することは、苦しむ者に眺望をひらき、何をなすべきかを教えてくれる。同時にそれは、挑むべき壁がいかに高いかを突きつけ、改めて絶望の淵に立たせもする。生徒の肩越しに厳しい社会現実をみてしまった無着は、おのれのなしうることの小ささに耐えるしかなかったのではないだろうか。

▨その後の江口江一――その生と死

『母の死とその後』が作文コンクールで入賞し、さらに『山びこ学校』によって全国にその名を知られるようになった江口江一は、一九六七年五月一八日、三二歳の若さでこの世を去った。悲痛な思いを綴った『山びこ学校』同窓生佐藤藤三郎の文章「江口江一君の死と山びこ学校」（一九六七年一一月『展望』掲載）を通して、江一のその後の人生や彼が無着をどう見ていたかをうかがってみよう。

『山びこ学校』という本が出版されてからもう十七年にもなる。その本の中心になっているともいうべき「母の死とその後」という作文をかいた江口江一君は、五月十八日、午前六時五十分、「蜘蛛膜下出血」というおそろしい病気でこの世を去った。……
わたしが、江一君が入院した山形市の篠田病院に行ったのは、三十日であった。彼は、その時、あんがい元気であった。「これならば大丈夫だな」と、ほっと安心したのであった。というのは、実は、わたしの父も、四年ほど前に、やっぱり蜘蛛膜下出血で倒れた経験があり、その時の父よりも意識がはっきりしていたし、年も若く元気だったからである。看護婦さんに、その病状を聞いても、「あの程度なら、大丈夫だ、軽いほうだもの」ということであった。わたしがいるうちに彼の勤め先の山元森林組合組合長の江口富蔵さんもみえられたが、組合長がみえられると、すぐさま彼は仕事の話であった。仕事を人にまかせておけない、自分でしないと気がすまない、という性分の彼は、いつも仕事のことばかり気にしていたらしかった。年度替わりにあたっていたために、組合の総会を開かなければならないことを、大分気にしていたらしく、病状が悪化し、意識がおかしくなってからは、夢のなかで総会資料を大声で読みあげたりしていたということであった。[*25]

江一は中学を卒業してから、森林組合に職を得て働いていた。給与生活者である。作文『母の死とその後』で示した見通しどおり、彼は土地を耕すことを捨てて勤め人になっていた。就職時から江一をよく知る組合長の言葉が引用されている。

江口組合長の話によると、彼が最初に、組合長にたずねたことは、「なんぼ月給をけてけるんだべ」ということであったという。江口組合長が、「なんぼだといい？」と問うたところ、

＊25　佐藤藤三郎「江口江一君の死と山びこ学校」六九頁。

「ばんちゃんとくらすには三千円必要だ」
　ときっぱり答えたということだった。さらに、江口組合長は、「あの頃は、高等学校を出た者でも、三千五百円ぐらいな時だったが、三千円なら、いいから勤めてくれ、とたのんだ」ということを、六月十一日に、山形県児童文化研究会と同級生で開いた追悼会で話してくれた。[*26]

尋ねられると生活に必要な月給額がスッと出てくる。「いつも頭の中に数字を入れて考えろ」という無着の教えが生きている。組合長は入職してからの江一の様子を次のように語った。

　江一君の十数年というものを、大きく三つに区別することができるのではないかとおもう。最初の五年間は、ほんきになって、仕事をおぼえる、ということだけに専念した。事務所に人が来ても、用事のほかのことは一口も話さなかった。次の五年ぐらいというものは、仕事もだいぶおぼえ、山林経営とか、業務などの研究も少しずつするようになっていた。また、来客があっても、だいぶしゃべるようになっていた。[*27]

職場の上司が証言した「沈黙の五年間」は、ちょうど『山びこ学校』フィーバーが最高潮に達しマスコミが大挙して山元村に押し寄せ、今井正監督による映画撮影も進んでいた頃である。中央の熱気が高まるのに反比例して無着や『山びこ学校』に対する地元の村人の視線は冷たくなる一方だった。いたたまれなくなった無着はついに山形での教師生活にピリオドを打って東京に出てしまう。江一はこうした騒動から距離を置き、ひたすら職場で研鑽にはげんでいた。その過程について佐藤藤三郎は、「自分を克服し、一人前の人間に仕あがっていった。それぞれに一人前の人間というより、人のお世話にならないで食えるようになるために、すべての力を打ち込んでいった。そしてそのためには、『いつも力をあわせていこう』という標語も、むなしいものにならざるをえなかった」[*28]と形容する。

＊26　「江口江一君の死と山びこ学校」七〇―七一頁。
＊27　「江口江一君の死と山びこ学校」七一頁。
＊28　「江口江一君の死と山びこ学校」七六頁。

無着は寺の息子に生まれ、富裕ではなかったにせよ食うには不自由しない立場の人間だった。そんな彼が発するメッセージには、どこか余裕のある人間に特有のロマンチックな香りがあった。一方、彼が山元中学校で出会い共に過ごした生徒たちはもっとシビアな現実を生きていた。そのすれ違いを象徴するのがこの「沈黙の五年間」である。江一のこの生き方には、無着にはない凄味がただよっている。彼が逝ったあとには二七歳になる奥さん、六歳、一歳の子どもたちが残された。[*29]

4. 教科書代にあえぐ家計――川合ヤエノ『教科書代』

『山びこ学校』に収められた作品群のなかから、女子生徒が書いたものを一つ取り上げておこう。川合ヤエノ「教科書代」である。第11講で詳述するが、この頃は検定教科書制が復活したばかりの時期で教科書は基本的に有償、世帯ごとに購入しなければならなかった。川合ヤエノの作文は、学校に持っていく教科書代を出してもらうよう親に頼まねばならない心苦しさを綴ったものである。

ヤエノはある日母親に「理科の本の銭十円三十銭けろ。」と頼む。母は「本の銭ならいつでもくれてやるけんども、ほだえ銭いるもんだかえ。」とこぼす。ちょうど妹にも教科書代をわたすことが重なり、「今日あ朝っぱらから、ぜにぜにて、ヤエノとタカ子で、四十円ばかりふっとんでしまったは。」とぼやいていた。[*30] 学校に行って代金を払った。ところが……

学校で、会計係に銭を渡したら、また「夏休み前に社会科の本渡したべ。あの銭、明日までもってきてくれろ。」といった。私は「また銭か。」と、今日もらってきたばかりで明日せびらなければならないことを考えて、それからの授業がさっぱり面白くなくなった。

そしたら放課後、惣重が「明日、子供銀行ひらくから、二十円もってこい。」といった。そうすると、明日もらってくるの、みなで三十四円二十銭だ。私はそれを考えると放課後ゆっくりあそんでいられなかっ

＊29 「江口江一君の死と山びこ学校」七〇頁。

＊30 『山びこ学校』一三七頁。

た。
家に帰ってからも「今いうか。今いうか。なんていったらよかんべな。」などということばかり考えられて、板の間をふくにしても、みな上の空だった。
それでも、その日のうちにはいわれなくて「銭。おっかあ。社会科の本と子供銀行ンな。」と、びくびくしながらいったのは、次の日、学校にいまいま出かけるというまぎわだった。[*31]
お金の話題を気まずくてなかなか切り出せず、結果的に翌朝家を出る間際という最悪のタイミングで言うことになってしまった。情景が目に浮かぶようだ。こう言われた母親はどう答えたか。母親のせりふをそのまま書き出してみよう。

またぜにか。ぜに、ぜに、ぜに、ぜにて、このがきびらだ口あくさえもすると『ぜにけろ』だ。ほだえ一丁前な身体して、よくはずかしくもないもんだ。おらだ、おまえぐらいのときは、学校さえもろくだにゆかせてもらえなくて、奉公に行ったりして、うちさ手つだったんだぜは。
ほして、学校でも少しあ考えたらよかんべあ。なにかというと銭とることとえっそうっだな。ほれＰＴＡだ、ほれ紙代だ、ほれ教科書代だ、ほれ何だて、ほだえ銭あるもんでない。ほいに先生っちゃゆえ。おらえであ今ぜになくてダメだから待っててくれろてな。[*32]

まず感心するのは、母親のせりふが臨場感をもって実に見事に再現されていることだ。そしてこの母親は、まさか自分のあけすけな発言がのちに子どもの実名入りで活字となり、全国の人に読み継がれるようになるとは夢にも思っていたなかったに違いない。後に出版された『山びこ学校』をみて、よくも恥をさらしてくれたと村人が激怒したという。そんなトラブルを引き起こすほどに、親の息づかいが伝

＊31　『山びこ学校』一三七―一三八頁。
＊32　『山びこ学校』一三八頁。

わってくるようなリアリティに満ちている。親の嘆きもよくわかる。かれらの世代は、労働力としての子どもを奪われ、さらに教育費の重荷を背負った第一世代である。あと数年早ければその波を被らずにすんだし、数年遅れていたら戦後経済の立ち直りの恩恵でもう少し負担は楽だっただろう（教科書無償制度が一年生から段階的に始まるのは一九六三年のことだ）。

結局ヤエノはこの朝お金をもらえなかったようだ。「今日あ、銭みなおっつぁんにやってしまった。隣からかりるったって、ないんだよ。[*33]」とつぶやくように母が言ったのだ。道々、彼女は考える。「ほんて学校で集める銭は大きい。おっかがいうのもむりない。」「そんでも、江一や敏雄などからくらべると、おらだええ方なのだな。あいつら学校さもほだえこられないんだ。ほんで、今からますます生活が苦しくなって、教科書の銭はらえないのや、学校休むのが半分以上も出てきたら先生あなずえするつもりだべ。[*34]」この話にはオチまでついている。ヤエノが教科書代を払うよう促された社会科の本のタイトルは『生命財産の保護』だった。母親曰く「生命財産ば保護するんだらば、あんまり銭々いうなて先生っちゃいうておけ。[*35]」

ヤエノは文末に自分の小づかい帳の内容を一部公開している。「ほとんどむだづかいなんかしない[*36]」ことを示すためだ。それでも懐ぐあいはつねに苦しい。長期欠席にまで至らない生徒の家庭もリアルに教育費負担にあえいでいることを突きつけられた無着の胸に、どんな思いが去来したのだろうか。

ちなみに佐野眞一のルポルタージュによれば、取材時にヤエノは精密機械の下請け工場を経営する夫と上山市に住み、市役所に勤める長男には孫が二人いた。満ち足りた生活のなかでこんな言葉を残している。「無着先生のことは忘れられねえな。先生は子どもたち一人一人の考えが違うということをちゃんとみてて、私らみてえなビリから数えたほうが早い生徒にもちゃんと手をかけてくれた。先生のことを、『山びこ学校』を捨てて東京の明星学園でタレントになっちまったなんて言う人もいるけんど、私にとってあんないい先生はいなかった。無着先生の教育がよかったっていう証拠に、卒業生の誰ひとり

＊33 『山びこ学校』一三九頁。

＊34 『山びこ学校』一三九頁。

＊35 『山びこ学校』一三九頁。

＊36 『山びこ学校』一三九頁。

離婚してねえだろ、ハア」[*37]。

5. 高知の長欠・不就学対策――福祉教員と『きょうも机にあの子がいない』

『山びこ学校』は、まだ戦後の荒廃の余燼くすぶる厳しい時代の教育実践である。子どもたちの肩越しに〈見てしまった〉世界を反芻し、自らの思想や行動の原点とした教師たちは、日本列島の北にも南にも、至るところにいた。その一つとして高知県の福祉教員をみてみよう。

無着成恭が徒手空拳、一人で長欠・不就学の現実に立ち向かったのに対し、高知の教師たちには「福祉教員」という特別な名が冠され、制度的に特別な使命を託されていた。また取り組んだ事象に「長欠・不就学」問題という名前が与えられていたことも、無着との大きな違いだった。福祉教員の実践には教育行政はもちろんのこと、福祉・警察・労働など多方面の行政がからみ、進歩的な考えに基づく大仕掛けな社会政策の一部であった。どちらが優れているかという問題ではない。教師の使命や取り組む問題に名称が与えられたことの利点は大きいが、逆に『山びこ学校』ではそうした総掛かり体制とは無縁に、新米教師がたった一人でひたぶるに取りくんだことに改めて胸打たれもする。

江口江一の作文が『きかんしゃ』に掲載された三ヶ月後、高知県教委は県下で長欠・不就学問題が際立つ主だった小中学校に、出席督励のための特別教員を配置した。大半が校区に被差別部落をもつ学校であったが、特殊教育（障害児教育）拠点校にも配置された。やがて県下に「福祉教員」の呼称が定着し長く活躍することになる[*38]。

一九五四年、高知市内の学校に配置されていた福祉教員たちが実践記録集『きょうも机にあの子がいない』を刊行する。五人の執筆者のなかには、のちに高知市長浜地区の教科書無償闘争で大きな役割を果たす水田精喜もいた（第11講参照）。ガリ版印刷によって頒布され、関係者以外の多くの人眼にふれることをあまり想定していなかったこの冊子には、『山びこ学校』以上にあけすけな言葉で、教師が生徒

＊37 『遠い「山びこ」』一三九頁。

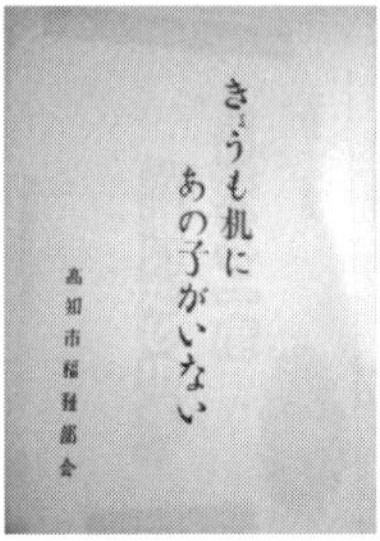
きょうも机にあの子がいない
高知市福祉部会

図5-2 高知市福祉部会『きょうも机にあの子がいない』（一九五四年）

＊38 福祉教員に関する詳細な記述は、倉石一郎『増補新版 包摂と排除の教育学――マイノリティ研究から教育福祉社会史へ』第一部を参照のこと。

の肩越しにみた現実が綴られている（基本的に執筆者は教師である）。

その中から、福祉教員が扱ったIという生徒のケース記録をみてみよう。「たった一人の肉親である父親はアルコール中毒で田舎廻りのペンキ職人。送金もとだえ勝ちで、食うや食わずのI」[*39]というのがプロフィールである。最終的にIを卒業にまで漕ぎつけさせた顛末が述べられている。ある日の活動日誌はこうだ。

十月〇日
となりの子供が欠席したので訪問して話していると、見知らぬ人から話しかけられる。Iの父の旧友で今京都で手広い商売をしているという名刺を出す。既に私の事を父から聞いていたと見えて丁重な挨拶。旧友の好で、何とか親子の力になってやりたいと考えているので、との話につりこまれてIの近況を語り、是非協力頼むとて別れた。

翌々日、宿直で登校してみると、父親がさっきまで待っていたとの話で、すぐ出向いてみる。Iが表の通りで出てしょんぼり立っていた。父親は例の友人と呑んでいる。かなり酩酊。酔うとむずかしい男だときいていたが、私には大した事も言わない。……

父はくど〱と、世話になった事や、自分が甲斐性のない事や、世間が冷いという事を繰返すのみで、何を言いたくて学校を訪れたのか要領を得ない。友人の方も可成り酔っていたが、ともかくも仲をとりなしている。子供を外に立たして、ローソクのうす暗い中でこうして呑んで管を巻く親の無責任が腹立たしく、救い難いまでの気持にかられるが、怒ってみてもよしない事。

「私がこうして酒をのむのは決して好きでするのではありません。呑みでもしなくては堪えられないのです。」と言ったが、呑んでどうなるであろう。親のやりきれない気持の犠牲に子供をまき込む権利があるというのだろうか。[*40]

＊39　高知市福祉部会『きょうもあの子が机にいない』五〇頁（ページは復刻版による）。
＊40　『きょうも机にあの子がいない』五三―五四頁。

このあとIの父は疾病で就労も養育も不可能な状態に陥る。このとき、関わっていた福祉教員が生活保護の申請に奔走するとともに、Iの身の振りについて職業安定所と調整し、市内のある洋服店に住み込む算段をつけた。生徒はそこから中学校に通うことができた。

福祉教員は授業負担を免除され、長欠・不就学生徒への対処に専心する立場にあった。ほぼ全教科を教えていた無着成恭の立場とは比べるべくもない。かれらは生徒の肩越しに重い世界を垣間見るだけでなく、その中に飛び込み、介入的アクターとして振る舞い、状況の改善をめざして行動した。その反面、教育実践史上に特筆される取り組みをした形跡には乏しい。その行動は「縁の下の力持ち」的な地味なものであり、創造性が発揮される余地はなかった。わずかに水田精喜が教壇教師に復帰後、綴方指導と集団作りの結合で後世に名を残した程度である。[*41] その水田も、福祉教員時代を回顧した以下の文章にあるように、教師としてなし得ることの小ささを慨嘆していた。

私はよく、休んでいる子ども、そしてその親たちにあうために、浜の木陰で網の上がるのをまちました。その働く姿を眼の前に見て、明日からは学校へ来いとは、どうしても言えませんでした。それよりもむしろ、福祉事務所（長浜支所）へ走って、生活扶助をもらう手だてをする仕事の方が多かった。[*42]

6．不登校問題と多様な教育機会の確保

これまで、戦後の新学制開始直後の一九五〇年前後の社会状況を背景に、『山びこ学校』の無着成恭と高知県の福祉教員の実践をみてきた。そこで重要な焦点だったのが学校に来ない（来れない）児童や生徒たちであった。当時と今では社会の状況が一変し、「豊かな社会」を生きていると言われる我々にはあまりピンとこない部分が多いかもしれない。しかし当時、長欠・不就学と呼ばれ多くの人びとを巻

＊41　水田精喜『未完成の記録——高知県の同和教育運動 一』。

＊42　水田精喜・熊沢昭二郎『同和教育創造——南海中学校の歩み』一八頁。

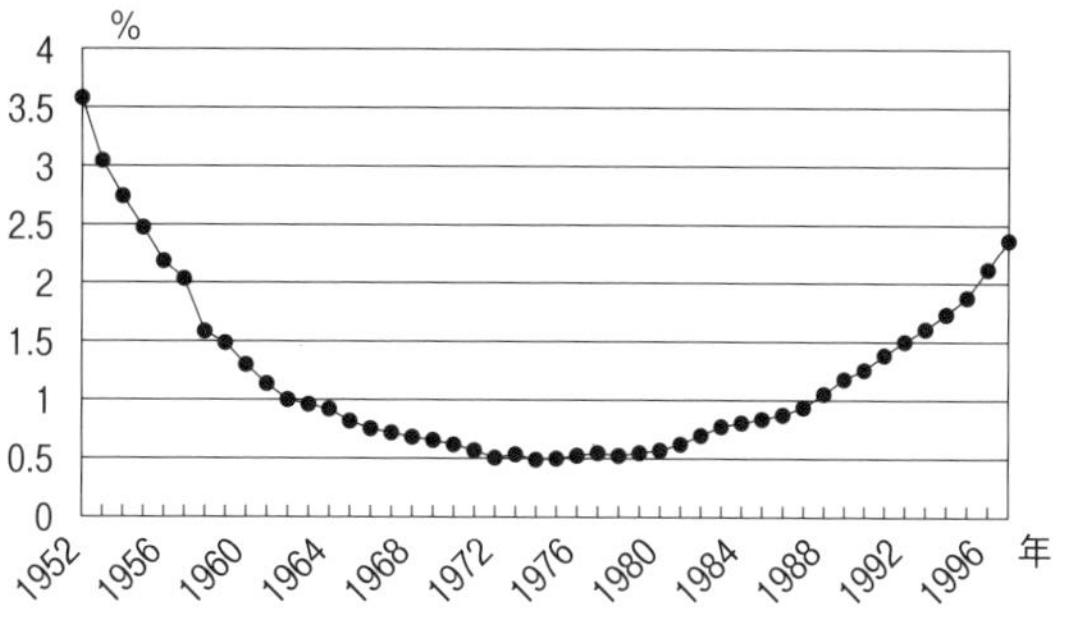

図5‐3　中学生の長欠率
（出典：保坂亨・重歩美「学校教育における不就学と長期欠席問題（第五報）」）

き込んだ問題は、その後名を不登校問題と変え、現在まで脈々と続いていることをここで強調しておきたい。けっして古い昔話で終わっていい話ではないのである。

長期欠席と不登校は連続的につながった概念である。もっと言えば、長期欠席は不登校を包含する概念であり、不登校は長期欠席の部分集合なのである。これは文部（科学）省のオフィシャルな定義づけでそのようになっている。一九五二年度以来、長期欠席の定義は年間五〇日以上欠席をすることであった。一九九一年度から三〇日以上にハードルが下げられ、今日に至っている。同時にこれは「不登校」のオフィシャルな定義でもある。長期欠席のうち、経済的理由によるもの、病気によるもの、その他の理由によるものを除いた残余カテゴリーが不登校である。かつて「学校ぎらい等心理的理由によるもの」とされていたが、一九九八年度から一切の説明なく「不登校」とだけ呼ばれるようになった。

ここで図5‐3をみてほしい。一九五二年から約半世紀の中学校の長期欠席出現率の変遷である。グラフの左端がちょうど『山びこ学校』や『きょうも机にあの子がいない』が書かれた時代に相当する。貧困や家庭の無理解などにより、特に中学校で長期欠席（不就学も含む）が甚だしかったのだと一般に説明されている。それが世の中の落ち着きとともに急カーブで下がり、一九七四年頃に底を打つ。この時点が「長期欠席」時代の終焉／「不登校」時代の幕開けと目されることが多い。

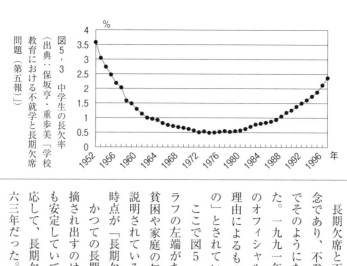

かつての長期欠席する子どもたちと明らかに異なるプロフィールの「新型」長期欠席現象の存在が指摘され出すのは、高度成長期に突入する一九六〇年頃からである。学業成績が中以上、家庭の経済状況も安定していて親も教育熱心、なのになぜか登校できないというのだ。こうした子どもたちの登場に対応して、長期欠席統計に「学校ぎらい」のカテゴリー（のちの不登校カテゴリー）が加えられたのは一九六三年だった。

一九七四年以降再び長期欠席率が増加に転じたのは、もっぱらこの「新型」の子どもたちの台頭によるものとこれまで理解されてきた。米国の精神医学の診断名を借用して学校恐怖症と暫定的に名づけられ、やがてこうした子どもらは登校拒否児と呼ばれるようになった。また神経症型不登校と概念化されることも多い。だが「失われた二〇年」に突入し、日本社会でも格差や貧困問題が「再発見」されて以降、これまでの不登校理解も見直され始めている。[*43] 高度成長末期ごろにほぼ「絶滅」したと考えられていた「脱落型不登校」、すなわちかつての長欠児童生徒の大半を占めていた、家庭の貧困、低学力、非行などを背景とするタイプの不登校が、七〇年代以降もある程度の割合で持続していたのではないか、というのがその問題提起である。

　不登校児のタイプ分けはさておき、八〇年代以降に顕著な動きとなるのは不登校の子どもの受け皿となる民間のオルターナティブな教育機関の台頭であった。いわゆるフリースクール、フリースペースである。これらの運営は不登校児の保護者やそれを支援する民間団体によって担われ、学校教育法上の位置づけはもたなかった。学籍だけ地域の通学指定校に形式的におき、実際はオルターナティブな機関や施設を「修了」するというスタイルをとってきた。しかし年々これらの教育機関がはたす役割は重要度を増し、プレゼンスの大きさにみあった位置づけや配慮が国や地方自治体の教育行政から与えられないことへの不満が高まっていた。これが、長年にわたり行政からの認知を求め働きかけてきた夜間中学関係者の動きと合流し、「多様な教育機会確保」のための法制化を求める大きなうねりとなった。政府・与党関係者との協議を重ね、ついに二〇一六年の国会に法案が提出され、同年末に可決成立したのが「義務教育の段階における普通教育に相当する教育の機会の確保等に関する法律」（一般に教育機会確保法と略称される）であった。[*44]

　同法によって、フリースクールと並んで近年不登校児の受け皿としても注目されつつある夜間中学に正当な位置づけがなされた。一方でフリースクールに関しては財政支援措置が明言されないなど不満な点も多く残った。しかしこの立法が「不登校の時代」に一つの節目を印したことは確かで、「教育機会確保時代」の幕開けを告げるのではないかと注目を集めている。

＊43　保坂亨『学校を欠席する子どもたち——長期欠席・不登校から学校教育を考える』、酒井朗「教育における排除と包摂」。

＊44　倉石一郎「「教育機会確保」から「多様な」が消えたことの意味——形式主義と教育消費者の勝利という視角からの解釈」。

おわりに：長欠・不登校の子どもとのかかわりを考える

「教育機会確保時代」という今日的視点からながめると、無着成恭の『山びこ学校』や高知県の福祉教員による長欠・不就学への取り組みに新たな光を当てることもできるのではないか。学校に来ない（来られない）子どもの問題は、長欠・不就学—登校拒否—不登校—多様な教育機会確保という長い系譜をもった古くて新しい問題である。その系譜を振り返ってみると、この問題が徐々に教師の手を離れ、外部の専門家、あるいは支援者の手に委ねられることがよしとされ、また実際に委ねられてきたことが分かる。特に福祉教員の実践は、外部との問題の共有という重要な動向に先鞭をつけたものと位置づけられる。スクールカウンセラー（SC）、スクールソーシャルワーカー（SSW）との協同で不登校やいじめ、貧困などの困難な問題に対処することをうたう「チーム学校」構想が打ちだされた今日、福祉教員の歴史に再度注目が集まっている。

だが、教師の肩越しに垣間見えた子どもたちの厳しい生活現実をみすえ、そこから目をそらさず文章に綴ることで人間関係づくりの基礎とした無着成恭の存在は、改めて、学校に来ない（来られない）子どもと教師がどうかかわるのかを今日の我々に問いかけているように思える。「チーム学校」構想のなかで、SCやSSWといった外部専門職への問題の「丸投げ」が懸念されている。「チーム」が不幸で不毛な縦割り化に堕してしまわないようにするために、無着成恭のような教師の子どもへの関わり方に学ぶところは大きいのではないかと思われる。

参考文献

＊無着成恭編『山びこ学校』岩波書店、一九九五（原著一九五一）
＊高知市福祉部会『きょうもあの子が机にいない』一九五四（復刻版二〇一二、高岡解放教育研究会）

赤嶺淳「高度成長期の食生活の変化を聞き書く――食生活誌学の試み」日本オーラル・ヒストリー学会第一六回大会シンポジウム報告資料、二〇一八年九月二日
海老原治善『昭和教育史への証言』三省堂、一九七一
保坂亨『学校を欠席する子どもたち――長期欠席・不登校から学校教育を考える』東京大学出版会、二〇〇〇
保坂亨・重歩美「学校教育における不就学と長期欠席問題（第五報）――一九八〇年代以降の長期欠席と不就学」『千葉大学教育学部研究紀要』六六巻二号、二〇一八
倉石一郎『増補新版　包摂と排除の教育学――マイノリティ研究から教育福祉社会史へ』生活書院、二〇一八
――「「教育機会確保」から「多様な」が消えたことの意味――形式主義と教育消費者の勝利という視角からの解釈」『教育学研究』第八五巻二号、日本教育学会、二〇一八
水田精喜『未完成の記録――高知県の同和教育運動 一』部落問題研究所、一九六四
水田精喜・熊沢昭二郎『同和教育創造――南海中学校の歩み』部落問題研究所、一九七六
無着成恭『無着成恭――ぼくの青春時代』人間の記録一三一、日本図書センター、二〇〇〇
奥平康照『『山びこ学校』のゆくえ――戦後日本の教育思想を見直す』学術出版会、二〇一六
酒井朗「教育における排除と包摂」『教育社会学研究』第九六集、二〇一五
佐野眞一『遠い「山びこ」――無着成恭と教え子たちの四十年』文藝春秋、一九九二
佐藤藤三郎「江口江一君の死と山びこ学校」『展望』一〇七号、筑摩書房、一九六七
梅根悟・海老原治善・中野光編『資料日本教育実践史 四』三省堂、一九七九

第6講

だれが進路を決定するのか
［クリスとゴーディだけが田舎町を抜け出せた理由］

▩ S・キング作／R・ライナー監督『スタンド・バイ・ミー』（原作一九八二年・映画一九八六年）

キーワード

初等教育と中等教育
夏休み
トラッキング
準拠集団
予期的社会化
ストリート・レベル官僚制
ソーシャル・キャピタル

はじめに：「大人になる」とは何かを捨てること

幼少の頃からおなじ道を歩んでいた朋輩といつしか道をたがえ、お互いに離ればなれになっていくというのは人生の普遍的経験だろう。ふつうそれは偶然のなせるわざと解釈され、彼我をわかつ分岐点が何だったのかが立ち止まって分析されることはまずない。だが人の生涯を左右しかねない分岐に、学校制度や教育のあり方が深く関わっているとしたらどうだろうか。本講では、モダン・ホラーの帝王と呼ばれる現代アメリカ作家スティーヴン・キングの小説『ボディ（死体）』（一九八二年）を原作とし（ホラー色は薄い）、それ以上に映画作品が広く日本でも愛されている『スタンド・バイ・ミー』（一九八六年映画化、図6-1）を手がかりに、人生のアヤと言われる領域に学問のメスを入れていこう。

よく知られているように『スタンド・バイ・ミー』は、アメリカの架空の田舎町キャッスルロックに暮らす悪ガキ四人組の一夏の冒険を主旋律に、それぞれが抱える家族との葛藤や互いのいさかい、友情をからめて描いたものである。時代設定は一九六〇年頃で、一九八〇年代現在にいる成人の語り手が、

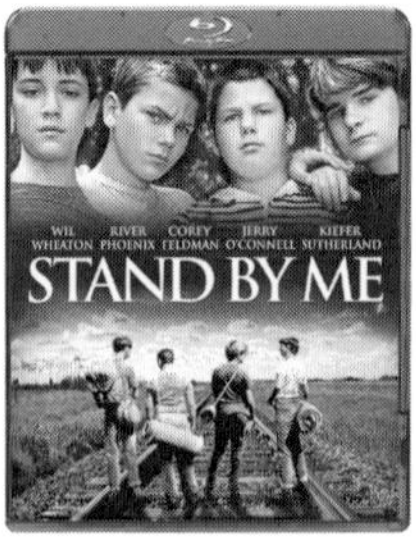

図6・1　『スタンド・バイ・ミー』発売中、Blu-ray 二三八一円（税別）／DVD 一四一〇円（税別）、発売・販売元：ソニー・ピクチャーズ エンタテインメント

ノスタルジックに少年時代を回顧するという時間設定になっている。原作と映画の異同についてはおいおい触れていくが、映画とちがいキングの原作では語り手でもある主人公ゴーディを除く全員がすでにこの世にいない。この作品は、同世代の多くが非業の死をとげるなか、たった一人生き残った者の寂寞感（しかもまだ三十代半ばだ）を基調とする、たいへん厳しい物語なのだ。そしてここでは生き残ることは、自分を抑圧し苦しめる何かからの「脱出」に重ね合わせられている。閉塞感ただよう故郷の田舎町からの脱出、そして自分を受け容れず居場所の余地のない家（親）からの脱出である。これは、ただ一人逃げ出すことに成功した主人公の「脱出の物語」であり、幼少の頃からおなじ道を歩んでいた朋輩との別離の物語でもある。そして本講では『スタンド・バイ・ミー』が、人生上の分岐や別離に、教育の仕組みや学校経験がいかに関与するかを浮き彫りにした作品として読めるという解釈を試みたい。トラッキング、準拠集団、予期的社会化、ソーシャル・キャピタルといった社会科学の概念を必要に応じて道案内に使いながら、話を進めていきたい。

はじめに四人組一人ひとりのプロフィールをおさらいする。次に、少年たちの年齢設定と、夏休みの終わりという時期設定について触れたい。この二つの巧みな設定によって、脱出できる者とできない者がどのように分化していくかが鮮やかに浮き彫りにされる。またそれが、ファンタジーから現実世界に引き戻す厳しさをこの作品に与えている。ついでに日米で夏休みがもつ意味合いの相違にも触れておく。そして、ゴーディとクリスの二人だけの深い会話が交わされる場面に注目し、そこに繰り返し登場する「進学組（カレッジ・コース）」「職業組（ショップ・コース）」というキーワードに注目しながら、かれらを残り二人から分かつメカニズムについて、アメリカ特有の学校の仕組みにも関連づけながら明らかにする。この仕組みの根幹にあるのは、学校に入ってくる子どもに対してその外的属性（階級、人種民族、性別など）を手がかりに大人たちが行う予断を含んだ振り分け過程である。しかしこうした制度化されたものでなく、インフォーマルな場面においても教師たち大人によるラベリングが子どもの学校経験や進路を大きく左右することがある。教師の卑劣な行為によってクリスが汚名を着せられたエピソードを手がかりに、このことを論じたい。

1．四人の登場人物——ゴーディと仲間たち

はじめにゴーディ（ゴードン・ラチャンス）はこの物語の主人公であり、語り手でもある。前述のようにこの物語は、三十代半ばになり作家としても成功したゴーディが、少年時代を振り返るという形式をとっている。彼は少年時代からストーリーテラーの才能の片鱗をみせるが、まだ周囲の理解は十分に得られない。映画でゴーディを好演したウィル・ウィートンの、うるんだ瞳と頼りなげな佇まいが忘れがたい。彼が一二歳のとき父はすでに六〇歳を超えリタイア生活に入り、母は主婦。生活レベルはミドルクラスのようだが、後述するように家族全体が深く傷つき、ゴーディにも暗い影を落としている。

次のクリス（クリストファ・チェンバース）はゴーディの親友で、映画では弁護士として活躍中の三十代半ばにトラブルに巻き込まれて命を落とし、彼の訃報に接したゴーディが深い悲しみのなかで過去を追憶するところから物語が始まる（原作では法科大学院在学中に刺殺されている）。四人のなかで知力・体力とも抜きん出たリーダー格で、映画ではリバー・フェニックスが演じ観る者に強い印象を残した。父親は生活保護を受け酒におぼれ、頻繁にクリスに暴力をふるう。兄たちもみな刑務所暮らしや悪行三昧だ。こうした厳しいバックグランドが、彼が「汚名」を着せられる不幸な事件に結びついていく。

テディ（セオドア・デュシャン）は目と耳が悪く、映画でも大きな黒縁メガネをかけた姿が印象に残る少年である（コリー・フェルドマン演）。父は第二次大戦時にノルマンディ上陸作戦に参加して傷を負った英雄で、除隊後も戦争神経症に苦しんだ。あるとき息子のテディの耳が焼けただれるほどの暴力をふるい精神科病院に入れられた。その後、母親が下宿屋を営み生計を立てる。自らに傷を負わせた父親をテディは一方で強く崇拝し、軍に入り父のような英雄になることを夢見る。原作では彼はその後

「悲惨な自動車事故」[*1]で命を落とし、映画では刑務所暮らしの後いまは「臨時雇い」で働いていることになっているが、軍隊入りの希望が打ち砕かれた点は共通する。

最後はバーン（バーン・テシオ）である。小太りの体格でどことなく頭のはたらきの鈍さを感じさせ、四人のなかでは引き立て役の立ち位置である（ジェリー・オコネル演）。父親は製粉所で働いている。兄のビリー（不良グループの一員だが気弱そうな若者だ）の話を小耳に挟んだことで、四人組が死体探しの冒険に出るきっかけを作った。映画ではハイスクール卒業後、四人の子宝にめぐまれ製材所で働いているとされ、原作では失火によって焼死[*2]したことになっている。

このゴーディの仲間たちについて父親が、「泥棒がひとりに、低能がふたり（a thief and two feebs）。わしの息子にはごりっぱな仲間さ」[*3]と吐き捨てるシーンがある。仲間ぐるみでゴーディの存在を否定するような発言だ。前者はクリスが学校で給食費をくすねたこと（実は濡れ衣で女教師がネコババしていた）を指している（後述）。バーンは低能じゃないと抗うゴーディに父は「十二歳にもなって、まだ五年生じゃないか」[*4]と落第の件を持ち出す。このやり取りに彼と父との冷え切った関係性が滲み出ている。半年ほど前、両親の寵愛を一身に受けていた一〇歳年上の兄デニーが事故死した。もともと家族内で「見えない人間」として遇されていたゴーディだが、両親は失意で茫然とするばかりで自分の居場所はますますなくなった。兄弟間での親の愛の奪い合いというカインとアベルの物語が原型として下敷にされている。映画では兄はゴーディの文才を認める唯一の理解者として描かれるため、この原型のもつ意味はいくぶん薄められている（原作では兄の存在はもう少し距離をおいて描かれている）。

2. 年齢設定と時期設定の妙——初等学校最後の夏

この作品には明示的なかたちで学校や教室の場面が描かれることはない。しかし少年たちの年齢設定と九月初めの夏休みのどん詰まりという時期設定が、裏テーマとしての学校、通奏低音としての教育の

＊1　キング、S（山田順子訳）『スタンド・バイ・ミー』三四〇頁。基本的に新潮文庫版の山田順子訳にのっとっているが、一部原著を参照して訳文を変更している場合がある。

＊2　『スタンド・バイ・ミー』三四〇頁。

＊3　『スタンド・バイ・ミー』六三頁。

＊4　『スタンド・バイ・ミー』六三頁。

物語を聴き取ることを可能にしている。

まずは年齢設定の妙である。四人の少年たちはみな一二歳で、間もなく一三歳になろうとしている（バーンは留年したので「同級」生ではないが同一年齢集団ではある）。日本ではこの年齢は小学六年から中学一年に移行するときであるが、かれらもまた初等教育の時代をほぼ終え、中等教育という新たなステージに踏み出そうとしている。この年齢設定が、クリス・ゴーディの二人とテディ・バーンの二人が離ればなれになっていくさまを残酷なほどくっきり照らし出すのに効果を挙げている。

そもそも初等教育と中等教育はその中心機能を異にしている。初等教育の中心機能は「同質化」にある。それは国民国家の礎として、その担い手にふさわしい身体と内面（心）を形成することである。教育課程においても、共通語（国語）教育など同質化を目標とするものに特徴がある。アメリカにおいても事情はほぼ同じである。現在の公立小学校の原型となるコモンスクールは一八三〇年代から六〇年代の間に全米に普及したが、それは「不学」の者に教育を行き届かせる運動ではなかった。すでに何らかの形態の教育施設で学んでいた子どもたちを、地域の学校という同一の容器に収斂させることが主眼だった。[*5] そこでは「単一」で「同一」の学び舎に、コミュニティの子ども全てが集められることが何より大切だった。だからそこで重視される価値は門戸が全員に開かれること、開放的なアクセスだった。日本でも、明治初期に近代的学校制度の嚆矢となる『学制』が発布された際、「必ず邑《むら》に不学の戸なく家に不学の人なからしめん事を期す」とうたったことにも、開放的アクセスへの決意が読み取れる。

ところがそれに接続する中等教育の根本機能が、真逆の「差異化」または「選別」であることをおさえておかねばならない。中等教育修了者は年齢的にみて大人への入口に立つ（日本でも最近、成人年齢が高校卒業の標準年齢である一八歳に引き下げられた）ことから、それは社会に向けて人材を送り出すポジションに立つことは明らかである。そこでさらに上級学校の高等教育機関（大学・カレッジ）に進む者と進学しない者をより分け、後者については職業的地位の配分まで行うことが期待される。また中等レ

＊5　ラバリー、D（倉石一郎・小林美文訳）『教育依存社会アメリカ――学校改革の大義と現実』七二頁。

ベルの学校では生徒間の能力や体力の個人差も著しく開いており、もはや同質化は教育の課題でなく、能力や特性に応じて適正な進路を準備することが喫緊の課題となってくる。したがってどの国の中等教育機関も何らかの分化や差異化の装置を組み込んでいる。日本においては高校入試における「偏差値輪切り選抜」がその機能の主要部分を担っている。アメリカの場合、事態はもう少し複雑だ。初等教育の同質化原理を中等教育まで引き延ばすべきという流派と、同質化原理と明確に決別し分化・差異化を全面に出すべきという流派（後者に立つのがいわゆる進歩主義だ）が長い間せめぎ合い、抗争を繰り広げてきた。今日なおその決着はついていないが、大きく言えば両派を折衷したシステムが今のアメリカ社会に定着した。クリス・ゴーディとテディ・バーンはたぶん同じハイスクールに進み、同じ屋根の下、同じ学び舎で学ぶだろう。だが同じ学校にいても両者は次第に会う機会も減り、口をきくことすらなくなっていくはずだ。

もう一つの設定の妙、時期設定に話を移そう。物語のメインパーツを占める死体探しの冒険は二日間にわたるが、それは九月の新学期開始の直前のことだった。原作には「わたしたちはレイバー・デイの前日、日曜日の午前五時を少し過ぎた頃、キャッスル・ロックに帰り着いた」[*6]とある。レイバー・デイは九月第一月曜日に設定された祝日で、その翌日あたりからアメリカの新学期は本格的に始まる。だから少年たちはもはや、夏休み気分にひたりきれないのだ。冒険の最中たき火を囲んで野営した晩にも、少年たちは学校の教師たちを話題にした（「相当長々と、これまでに習ってきた教師たちの優劣に関して議論した」[*7]）。原作にはこんな記述もある。

> 学校が始まり、友人たちに再会できるかと思うと、少し胸が躍る。新任の教師がどんなふうかにも興味がある——からかってやれるような大学を出たての新米教師か、それとも、アラモの砦時代以来、ずっといすわっているような古参曹長みたいな教師か。それに、おかしなことに、長くて退屈な授業のことさえ、

＊6　『スタンド・バイ・ミー』三一八—三一九頁。

＊7　『スタンド・バイ・ミー』二三五頁。

なんとなく楽しみになるものだ。夏休みも終わりに近づくと、ときどき退屈が昂じて、なにか学べるということすら、信じられる気がする。[*8]

休みもあまり長く続くと食傷気味でだんだん苦痛になってくる、というのは普遍的体験だろう。だが、子どもが置かれた立ち位置によって微妙に異なる面もある。子どもにとって自分の家庭が息詰まるような場所だったり安心して居られない場合、心はより強く学校の再開を待ち焦がれるだろう。たとえ勉強が得意でなく学校もけっして安住の地ではない場合でも、だ。四人の少年たちは多かれ少なかれこの場合にあてはまるだろう。

ただそこでも注意が必要なのは、迫りくる学校に対する意識に少年たちの間で温度差があることだ。やはりここでも二対二に分かれる。クリスとゴーディは近づきつつある新学期を鋭く意識し、しかもそれが人生最初のかつ重要な岐路であることを完全に理解し、身の処し方に思いをはせている。それに対しテディとバーンの反応は鈍い。夏休みの終わり、九月冒頭という時期設定が、この二対二の分かれ方をクローズアップする効果を発揮しているのだ。

ところで『スタンド・バイ・ミー』に描かれた米国の夏休みは、日本のそれとは随分かけ離れている。日本ではこんなに時期が長くないし、宿題や補習や部活に追いまくられ、ゴーディたちのようにゆっくり新学期に思いを馳せる余裕もない。しかし読者諸氏は、かつて日本にも九月始まりの学校制度があったことをご存知だろうか。教育史学者の佐藤秀夫がこの問題を研究している。[*9] それによれば、小学校をのぞく中等・高等教育機関はどこも開設当初から九月学年開始・翌年七月終了制をとっていた。特に高等教育機関は外国人教師を雇って外国語による授業を行っていたため、西洋の慣行がそのまま移植されたと思われる。その流れが変わるのが森有礼文相下の一八八七（明治二〇）年で、高等師範学校（中等教育レベルの教員養成機関）が四月開始に舵を切る。尋常師範学校もすぐにそれに倣った。佐藤に

＊8　『スタンド・バイ・ミー』二二〇頁。

＊9　佐藤秀夫「学年はなぜ四月から始まるのか」『教育の文化史 2――学校の文化』。

よればその理由は、会計年度と学年を一致させたいという事務処理上の理由と、徴兵制度との整合性をはかることが大きかったという。[*10]壮丁者の届け出が四月に変更になり、九月始業のままでは入学候補者を兵役にとられてしまうからだ。これが小学校レベルに下りて全面実施されるのが一八九二（明治二五）年のことだった。それまで学年始期は地域ごとにまちまちであった。その一方で九月開始制の「牙城」だった高等教育機関の制度変更には時間がかかり、小学校から大学まですべてが四月始まりとなるのは一九二一（大正一〇）年まで待たねばならなかった。ちなみに第1講でみた『坊っちゃん』の主人公が今一つ中学校としっくり行かなかったのは、始業時期のギャップに遠因があったのかもしれない。彼が卒業した物理学校（いまの東京理科大学）は非師範系の高等教育機関で九月始業制だった一方、赴任先の中学校ではすでに四月始業制が敷かれていた可能性が高い。したがって彼は新卒者として九月に赴任したが、生徒にすれば学年途中に現れた「闖入者」に映ったわけだ。

さて、佐藤の議論が傾聴に値するのは、九月開始から四月開始への移行にともない、夏休みの存在そのものが大きな弊害をもつようになったという指摘だ。四月開始制のもとでは、夏休みによって学年に空白が生じ、授業の流れが一時途絶えてしまう。その穴埋めとして宿題や登校日が設定されるが、休業中に勉強させるのは「本来的な矛盾[*11]」である。教師にとっても、すでに学年が始まり数ヶ月が過ぎているので自己研修や授業準備としての意味合いは中途半端である。たしかに九月開始制のもとでなら宿題を出す必要もなく、夏休みがその本来の姿に立ち返り有意義なものになりそうだ。日本では毎年、九月の学校再開を重苦しく感じ最悪のばあい自ら命を絶つ痛ましいケースが報道されるが、それも夏休みが単に学年の「中断」期間だからこそ生まれる悲劇ではないか。学校再開は多少なりとも誰にとっても気が重いだろうが、新しい学年にリセットされて始まる方が少しだけ気が楽になるような気もする。

＊10　「学年はなぜ四月から始まるのか」一〇九頁。

＊11　「学年はなぜ四月から始まるのか」一一四頁。

3. トラッキングによる仲間との別離——進学コースと就職コース

では『スタンド・バイ・ミー』の世界へと分け入っていこう。

たとえ小説がもとであっても、映像がもつ力によって映画が原作を凌駕してしまうことがある。線路の上を歩く少年たちが自然と、テディ・バーンの二人組とその少し後ろの方を歩くクリス・ゴーディ組に分かれ、それぞれが話に興じているうちに距離が広がっていく場面である。この物語の隠された主題である分化や分離、脱出を見事に表現している。テディとバーンはあくまで呑気だ。流行歌を口ずさんだり、テレビのヒーローものを比べてどっちが強いかを延々と話し合ったりしている。その後方ではクリスとゴーディが二人だけの深い話に入っていく。このコントラストが実に鮮やかで、映画の力をまざまざと見せつけていると言えよう。

原作と映画では微妙にシークエンスが違っているが、原作の方が自然な流れなのでそれに沿ってみていく。『スタンド・バイ・ミー』の最も印象的で有名なシーンに、鉄橋を渡る少年の背後から貨物列車が迫ってきて追いかけっこになり、危機一髪難をのがれる場面がある。原作ではこの鉄橋の追いかけっこの後、一息ついた少年たちを前にゴーディが創作した物語を話して聞かせる（パイ喰い競争と町のいじめられっ子をからめたあまり品の良くないストーリーだが、一五年後、駆け出しの作家となったゴーディは『でぶっ尻ホーガンの復讐』というタイトルでこの作品を発表する）[*12]。それが終わってまた歩き始めたあと、二人の深い会話が始まるのだ。クリスは物語を生みだすゴーディの才能をたたえ、「いつかきっと、立派な作家になるよ」と励ます。そのあと唐突にクリスは学校の話題を持ち出すのだ。その会話を再現してみよう。

クリス：おまえ、学校の準備できてる？

＊12 『スタンド・バイ・ミー』一九七―二一四頁。

ゴーディ：（肩をすくめる）
クリス：ジュニア・ハイか。おまえ知ってるか、ゴーディ？　来年の六月までには、おれたち全員、姿を消しちまってるぜ。（By next June, we'll all be quits.）
ゴーディ：なに言ってるんだよ？　なぜそんなことになるのさ？
クリス：小学校みたいなわけにはいかないだろ。だからさ。おまえはカレッジ・コース。おれとテディとバーン、おれたち三人はショップ・コース［非進学者向けの職業訓練中心の下位レベルコース］で、他の低能たちといっしょに、玉突きをやったり、灰皿や鳥小屋を作ったりするのさ。バーンは補習コース（remedial）に行かなきゃならないかもしれない。おまえは新しい仲間にたくさん出会えるよ。頭のいいやつらに。そんなふうになってんのさ、ゴーディ。そんな仕組みになってんのさ。
ゴーディ：たくさんの腰ぬけたちと出会う、って言いたかったんだろ。
クリス：ちがうよ。そんなことは言うな。そんなことは考えてもいけない。おまえが会うやつらは、おまえの作品をわかってくれる。バーンやテディとはちがうんだ。
ゴーディ：作品なんてくそくらえだ。腰ぬけどもの仲間になんかなるものか。ごめんだよ。
クリス：いやだって言うんなら、おまえはばかたれだ。
ゴーディ：おまえの友人たちといっしょにいたい、っていうのが、なぜ、ばかたれなんだよ？
（しばらく間）
クリス：おまえの友達がおまえの足を引っぱるとすれば、ばかたれだろ。[*13]
　間もなく夏休みが終わり、数日後にはかれらは中等教育段階という未知なるゾーンに足を踏み入れる。そこは、同質化を目的としアクセスの平等が重んじられてきた初等学校とはまったく異質な原理が

＊13　『スタンド・バイ・ミー』二二〇―二二三頁をもとに改変。一部訳文も改めた。

＊14『教育依存社会アメリカ』一〇八―一〇九頁。

支配することを、クリスのまなざしははっきりと捉えている。そしてここでクリスは自分をテディやバーン側の人間と位置づけ、一年後にはゴーディの前から「消えちまう」と二人の別離を予想している。これは別の学校に通うという意味ではない。同じ学校内で、高等教育への進学をめざすカレッジ・コースと職業訓練のショップ・コースへの振り分けが行われることを彼は指しているのだ。陸上競技のトラックと同じで、一度振り分けられたコースは二度と交わることがない。その意味を込めてこの現象をトラッキングと呼ぶ。

アメリカの教育が中等段階において、この矛盾に満ちた仕組み――一方で同じ学校の構成員であり続けながら、実質的には異なるコースに振り分け教育を分化させるもの――を幅ひろく導入するようになった経緯については教育史家の間でも注目を集めてきた。たとえばデイヴィッド・ラバリーはこの仕組み――階層トラックを備えた総合制ハイスクール――を、いささかの皮肉をこめて進歩主義時代の輝かしい発明品と呼び、その機能を次のように分析した。

> 一つに、この新しい教育機関は、ハイスクールが押し寄せる新しい生徒の波に対して扉を開くことを確実にするものだった。そのことは伝統的に中産階級が独占してきたハイスクール学位の価値を低くする可能性のあるものだった。しかしそれは、新規参入の生徒たちをハイスクールのカリキュラムの下位トラック、とりわけ工業技術、機械、商業コースへと振り分けた一方で、大半の中産階級の生徒を、進学用《アカデミック》と銘打たれた上級トラックへと導いた。この進学コース《アカデミック》はかつての排他的なハイスクールと同じような機能を果たした。そこには同質な生徒ばかりが在籍したが、それはちょうど、これほど多くが通うようになる前のハイスクールの姿と同じだった。[*14]

ゴーディがカレッジ・コースに行けば、作品を理解してくれるよい友だちに大勢出会える、とクリスが

＊15　マートン、R（森東吾ほか訳）『社会理論と社会構造』三四九頁。

言っているのは、ラバリーの引用における「同質な生徒ばかりが在籍する」ような排他性をカレッジ・コースがもつことを言い当てている。その同質集団の中に躊躇なく加われ、というアドバイスだ。ゴーディが今までのような雑多な友人たちとつき合いを続ければ、結局はかれらに「足を引っぱられる」ことになるとまで言う。クリスがここで強調しているのは準拠集団（reference group）の重要性だ。

準拠集団には二種類の意味がある。現在の自己の位置を評価する際の比較の準拠枠となる集団、それに人がみずからの行動を決定する際に基準をあたえる集団、この二つである。ここでクリスがほのめかしているのは両方の意味にかかわっている。ゴーディがショップコースに進み、いまの仲間集団と変わらず一緒に過ごしていれば、自己の満足度や達成目標を決める際の準拠枠となるのはかれらである。安穏とした環境のなかで、自らを叱咤しさらなる高みをめざして努力する行動は起こりにくいだろう。他方でもしカレッジ・コースに進めば、そこでゴーディは「頭のいい新しい仲間」とであい、この新しい仲間集団が準拠集団となり、彼の行動を決めていくだろう。ここでクリスが説いているのは、未だ所属すらしていない集団を準拠の対象に設定し、その参加に向けて自己形成していけという方向性である。これこそがマートンの言う予期的社会化、「人々がまだ参加していないのでなく、やがて加入しそうな種々の地位や集団にみられる価値や態度を獲得すること」[＊15]である。

4．生徒の進路を左右するもの――「みんな職員室か会議室で決まるのさ」

だがここで一つの疑問がわく。なぜかくも慧眼をもつ鋭いクリスが、自分はテディやバーンと同じサイドの人間だと認識しているのだろうか。彼はゴーディの文才も見抜いており、反応の鈍かった「バーンやテディとはちがう」人間であることを明確に自覚している。より問題を一般化して言えば、ＩＱや学業成績がかなり高いにもかかわらず、大学に進学せず地元に残って下積みの労働者階級で一生を終える者がなぜいるのかということである。以下のやり取りからは、クリスがこの問題に的確な自己分析を行い、自分なりの解に辿りついていることが分かる。

ゴーディ：クリス、なぜカレッジ・コースに行かないんだい？　頭がいいのに。

クリス：そんなこと、みんな職員室で決まるのさ。あるいはスマートな狭い会議室でね。教師たちが乱交パーティみたいに輪をつくってすわりこみ、くちぐちに、うん、うん、そう、そうだと言いあうのさ。その子が小学校でお行儀がいいかどうか、町の人がその子の家族をどう思っているか、教師どもはそんなことを気にするんだ。彼らが決定するのは、その子がはえあるカレッジ・コースのいいとこの子どもたちを、汚染するかどうか、ってことさ。だけど、おれも自分を磨いてみようとするかもしれない。できるかどうかわからないけど、やってみてもいい。だって、おれはこのキャッスル・ロックを出て、カレッジに行き、二度とおやじや兄貴たちの顔を見たくないもんな。誰もおれのことを知らない土地へ行けば、スタート前から黒星をつけられずにすむ。だけどな、そうできるかどうか、わからない。[*16]

クリスが素手で取り組んだこの問題に、学問的メスを入れた社会学者の研究がシコレルとキッセの『だれが進学を決定するか』[*17]である。かれらが立てた問題は、まさしくクリスのような、IQや学業成績がかなり高いにもかかわらず大学に進学しない者がいる状況をどう理解したらよいのかということだった。そこで指摘されたのは、進路の振り分けにカウンセリングやガイダンスが大きな影響力をもつこと、そしてその過程でカウンセラーら専門家が大きな裁量の余地をもち、かれらはしばしば成績や点数以外の判断材料、たとえば個々の生徒の日常行動やパーソナリティ、家庭の状況や人種・階級等の社会的背景に関する情報を恣意的に利用し、それが結果的に生徒の進路を左右することだった。クリスのせりふ（「その子が小学校でお行儀がいいかどうか、町の人がその子の家族をどう思っているか」）はこの知見

＊16　『スタンド・バイ・ミー』二二九―二三〇頁をもとに改変。一部訳文を変更。

＊17　シコレル、A／キッセ、J（山村賢明・瀬戸知也訳）『だれが進学を決定するか――選別機関としての学校』。

と見事に重なっている。

シコレルとキツセによる学校内での恣意的な振り分けの研究から、議論の一般性の水準をさらに高めたのがマイケル・リプスキーの「ストリート・レベルの官僚制」論[*18]である。聞き慣れない言葉かもしれないが、ストリート・レベル官僚は「第一線職員」とも訳されるとおり、さまざまな公共サービス提供の最前線で、クライアントと日常的接触をもつ下級職員のことである。そこで警察官、ソーシャルワーカー、下級判事とともに典型例とされているのが教師やカウンセラーである。これらの職種に共通するのは「職務の遂行について実質上裁量を任されている[*19]」ことである。かれらは官僚機構の末端にいる人間である。大半が薄給であり生活も楽ではない。にもかかわらずかれらは組織から比較的自律性をもって仕事をしている。その主な理由は、これらの職種には「感受性をもった観察や判断が必要とされ、それを生かすためにはあらかじめ決められた手続きや手順に従うだけでは何もできないことが多い[*20]」からである。

教職という仕事にも官僚的規則の機械的適用では対処できない面が多々あり、現場の教師に大きな裁量が与えられている点は納得できるだろう。またリプスキーの議論の次の焦点は、いずれの職種も慢性的資源不足に悩まされ、それゆえにクライアントはかれらに対して恒常的な不満を抱いていることである。不足しがちな資源とは、クライアントの個別性に向けられる職員の配慮の総量である。たとえば教師やカウンセラーはいつも一人で大勢の生徒に対処せねばならないので「彼らは子供たちによい教育に必要な人間的な注意を向けることができない[*21]」のである。他の職種と同様に教師も、公平さと同時に「特異な環境や背景に対する同情や、そうした環境に関わる柔軟さ[*22]」を期待されているのだ。こうした環境におかれた第一線職員はつねに大きなストレスをかかえながら仕事をしている。このストレスにつけこんでかれらの職分で幅を利かせるのが、偏見やステレオタイプである。それは「自らの能力と目標の間の緊張を緩らげるため」に官僚が行う「工夫」の一つであり、「彼らが被るストレスと折り合うた

＊18　リプスキー、M（田尾雅夫訳）『行政サービスのディレンマ――ストリート・レベルの官僚制』。
＊19　『行政サービスのディレンマ』一七頁。
＊20　『行政サービスのディレンマ』三四頁。
＊21　『行政サービスのディレンマ』五四頁。
＊22　『行政サービスのディレンマ』三四頁。

めに欠くべからざるもの」[*23]でさえあるのだ。この知見をふまえれば、シコレルらが指摘した、恣意的な進路振り分けがなぜ学校であとを絶たないかがより整合的に理解できるだろう。

リプスキーの研究では、未成年に判決を下す裁判官の例がとりあげられ、「罪そのものの重さを勘案するというよりも、その少年の過去の記録、前科があるかないかなどを参考にして実質的に決めてしまう」[*24]と指摘している。これもまさに職員たちが日常のストレスと折り合い、仕事の負担を軽減するすべの一つだろう。ところでクリスがまさに、これと同類の扱いを教師から受けたエピソードがこの作品にはえがかれている。それはミルクの代金泥棒に端を発するものだった。

クリス：町の人たちがおれんちのことをどう思ってるか、おれは知ってる。おれのことをどう思い、どんなふうになるか予想していることも、知ってる。あのとき、ミルクの代金をおれが盗ったかどうかさえ、おれは訊かれなかった。ただ、ぽいと、三日間の休暇を与えられただけだった。
ゴーディ：きみが盗ったの？
クリス：うん。そうだ、おれが盗った。おれが盗ったのは、おまえが知ってる、テディが知ってる、みんな知ってる。バーンでさえ知ってる、と思う。
（少し間）
クリス：あのとき、おれは反省して、金を返そうとしたかもしれない。
ゴーディ：金を返そうとしたって？
クリス：かもしれない、と言っただろ。かもしれないって。シモンズばあさんのところに金を持っていって白状したかもしれない。金はそっくりあったかもしれないけど、どっちみち、三日間の停学はくらっただろう。だって、金は現れなかったんだから。そして次の週、学校に来たシモンズばあさんは、新しいスカートをはいてたかもしれない。[*25]

＊23 『行政サービスのディレンマ』二〇〇―二〇一頁。

＊24 『行政サービスのディレンマ』一〇三頁。

＊25 『スタンド・バイ・ミー』二二六―二二七頁をもとに改変。

クリスはたしかに一度、徴集した金をくすねた。しかしやはり思い直して、シモンズ先生に金を返して謝罪した。だから彼の直近の行いは、なんら咎を受けるものではない。ところが教師は狡猾な手に出た。クリスは過去の数々の悪行によって、町の大人たちから非行少年・虞犯少年といったラベリングをすでに受けていた。そのことから教師は、自分が金を横領しても誰もクリスの言い分に耳を傾けず、彼に罪を着せることができると考えたのだ。そして実際、社会は「過去の記録、前科があるかないか」をもとにクリスを断罪した。教師はまんまとミルク代をせしめた。このように学校が、法的正義が通用せぬ一種の「治外法権地」化する場合がしばしばあるのも、ストリート・レベル官僚制論を補助線にするとよく理解できるのである。

5. 子どもの進路に心くだかない親たち

大人との関係に苦しむのはクリスだけではなかった。ゴーディもまた苦しんでいた。家庭内での「見えない人間」の立場が、兄の死によって一層こじれてしまっていた。そんな彼の状況をクリスは見透かしていた。先ほどのやり取りでゴーディは、仲間から離れる気はなく、自分もショップ・コースに行くつもりだとほのめかす。その考えを一笑に付したあと、クリスはゴーディの親へと話の矛先を向ける。

クリス：おれはおまえのことも、おまえの家族のことも知っている。おまえの両親はおまえのことなんか、ちっとも気にかけちゃいない。彼らが気にかけていたのは、おまえの兄さんだけだ。フランクがポーツマスの営倉にぶちこまれたとき、おれのおやじもそうだった。あのときから、おやじはフランク以外の子どもたちを四六時ちゅう叱ったり、殴ったりするようになったんだ。おまえんとこのおやじさんは、おまえを殴ったりはしないけど、それよりもっとひどいのかもしれないな。おまえのことには無関心なんだから。おやじさんにくそったれのショップ・コースに入るって言ってみても、おやじさんがなんて言うか、わかってるだろ？　きっと新聞を一枚めくって、こう言うさ。「うん、それはいいね、ゴードン、おかあさんに夕食はなにか訊いてきておくれ」とね。

……

おれがおまえのおやじだったら、おまえだって、あほくさいショップ・コースをとるなんて話、持ち出さなくてすむのにな！　あんな作品をいっぱい作れるなにかを与えてくれた神さまみたいに、こう言ってやれるんだ。〝これこそ、わたしたちがおまえに望むことだよ、息子や。その才能を失わないようにしなさい〟ってね。だけど、子どもってのは、誰かが見守っててやらないと、なんでも失ってしまうもんだし、おまえんちの両親が無関心すぎて見守っててやれないってのなら、たぶん、おれがそうすべきなんだろな。[*26]

ゴーディの親がもっとしっかり子どもに向き合っていれば、こんなたわごとを口にすることもないのだと言わんばかりの口吻である。子どもが将来展望をもち進路を切り開けるか否かの大きなカギを握る存在は親である、というのはあまりに常識的過ぎる命題だが、大切な真実であると思う。そのことは近年のソーシャル・キャピタル（社会関係資本）に注目した教育研究でもはっきりと示されている。[*27]　それらは家庭での親による子の教育への質・量両面での関与の仕方と、子どものパフォーマンス（中退回避や進学の達成度）との関係を吟味したものである。そこで発見された重要な因子は、家の中に親（またはそれを代替する大人）の数が多く、きょうだい数が少ない場合、すなわち子一人あたりへの関与度が大きいこと（これは関与の量的多寡の問題だ）に加え、子どもの教育に対する親の期待度の高さ（こちらは質的な面をあらわす）だった。この二つの要因が同時にはたらいた場合、パフォーマンスの向上効果が最大化されるというわけだ。ゴーディの家庭は経済的にはなんとか中の下ぐらいのレベルに踏みとど

＊26　『スタンド・バイ・ミー』二二三―二二四頁。

＊27　コールマン、J（金光淳訳）「人的資本の形成における社会関係資本」。

まっていたようだが、彼はこうした家庭内ソーシャル・キャピタルに恵まれないという大きなハンディを抱えていた。一方でクリスは経済的資源と家庭内ソーシャル・キャピタルの両方の欠乏という二重苦にさらされていたのだ。

ところで兄の死、父親との関係はゴーディにとってトラウマ的経験だった。映画中唯一のホラー・テイストの場面はこの主題と結びついている。キャンプファイアーの傍らで眠るゴーディが悪夢にうなされる。兄デニーが墓地に埋葬される場面だ。喪服姿でひつぎを見つめるゴーディの肩を突然父がつかんでこう言う。「おまえならよかった（It should be you, Gordon)」。原作ではもっとホラー調になっていて、兄の亡霊がゴーディに襲いかかりながら同じせりふを吐いている。いずれにしても、自分が死なずに兄が死んだという自責の念がゴーディを苦しめていることがわかる。クリスはゴーディの苦悩をしっかり受けとめてやっているが、彼にはこの苦悩を解消する力はない。父がゴーディの存在を認め、彼の存在をしっかりと受け止めてこそ、ゴーディはこの苦しみから解き放たれるのだろう。

6．食い止められたクリスの「先取り的社会化」

クリスは、大人たちからの負のラベリングをひしひしと意識し、その力に抗うことはできないと見ていた。ショップ・コースに進み、地元の悪友たちと適当にやんちゃな青春時代を送って一介の田舎の労働者におさまる、そんな進路に向けて適応しようとしていた。これは自己社会化の一種にはちがいないが、非連続的な予期的社会化とは区別して、先取り的社会化とでも呼ぶのが妥当だろう。労働階級の若者の先取り的社会化を描いた不朽の名作がポール・ウィリス『ハマータウンの野郎ども』[*28]である。本作においてウィリスは、英国バーミンガム郊外のある町を舞台に、中等学校を出てすぐに工場労働者の世界に入っていく落ちこぼれ少年たちのサブカルチャーを民族誌的に記述し、男尊女卑や移民労働者への差別意識をスプリングボードに少年たちが、「敗残者」としてでなく意気揚々と労働者になっていくカ

＊28　ウィリス、Ｐ（熊沢誠・山田潤訳）『ハマータウンの野郎ども――学校への反抗 労働への順応』。

ラクリを明らかにした。

だが『スタンド・バイ・ミー』ではクリスの先取り的社会化の進行はギリギリのところで食い止められた。クリスはテディやバーンとは異なり、ゴーディと同じカレッジ・コースの道を進むことになったのだ。映画ではこの後日譚はまったく描かれずナレーションでの説明のみだが、原作には少しだけ文章が費やされている。

クリスは「ジュニア・ハイスクール二年［八年］生のとき、カレッジ・コースに登録した[*29]」。そんな彼の選択を周囲は冷ややかな眼でみた。ガイダンス・カウンセラーは彼が「勉強についていけるわけがない[*30]」と決めつけ、ショップ・コースへの鞍替えを迫った。父親は露骨にクリスを妨害した。「『大学に行って、おやじを破綻者あつかい』したいのだろう、と嫌みを言い、クリスを責めた[*31]」。あるときは「うしろから父親に、頭にラインゴールド・ワインのびんをたたきつけられ[*32]」たりもした。こうした困難にしかし、クリスはめげなかった。ゴーディと二人で「ほとんど毎晩、いっしょに勉強し、ときにはぶっつづけで六時間も勉強したりもした[*33]」。その甲斐あって二人とも、州立大学進学をかちとることができたのだった。

経済的資源だけでなく家庭内ソーシャル・キャピタルにも恵まれなかったクリスに、このような否定的運命に抗う力がどのように湧いてきたのか、もちろん原作を読んでも映画をみても正確にはわからない。だがストーリー全体を解釈すると、あの一夏の冒険が一つの転機になったのだ、と原作者は言いたがっているように思う。自らの運命に抗い人生を切り拓くエネルギーを、あの死体探しの二日間から汲み取ったのだと。だからこそクライマックスで、死体をよこせと迫る年長のごろつきエース・メリルを銃で撃退するのは、あくまでクリスでなければならなかった（映画ではゴーディが銃をとる）。このように運命を克服したクリスだからこそ、つまらぬ争いに巻き込まれて命を落とすという人生の幕切れが、あまりにせつないものとして読者（観客）の胸をしめつけるのだろう。

＊29 『スタンド・バイ・ミー』三四二頁。

＊30 『スタンド・バイ・ミー』三四二頁。

＊31 『スタンド・バイ・ミー』三四三頁。

＊32 『スタンド・バイ・ミー』三四三頁。

＊33 『スタンド・バイ・ミー』三四四頁。

おわりに：ハイパー・メリトクラシーの時代の進路

言うまでもなく、日本とアメリカでは学校制度や教育文化が大きく異なっている。日本には、米国のような階層トラックを備えた総合制ハイスクールはない。日本の高校は偏差値輪切り選抜の徹底によってセグリゲートされ、普通高校と職業高校も厳格に隔てられている。だから『スタンド・バイ・ミー』の子どもたちの苦悩の源泉となった、ラベリングや社会的属性への予断に基づいた振り分けやコース分岐という問題を強調する意義は、あまりないかもしれない。むしろ、一発勝負型の入学者選抜試験が引き起こす「受験地獄」に象徴されるような、逃げ場のないメリトクラシー（業績主義）が生むひずみの方が克服すべき課題として認識される場合が多い。

だが、二十一世紀に入るころから日本のメリトクラシーは大きく変貌しつつある。教育社会学者の本田由紀[*34]によれば、かつては知識の正確さや情報処理の速さといった「近代型能力」が問われる時代であった。この面で卓越するのはいわゆるガリ勉タイプの人である。近代型能力をめぐる競争は過酷なものだが、唯一の救いは努力が報われる点だった。ところでガリ勉の人はテストで良い点をとるが、コミュニケーションはいまいち不得手と相場が決まっていた。ところが近年台頭しつつあるのが、コミュニケーション力のほか、「生きる力」、意欲、創造性、個性、ネットワーク形成力などなど、これを称して「ポスト近代型能力」が求められる傾向だという。どれもガリ勉タイプが苦手としそうなものばかりだが、厄介なのはこれらを獲得するためのノウハウが不明確で努力のしようがない代物だという点だ。この「ポスト近代型能力」が要求される今日の状況がハイパー・メリトクラシーである。本田由紀はこの新しい能力が、経済力や親の社会的地位に還元できない「質的な家庭環境の差異」によって左右され、あらたな格差や不平等の温床になりうる点に注意を促している。

さらに、かつてメリトクラシーの牙城・本丸と目されていた入試業界に目を凝らしてみると、ハイ

＊34　本田由紀『多元化する「能力」と日本社会——ハイパー・メリトクラシー化のなかで』。

＊35　中村高康『大衆化とメリトクラシー――教育選抜をめぐる試験と推薦のパラドクス』。

パー・メリトクラシーの波がひたひたと押し寄せていることがわかる。[＊35] 特に大学受験においては、AO入試や推薦入試がひろく普及し、古典的な受験風景はすっかり様がわりしてしまった。そもそもAOや推薦といった選抜形態は、テストによって測定可能な受験学力という一元的尺度に基づく選抜の弊害を乗り越えようとするものだった。そこで奨励されたのが、生徒の日常的活動やパーソナリティなどテストでは測定できない部分の評価を重視することだった。しかしこうした曖昧模糊とした部分に基づく評価こそ、クリスを苦しめ、彼の人生を狂わす寸前まで追い詰めたものだった。シコレルとキツセの研究はガイダンス・カウンセラーがこれらの情報を恣意的に利用し予断に基づいた進路振り分けを生み出すことを指摘していた。アメリカで一〇〇年前の進歩主義運動によって導入され、遅くとも五〇年前には学問的分析のメスが入れられ、小説や映画の描写のなかに自然なものとして溶け込んでいた現実が、いまようやく日本社会にリアルなものとして訪れようとしているのかもしれない。

また近年日本では「毒親」がブームだそうだ。ゴーディの父、クリスの父もともに子どもの足を引っぱる「毒親」であった。しかし「毒親」批判はもろ刃の剣でもあり注意が必要だ。下手をすると堅苦しく時代錯誤な親規範・家族規範の押しつけに堕してしまうおそれがある。とりあえず今は心静かに、親であるというそれだけで子どもに行使してしまう影響力がいかに甚大なものか、そのことに思いを馳せることがまず必要なのではないか。人生の岐路に立ち、何らかの道を選ぶのはどう転んでも大変つらく厳しい作業だ。その厳しい局面で子どものかたわらに立ち、痛みの一部を子どもと分かち合う受苦的存在として、親を位置づけなおす手がかりが、『スタンド・バイ・ミー』によって与えられるように思う。

参考文献

＊キング、S（山田順子訳）『スタンド・バイ・ミー』新潮社、二〇一〇（King, S. "The Body" in *Different Seasons*. Hodder & Stoughton. 2012（originally published in 1982））

シコレル、A／キッセ、J（山村賢明・瀬戸知也訳）『だれが進学を決定するか──選別機関としての学校』金子書房、一九八五

コールマン、J（金光淳訳）「人的資本の形成における社会関係資本」野沢慎司編訳『リーディングス　ネットワーク論──家族・コミュニティ・社会関係資本』勁草書房、二〇〇六

本田由紀『多元化する「能力」と日本社会──ハイパー・メリトクラシー化のなかで』日本の〈現代〉一三、NTT出版、二〇〇五

ラバリー、D（倉石一郎・小林美文訳）『教育依存社会アメリカ──学校改革の大義と現実』岩波書店、二〇一八

リプスキー、M（田尾雅夫訳）『行政サービスのディレンマ──ストリート・レベルの官僚制』木鐸社、一九八六

マートン、R（森東吾ほか訳）『社会理論と社会構造』みすず書房、一九六一

中村高康『大衆化とメリトクラシー──教育選抜をめぐる試験と推薦のパラドクス』東京大学出版会、二〇一一

佐藤秀夫「学年はなぜ四月から始まるのか」『教育の文化史二──学校の文化』阿吽社、二〇〇五

ウィリス、P（熊沢誠・山田潤訳）『ハマータウンの野郎ども──学校への反抗 労働への順応』ちくま学芸文庫、一九九六

第7講

マイノリティと学校
［在日する者の声］

■朴鐘碩「民族的自覚への道——就職差別裁判上申書」（一九七四年）

キーワード

在日朝鮮人
日本人と同等に扱う
民族学校
カミングアウト
職業への移行
クーリングアウト（冷却）
就職差別

はじめに：マイノリティと差別

第6講でみた『スタンド・バイ・ミー』の主人公ゴーディはハイスクールの時、ふとしたきっかけで出会った黒人文学の傑作『見えない人間』をむさぼり読んだ。両親の無関心に苦しんでいた彼にとって、「作者ラルフ・エリスンはこのわたしのことを書いていたからだ」[*1]。この作品の冒頭に、モチーフがこう記されている。「僕は実体を備えた人間だ。筋肉もあれば骨もあるし、繊維もあれば液体もある——それに心さえ持っていると言っていいかもしれない。僕の姿が見えないのは、単に人が僕を見ないだけのことだから、その点を分かってほしい。（I am a man of substance, of flesh and bone, fiber and liquids - and I might even be said to possess a mind. I am invisible, understand, simply because people refuse to see me.）」[*2]

見えない人間とは、周囲が見ようとしないことによって作り出される存在である。もしそうだとすれば、この命題はゴーディ少年の場合のような一家庭を舞台とした局所的ケースだけでなく、より広い社会的広がりをもつ現象を射抜くものと考えられる。物質的な厚みを備えた身体さえも瞬時に無化するような力が、社会の至るところに働いている。エリスンはその力を、アメリカ社会の文脈の中で黒人（アフリカ系アメリカ人）に対して及ぼされる権力作用に焦点化して読みとった。では、日本の学校の教室のなかに話題を限定してみたとき、そうした力はどこに作用しているだろうか。この問いを考える手がかりとして本講では、在日朝鮮人二世の朴鐘碩が著した『民族的自覚への道』（一九七四年、図7-1）と題するテクストを参照することとする。このテクストは、一九七〇年に朴が日立製作所の就職試験を受検した際にうけた差別をめぐる訴訟の結審に際して上申書として裁判所に提出されたものである。その中では、一九五一年に愛知県に在日朝鮮人として生を受けてからの自身の歩み、すなわち就職差別を受けた経緯はもとより、自身の家族の状況や小学校入学後の学校経験、友人や教師とのかかわりが赤裸々につづられている。ここではそれを、学校や教室に作用し「見えない人間」を作り出す力、厚みをもった人間存在を瞬時に無化する力の働きに焦点化した語りとして読み解いていくことにする。またここで主題となっているのは、教育社会学で近年さかんに論じられている学校から職業世界への移行（トランジション）である。在日朝鮮人への民族差別という文脈とともに、生徒の移行に積極的に関与するという日本に特徴的な学校のあり方にも、光をあてていきたい。

1. 在日朝鮮人という存在

朴鐘碩のテクストを読み解くには、さまざまな背景知識が必要である。在日朝鮮人はなぜ日本に存在するようになったのか。かれらはいかなる思いを抱えて戦後の日本社会を生きてきたのか。その日常生活はどう営まれているのか。そしてその子どもたちはどんな学校に通い、どんな教育を受けているのか。多くの議論が必要だが、ここでは最低限の予備知識を記しておくことにしたい。

日本による朝鮮半島の植民地支配が始まったのは一九一〇年だが、その後第一次大戦期の好景気に支

＊1　キング、S（山田順子訳）『スタンド・バイ・ミー』六六頁。

＊2　エリスン、R（松本昇訳）『見えない人間』I、九頁。原文は *Invisible Man*, p.3.

図7-1　朴君を囲む会編『民族差別――日立就職差別糾弾』（一九七四年、亜紀書房刊）

えられた労働力需要に引っ張られ、朝鮮半島から多くの労働者が内地（日本国内）に流入してくる。送り出し要因として、植民地支配のもとで過酷な収奪がすすみ生活に困窮する農民が増加した点もおさえておきたい。朝鮮人移民はこうして日本の主要都市に定住し、非熟練労働者として産業を底辺で支えるようになった。一九二〇―三〇年代の日本経済は好不況の波が交錯するが、内地に在住する朝鮮人人口は着実に増えていった。一つの要因として、初期の単身男性による移住形態から、しだいに家族同伴型の移住にシフトし、また日本定住後に家族を形成して世帯人口が増えていったという事情が挙げられるだろう。在日朝鮮人の形成、といえば強制的な動員や徴用によってもたらされたとする理解が今でも根強く存在する。戦時期の一九四〇年代に入ってからの国内朝鮮人人口の激増がそれによってもたらされた点に疑いの余地はないが、急増した分の朝鮮人人口は日本の敗戦（植民地の解放）後すみやかに帰還することでもとの規模に戻ったと近年は考えられている。むしろそれに先立って一九二〇―三〇年代に形成され、日本社会にある程度根を下ろしていた朝鮮人が、いわゆる「在日」人口の基礎をつくったのだ。むろん、全員が「自発的に」「進んで」日本にとどまったとする見方は早計である。朝鮮人の祖国への帰還にあっては、持ち出し財産の制限など種々の困難な事情があり、加えて解放後の朝鮮半島情勢も不安定の度を増していた。さらに日本生まれの者も相当数に達し、かれらは本国の言葉も解さず、帰国しても生活になじめないことが予想された。こうした種々の経済的、社会的、個人的事情が絡まり合い、日本にとどまる選択が当面は合理的と判断した朝鮮人が一定数にのぼった――このように考えるのが妥当である。

さて、これまで述べてきたように昭和戦前期に入る頃には、日本各地に一定の朝鮮人コミュニティができあがっていた。そこには学齢期をむかえる子どもが当然含まれていた。朝鮮人子弟も「大日本帝国臣民」である以上、その教育の責任は日本の国家にあると考えるのが筋だが、内地在住朝鮮人の就学義務についてはあいまい[*3]であり、関係者によって真剣に義務履行が追求されることはなかったようであ

＊3　水野直樹・文京洙『在日朝鮮人――歴史と現在』三四頁。

る。たとえば一九三五年の京都市内在住の七〜一七歳の朝鮮人子弟のうち、男子二八・四%、女子六二・二%は不就学状態だった。[*4] だからと言って朝鮮人家庭に教育への関心が欠如していたわけではない。京都市内には夜学やソダン（私塾）があちこちに出来、朝鮮語の授業を受けに多くの老若男女が詰めかけたという。つまり多くの朝鮮人にとって、日本の学校の教育内容に意味や魅力を見つけ出すことができず、日中フルタイムで子どもを通わせられる物的条件も未整備だったことが、このような教育の低調を招いていたのである。

日本敗戦後も一定規模の朝鮮人コミュニティが国内に存続したことは上記のとおりであるが、占領当局も日本政府もその処置には苦慮した。依然として日本国籍は保有しながら、選挙権は停止され、「みなし外国人」として宙づり状態に置かれたのである。その間、祖国解放に沸き立つ朝鮮人は各地で「国語講習所」を設置して母国語を学び、やがてこれが民族学校へと発展していった。だがこうした教育機関のバックにあった民族団体「朝連」[*5] を敵視するＧＨＱ・日本政府は厳しい対決姿勢をとり、一九四九年一〇月に団体解散、学校の閉鎖が強行された。行き場を失った在日朝鮮人の子どもたちの受け皿として、各地に公立朝鮮人学校・分校、朝鮮人学級が設置された。

その後、サンフランシスコ条約発効、日本の「独立」とともに在日の人びとは日本国籍を一斉にはく奪され「外国人」となった。こうして梯子を外された形になった在日朝鮮人子弟の教育基盤は、一段と不安定なものになった。上記の公立の朝鮮人教育機関をめぐる環境も悪化し、また朝鮮人当事者もそこに行き詰まりを感じるようになった。日本政府の方針が迷走する中、いったん弾圧された民族学校も息を吹き返し始める。公立朝鮮人学校もその立場を返上して自主化し、無認可学校の道に合流していく。本国は一九五〇—五三年の朝鮮戦争で焦土と化し困窮の極みにあったが、一九五五年の朝鮮総連結成、その運動方針が「共和国の在外公民」をめざすことに変更されたのを受け、北政府が朝鮮学校に対する教育援助金の送金を開始する。それによって北系の民族学校はどん底状態から脱し、在日の民族教育機

＊4　板垣竜太「朝鮮学校への嫌がらせ裁判に対する意見書」一六五頁。

＊5　在日本朝鮮人連盟の略。一九四五年一〇月に結成。全国に散る朝鮮人組織の糾合をめざした大衆団体。帰国者支援に加え教育文化事業、権益擁護運動などを精力的に展開した。やや遅れて結成された右派の「民団」との間に激しい抗争を繰り広げた。

関の主流を占めるようになる（その後一九七五年までに各種学校として認可を取得し、自治体からの補助金も受けるようになる）[*6]。

しかし日本国内に居住する在日朝鮮人は、祖国の分断状況を反映し、北政府を支持する者と南の韓国政府を支持する者、どちらとも言えない者など複雑に分かれていた。韓国系の民族学校も少数設立されたが広がりを欠き、総体としては多くの在日家庭は近所の公立の小中学校に子を通わせることになった。一九五二年以来、在日朝鮮人は韓国籍または朝鮮籍のどちらかを保持するものとされ、政府・文部省は外国籍者には、憲法で規定された就学義務も教育を受ける権利も適用され得ないとの見解を示し今日まで至っている。このため、約一割程度の朝鮮学校等の民族学校に通う者をのぞく、大多数の在日朝鮮人子弟は、通学先の日本の学校においてまことに不安定な無権利状態に置かれている。

日本の学校に身を置く在日朝鮮人のよるべなさ、頼りなさについては本講で見る朴鍾碩のテクストにも詳しく述べられているが、その象徴が在日朝鮮人の名前である。在日朝鮮人には「二つの名前」が存在する。このうち通名（日本名）の淵源をたどれば、内地朝鮮人にも一九四〇年から適用された創氏改名[*7]に辿りつくが、戦後も大多数の在日朝鮮人がそのまま、日常生活において通名を主に使って暮らした。三世の時代になると家庭内でさえもわが子を日本名で呼ぶことも稀ではなく、学校に通うようになってからも教師や級友から日本名で呼ばれて過ごす。このため、自分が日本人だと思い込んで成長する子も少なくない。こうした学校環境が、本講でいう「見えない人間」の問題に深く関わってくる。他方、南北どちらの系列であれ民族学校を選べば、たとえ家庭や地域で日本名を呼ばれて過ごしていても、少なくとも学校にいる間は教師からも友人からも、本名の朝鮮人の名前で呼ばれまた呼び合う時間を経験することになる。これは人格形成上、大きな意味をもつことは容易に察せられよう。したがって、どちらの学校を選択するかは子の人間形成、とりわけアイデンティティのあり方を大きく左右する岐路だと言っていい。繰り返すが、圧倒的多数の在日朝鮮人の子どもたちは前者の環境、すなわち日本

＊6　朝鮮学校は二七都道府県に立地し、初級学校五四、中級学校三三、高級学校一〇、大学校一が運営されている（朴三石『知っていますか、朝鮮学校』三三頁）。

＊7　もともと朝鮮社会には氏（うじ）制度がなく、日本によって押しつけられたもの（創氏・改名）である。

人教師と友人に取りまかれ、法的に無権利状態のままに置かれた状態で教育を受けているのである。

2．小学校・中学校時代の語り──「日本人だと信じていた」

朴鐘碩が就学義務年齢にあったのは、一九五八年から一九六七年までの九年間である。この間、日本の義務制学校（大半は公立学校）に通う在日朝鮮人の子どもたちの地位は非常に不安定だった。就学義務がないかれらの教育を保障するのは、日本当局の「恩恵」でしかない点がしばしば批判される。だが一九六五年の日韓条約締結により「希望者は入学を許可するものとする」ことがまがりなり国家の方針（これが恩恵の論理だ）となる以前はもっと厳しい状況だったのだ。大阪市では入学時に保護者が「誓約書」なるものの提出が強要されるケースもあった。[*8] 児童生徒本人以上に、子どもを学校に送る保護者にとって気が気ではなかった。入学後も、どことなく気おくれする居心地悪い学校生活が続くだろう。こうした背景を念頭において、小・中学校時代の語りを見ていきたい。

小学校時代のことを語るのに先立って、朴は両親の渡航の経緯、日本敗戦前後の家族の状況を簡潔に述べている。解放直後、「父母は、学齢期にあった長女と長男を、当時西尾市にできていた民族学校に通わせた[*9]」。つまり朴の長兄や長姉は朝鮮学校に通っていたのである。「ところが、民族学校がつぶされ、子供たちを日本の学校へいれるようになってから、父母は、日本のお役人にさからって、日本から追い出されては大変だという恐怖感をもつようになり、ひたすら日本人らしくよそおって、家のなかでも子供たちに日本語しかはなさないような態度にかわった……[*10]」。

抜粋1

一九五八年、私は西尾市立中畑小学校に入学しました。私は、「あらいしょうじ」とよばれました。私は同級生の子供たちと同じく、自分も日本人だと思いました。

＊8　倉石一郎『増補新版　包摂と排除の教育学──マイノリティ研究から教育福祉社会史へ』二七七頁。

＊9　朴鐘碩「民族的自覚への道──就職差別裁判上申書」二三八頁。

＊10「民族的自覚への道」二三八頁。

私が一年のとき、三女の姉が六年、四女の姉が四年、四男の兄が三年で、四人の姉弟がおなじ小学校に通ったのですが、姉や兄たちもみな日本名で、私は、当然、姉や兄たちも日本人であると信じていました。ところが、二年生になってから、私は、自分が、同級生からみさげられる人間であることに気づくようになりました。

ある日、担任の先生が出かけて、自習をしているとき、さわいで態度がわるいということで、私ともう一人の子が、級長の命令で前に出されて立たされ、直立できないということで両足をしばられました。同級生たちは面白がって笑いましたが、私と一緒に立たされた子は、顔をまっかにして泣き出してしまいました。その子も私も朝鮮人であったのです。

私は腹が立ち、同じ学年の私のいとこにあたる子と相談して、学校の帰りに級長をまちぶせ、二人がかりでなぐってやりました。級長は泣いて帰りましたが、さっそく翌日から、私たちは「チョーセンジン、チョーセンジン」と、ののしられました。[*11]

二世以降の世代で民族学校に通う経験をしなかった在日朝鮮人にとって、「民族」との最初の出会いは、多かれ少なかれこれと似た部分があるのではないか。親や家族が生活に追われ、民族や出自の問題をめぐって子どもときちんと向き合う余裕もないまま、小学校にあがる。もちろんこれまで通名でしか呼ばれた経験はない。そうであれば朴のように漠然と、「自分は日本人（「普通」の存在）だ」という感覚をもっていて不思議はない。それが破られる契機は、やはり先の引用のように、外部から、否定的な経験として訪れることが多い。では彼の級友はなぜ「チョーセンジン」という言葉を投げつけたのか。朴はこの頃の家庭の状況を「家のなかは子供たちで、うずまっているような状態でした[*12]」「父は鋳造工場に通い、母は自転車で行商をしてあるいていました[*13]」「姉たちも、家で飼っている何頭かの豚の世話でたいへんないそがしさでした[*14]」と記している。小学校は、近隣に住む子どもたちが集まるところであ

*11 「民族的自覚への道」二三九頁。
*12 「民族的自覚への道」二三八頁。
*13 「民族的自覚への道」二三八頁。
*14 「民族的自覚への道」二三八頁。

る。家族の暮らしぶりを毎日目にするうち、周囲の人にうすうす朝鮮人だとわかってしまうことはよくある。それが級友に伝わったということかもしれない。いずれにせよ、自分にはなにか特別な、周囲から蔑みの理由となりそれを隠さなければならない背景があるのだという自覚が、こうして日本の学校経験から与えられることになった。

抜粋2

家のくらしは相変わらず苦しく、私は全然こづかいがもらえません。私はまわりの日本の子とおなじつき合いがしたくて、金がほしくてたまりませんでした。とうとう我慢できなくなり、村祭りのとき、学校におさめる金をもって、友達全部に、気前よくおごってしまいました。日本の子たちは、祭りのおこづかいをたくさんもらっているので、何でも買ったり、買食いをしているのです。私は、母が家のなかにしまってある金をぬすみ出して、みんなとおなじように買食いをしました。

つかうときは夢中でしたが、家にかえるのがこわくて、隣家の物置きにしのびこんでねむったのです。それを長兄にみつけられそれはひどいせっかんをうけました。

給食費をつかってしまったので、私は学校の給食がもらえず、家にかえって昼食を食べるようなことをしました。

四年生のときから、私は新聞配達をしました。もらった金は母にわたし、学校におさめる金だけを母からもらうようにしました。新聞配達をはじめてから、遅刻がつづき、授業中にしじゅういねむりをし、宿題はいつもわすれるので、いつも先生から叱られてばかりいました。[*15]

朴の父は鋳造工場で働いていたが、稼ぎを呑んで費消してしまうこともあった。あるとき長兄といさかいを起こした父はどこかへ出奔してしまい、その後長く家に帰ってこなかった。父にかわって長兄が

＊15　「民族的自覚への道」二二四〇—二四一頁。

家族を支えたが、暮らしぶりは非常に苦しかった。この抜粋箇所で語られているような貧困状態は、在日朝鮮人家庭に広く見られるものだった。お金にまつわる屈託が、このように回りまわって学校生活に影を落とすのか、と考えさせられる。給食費を払えない子どもを家に帰して昼食をとらせる、という処置は今日なら大問題になりそうだが、上述したように在日朝鮮人児童が無権利状態のまま学校に放り出されていた時代背景を考えると、こうした扱いを諦念をもって受容する空気があったのかもしれない。さらに新聞配達のアルバイトの件が続くが、これは家庭の貧困問題のみに帰せられる話ではない。当時は教科書も有償の時代であり（教科書無償化については第11講を参照）、他に高額のＰＴＡ会費が徴収されるなど、義務教育の無償原則は空洞化していた。朴少年のいねむりを叱る教師に、こうした問題認識が欠落していたことは言うまでもない。

抜粋3

五年、六年になって、社会科の時間に、先生が朝鮮のはなしをすると、私は顔をあげることができない思いでした。先生のはなす朝鮮はつまらない国で、みんなが私をさげすみの眼でみるような気がして、はやく時間が終わってしまえばいいと、そればかりを念じつづけたものです。[*16]

たとえ教室の中に在日朝鮮人（外国人）が存在したとしても、日本の公立学校で教えられるカリキュラムはかれらを「特別扱いにしない」という原則は、前述の一九六五年日韓条約を受けた文部次官通達で明らかにされ、今日までなんら変更されるところがない。特段の配慮をしないということは、つまり（外国人は）いないものとする、透明人間として遇するということである。そうした前提のもとで、社会科の授業で語られた朝鮮に関する話は、おそらく今日に比べても格段におざなりな内容だったと推測されることも相まって、在日朝鮮人として聞くに忍びないものだったことだろう。「見えない人間」と

＊16　「民族的自覚への道」二四一頁。

しての経験は、年を追うごとにその輪郭をくっきりさせていくことになる。

抜粋4

一九六四年、私は西尾市立平坂中学校に入学しました。私の名はいぜんとして「新井鐘司」でした。自分が朝鮮人の子であることはわかっていましたが、私は、このまま勉強をしていけば、自然に日本人になるのだとばかり思っていました。……

小学校の頃の成績表は、いつも普通の上あたりで、たまに4が二つ三つある位でしたが、中学校になってからは、5の方が多い位で、つねに学級の上の部にはいっていました。

二年のときは、生徒会の役員になり、生徒の自主的な学習をすすめる学級運営のなかでは、私がいつも指導的な立場にたたされていました。そして、三年のときには級長にえらばれていました。

努力をすればかならずむくいられるという気持がつよくなり、私は、日本の社会でかならず出世してみせるという、あわい夢をいだくようになりました。[*17]

中学校に上がっても、朴は変わらず通名を使って学校生活を送る。中学生になると子どもの間でも個性や個体差がはっきりと現れてくる。彼の場合、勉強面で頭角をあらわすようになり、生徒会役員や級長といったリーダー的役割を担うようになる。いわば「優等生」として人に一歩先んじることができた（ただし、家庭生活は平穏ではなく、中学二年のとき家出して東京で新聞店の住み込み店員をしたり、翌年また家族と対立して横浜の姉のところに転がり込んだりと、それなりに起伏は激しかった）[*18]。他方でこの頃には「朝鮮人」という自己認識は動かせないものとなっていた。だが、「このまま勉強すれば」「努力を続ければ」日本社会は自分を認め受け入れてくれる、すなわち「自然に日本人になれる」とも考えていた。民族や出自に関してはそこで思考停止して自己を防衛していたということだろう。高度成長真っ盛り、

＊17 「民族的自覚への道」二四一―二四二頁。

＊18 「民族的自覚への道」二四三―二四四頁。

学校が将来への希望をつむぐ輝ける場所だったこの時代を竹内洋[19]は「大衆受験社会」「大衆勉強社会」と呼んだ。だが当時学校が発していたアウラも、在日朝鮮人を照らすものではなかったことを、この数年後に自身の身にふりかかる事象から教えられることになる。

3. 高校時代の語り――初めてのカミングアウト

中学を卒業した朴鐘碩は、「全日制の碧南高校を受験し……五百名の受験者のなかで、……五番で合格[20]」する。ただし家計が苦しかったので「アルバイトをして食費は家にいれることを条件にして[21]」の受験であり、「就職のとき都合がよいだろうと考え商業科を[22]」選択した。優秀な成績で入学したので「学校から「級長新井鐘司君」と指名されたときは、多少得意な気持[23]」を抱き、野球部でも活躍するなど「学業でもクラブ活動でも私の高校生活は充実したもの[24]」だった。

家庭のほうも、長兄が結婚して家の雰囲気が明るくなり、音信不通だった父親の突如の帰宅に身構えるも、以前とは「まるで別人のように[25]」静かに仕事に通うようになった。だが、「家庭の実権をにぎっている長兄は、私をあまやかしてはくれませんでした[26]」。アルバイトと学業との両立というハードな日々が朴を待ち受けていた。

抜粋5

重労働から帰ってくると、ねむくもあり、学校は遅刻ばかりしました。教室のなかでもいねむりばかりです。お前にはねるために学校にくるのかと、教師たちからいやみばかりいわれました。それでも金がたまっていくことは、私にはうれしいことでした。

ところで、仕事にいくのが、だんだんおっくうになってきました。なれるにつれてはたらくことは平気でしたが、一緒にはたらく日本の人たちが休憩時間などにかわす世間話のなかで、朝鮮人のことをひどく

＊19 竹内洋『学校と社会の現代史』。
＊20 「民族的自覚への道」二四四頁。
＊21 「民族的自覚への道」二四四頁。
＊22 「民族的自覚への道」二四四頁。
＊23 「民族的自覚への道」二四四頁。
＊24 「民族的自覚への道」二四四頁。
＊25 「民族的自覚への道」二四五頁。
＊26 「民族的自覚への道」二四五頁。

あしざまにいうことが、耳についてならなくなったからでした。はじめのうちは、私は、そんなに悪く言われる朝鮮人とは自分は関係がないのだと思って、きさながすようにつとめましたが、おなじことを何回となくきかされると、自分のことを、卑怯な朝鮮人だとばかにされているような気がして、腹が立ってきてならなくなったのです。[*27]

小学校、中学校と長く「見えない人間」としての学校生活を積むなかで、そうした環境でのサバイバル術を十分会得してきたのだろう、学校での友人との人間関係に大きな葛藤をおぼえるようなことはなくなっていた。だが学校外の仕事の場で、またもや「見えない人間」の立場を再認識させられた。それが抜粋5のエピソードである。まさにその場に日本人しかいないことを前提に発せられた、「朝鮮人をひどくあしざまにいう」言葉。こうした言葉に在日が遭遇する契機は、ネット社会の今日、ますます増えているに違いない。いつ果てるともなく繰り返される状況……。そんな朴に、自分のことを周囲に打ちあけたい、すなわちそれまで閉じこもっていた「クローゼット」から「カムアウト（外出）」したいという思いがきざすようになる。ちなみにクローゼット／カミングアウトは、もともと同性愛者の間で使われ出した用語対である。自らの同性愛を周囲に打ちあけることを比喩的に、クローゼットから外に出る（カミングアウトする）ことになぞらえた。前川直哉はゲイ雑誌が同性愛者にとってのクローゼット・メディアだったと指摘するように[*28]、必ずしもクローゼットは当事者にとって否定的な存在ではない。在日朝鮮人教育でいえば、朝鮮学校の存在は安心安全な環境のもとで民族的主体をはぐくむクローゼットだと言えるかもしれない。しかし朴のように日本の学校に通う在日にとってクローゼットは己の内面だけにしか存在せず、彼をカミングアウトにつき動かしたのは、自分を安心して委ねられる公共空間への飢餓感だった。

＊27　「民族的自覚への道」二四五頁。

＊28　前川直哉『〈男性同性愛者〉の社会史——アイデンティティの受容／クローゼットへの解放』第三章。

＊29 「民族的自覚への道」二四六—二四七頁。

抜粋6

といって、力のありそうな大人たちをあいてにして喧嘩をする勇気はありませんでした。そうしたなやみをいだいているある日国語の教師が、クラス全員に、いま考えていることをノート一ページに書いて出せといいました。私は、朝鮮人は損だ、高校や大学を出ても満足に就職もできない、自分は何のために高校なんかへきているんだ、といった内容を書いて出しました。私が、日本人に向って自分が朝鮮人であることをうちあけたのは、このときがはじめてでした。

私がその気になったのは、自分のなやみを誰かにうったえずにはいられなかったからなのですが、ひとつは、その教師が若くはつらつとした女性で、いつもやさしく私たちにたいしてくれたので、私は、ついあまえた気持になったからかもしれません。

女教師は私を職員室に呼んで、君の気持はわかるが、いま君にとって一番必要なことは勉強じゃないか、というようなことをいわれました。私は全然理解してもらえないというらだたしさと余計なことを書いたという後悔の念で、うなだれたまま職員室を出ました。

……

私は、やはり日本人らしく生きたい気持でした。それで自分の気持をひきしめるようにして、また学校へ熱心に通いはじめました。二年生になってからも、私はずっと級長をつとめました。野球部では、練習をなまけるといって叱られてはいましたが、私の学校のチームは、兄のいた頃とは違ってすっかり弱くなっていたので、私はかかせない選手の一人でした。とにかく、私は二年生の一学期までは、成績もずっと上の部でした。[＊29]

日本人への初めてのカミングアウトは、国語の若い女教師に対してだった。ノートに朝鮮人として感じている将来への不安、人生の意味を問う言葉をつづって提出した。しかし先生から返ってきた反応は、「君の気持はわかるが、いま君にとって一番必要なことは勉強じゃないか」というものだった。朴は、指導者の立場にもある教師に対して、朝鮮人である自分を丸ごと受け止め、方向づけや勇気を与えてくれる言葉を期待したのかもしれない。だがその思いは教師に受け止められず、はぐらかされた。この事例ではカミングアウトの相手は教師だったが、中学や高校において、在日朝鮮人生徒が意を決して、親友に自分の出自をカミングアウトすることもよくある。そして、日本人の友人の反応に、朴と似たような幻滅を味わったというケースも多い。「そんなの関係ない」「何人であっても友達に変わりはない」等々がありがちな反応のようだ。

こうした反応を返す日本人の側が、相手の言葉の重さをまったく感じていないとは思わない。だがその重さに耐えきれず、とりあえずその場を取り繕うような言葉（在日の友人に自分の好意を伝え、友情の確認の場として状況をおさめようとする言葉）を発してしまう。ではどう返せばいいのか、と問われたら、それには正解はないと答えるしかないだろう。私がその場に身をおいたとして、似たり寄ったりの反応しかできないに違いない。ただ、その場に身を置いたからこそできることはある。自分の返した反応に相手がどう呼応したか、それを全力で感取することだ。たとえば国語の教師なら、朴が「うなだれ、職員室を出ていく」姿が目に入るはずだ。「何人でも友達でいよう」と返した言葉に、在日の友人がみせた一瞬の表情のかげりが見えるはずだ。相手の在日が自分の反応になぜ失望したのか、脱力したのか、その問いをずっと心にもち続けることが、次の機会に新たなコミュニケーションを開くきっかけにならないとも限らない。

さて、葛藤をかかえながらも外面的には「優等生」の高校生活を続けてきた朴も、高校生活後半になると、あそびを覚えて次第に「問題生徒」とみなされるようになっていく。

抜粋7

高校二年の夏休みになって、私はまたアルバイトにはげむことになりました。どうせやるなら金になる仕事がいいということで、名古屋港にいって沖仲仕の仕事を世話してもらいました。昼夜二四時間通しではたらくと一万円もらえるのです。非常に危険のともなう仕事で、作業中に船底や海中におちて、瀕死の重傷をうけることもあるのですが、仕事のつらさも忘れて、私は一万円もらうことに夢中でした。一日休んで二四時間はたらくということを一〇回ばかりくりかえし、私はうまれてはじめて大金をつかんだ気持になり、同年輩のいとこと共に名古屋のさかり場に遊びに出かけました。……その数日の間に、私は煙草を吸い、酒をのむことをおぼえ、すっかり遊びぐせがついてしまいました。せっかくかせいだ金をつまらんことで浪費したことをしった長兄と母は、私をせめたて、私も絶望的なことを出まかせにいって、ますます母や兄を怒らせました。とどのつまりは、私は家を出ることになりました。[*30]

抜粋8

その頃、次兄は夫婦して、名古屋市のはずれで小さい八百屋をひらいていました。……私は次兄の家においてもらうことになり、二学期から、一時間半もかかる電車通学をはじめました。朝はやい兄の商売を手伝いながら学校へ通うので、私は昼近くなって学校へ着くというありさまでした。私はそういう事情を誰にもはなしませんでしたので、学校の教師たちは私に愛想をつかしはじめました。また、私は生徒たちの前で、これみよがしに煙草を吸ってみせたりしたので、学校のなかのてにあまる問題生徒は、ほとんど私のまわりにあつまるようになりました。

……

いわゆる問題の生徒たちのなかで、私は中心人物の一人のようにみられ、学校で何か問題がおこると、いつも私の名前が出るようなありさまで、私の全然かかわりあわないことまで、私がうしろで糸を引いているようにいわれていました。[*31]

＊30　「民族的自覚への道」二四七頁。

＊31　「民族的自覚への道」二四七―二四八頁。

このようにやや自暴自棄気味になってしまった朴だが、抜粋6のエピソードとのつながりで考えてみよう。国語の女教師にカミングアウトした思いを受け止めてもらえなかったことで、彼は再び「クローゼットの中」に閉じこもってしまった。それから二度と外へは出ようとしなかった。一方、「問題生徒」とみなされるようになって以降、行動は派手になり多くの仲間とつるむようになった。しかしそれは本質的には、「クローゼットの中にとどまること」と矛盾しない行動、つまり「見えない人間」をひきずったままの行動だった。

高校生活の後半、このように教師から「愛想をつかされ」てしまったことが、次の職業への「移行」における教師の関与のあり方に影響した可能性はある。日本的慣習とされる「移行」への学校の強い教育的関与が、差別のただ中にある在日朝鮮人生徒にどう作用したかを、次項で見ていこう。

4．就職差別——学校は何を「冷却」したのか

三年生になると、朴の在籍する商業科には各企業から求人票が貼り出されるようになる。ここで自身の民族的出自が頭をもたげてくる。しかしそこで意識されたのはやはり、それが就職への足かせになりうるかもしれないという、否定的契機としての民族であった。そのなかで目に止まった会社が一社あった。

抜粋9

求人数は求職希望生徒の一〇倍近くで、生徒たちはよりどりみどりという風でした。どうせ申込んでも、朝鮮人なんかやとってくれるところはないだろうと思いながら、私は掲示板が気になって丹念にみまわしていました。

ふと中に、戸籍謄本を必要としないという会社の名がみあたりました。たしかアイビーエム・コンピュー

ターといい、外国資本関係の会社でした。

私は担当教師に、さりげなくその会社に申込めないだろうかときいてみました。するとその教師は、言下に、お前なんかはいれるところじゃないと、つめたくはねつけられてしまいました。

私は屈辱を感じ、二度と就職のことは口にしませんでした。[*32]

朴が求人票の中から惹かれたのは、外資系の会社の、戸籍謄本の提出を求めないという部分であった。その後のなりゆきを暗示するエピソードである。というのも高校卒業後、二つ目の勤め先にいるときに新聞で日立製作所ソフトウェア戸塚工場の求人広告を見つけ、応募することになるからだ。その際、会社指定の履歴書（社用紙）に本籍地を記載する欄があった。自身の外国人登録証には「韓国慶尚北道」にはじまる地名が書かれていたが、[*33]それではなく愛知県西尾市の出生地の住所を書いた。また氏名欄には通名の新井鐘司と書いて応募した。「日本の大企業は朝鮮人を絶対にやとわない」という話を兄や先輩から「耳にたこができる程」聞いていたからである。[*34]選考に通り採用内定が出た後、確認のため戸籍謄本の提出を会社から求められた。ここで朴は、戸籍謄本が出せない理由と代わりに外国人登録証明書を持参したい旨伝えた。すると会社の態度が急変し、「一般外国人は採用しない、会社の規定がそうなっている、履歴書に本当のことを書かないからいけなかったのだ」[*35]と解雇を通知された。この対応を就職差別として提訴したのが、のちに日立就職差別裁判として広く知られるものである。審理と並行して、解放教育運動にとりくむ教師の間で、差別的な記載事項を多く含む社用紙を使わせず、シンプルな書式の「統一用紙」を使わせる動きが広がっていく。[*36]

話をこのエピソードに戻そう。ここに登場する教師の反応は、言った本人からすれば高嶺の花の志望先（「お前なんかはいれるところじゃない」）から本人を現実へと引き戻す、いわゆるクーリングアウト（冷却）を促すだけのものだったかもしれない。だが生徒の背景を考えれば、なぜ彼が戸籍謄本を要しない

＊32　「民族的自覚への道」二四八—二四九頁。

＊33　「民族的自覚への道」二五二頁。

＊34　「民族的自覚への道」二五二頁。

＊35　「民族的自覚への道」二五五頁。

＊36　全国大学同和教育研究協議会「全国の学生の就職差別を防ぐには」。

外資系を志向したかを察することができたはずだ。もし教師が民族的出自を把握していなかったとすれば（後の文脈からその可能性は低いが）生徒への配慮不足だし、朝鮮人生徒だと知った上での発言であれば、在日が置かれた環境に対する認識があまりに不足していたということになるだろう。

抜粋10

ある日、担任教師は私を呼びつけ、お前の日常のやりかたをみていると大学へなんかはいれそうもないから、はやく就職したがいい、朝鮮人でも親切にやとってくれるところがあるから、そこへ行かないか、お前のいけるところはそこしかないと、強引におしつけてきました。

私は迷いましたが、その日のうちに、その会社の人事課の人がきて、私は面接をさせられ、すぐ車で会社につれていかれて、入社の手続書を書かされました。[*37]

前段のエピソードで教師との間に大きな溝ができ、朴はもはや教師のサポートを期待しなくなった。しかし学校の選別機能は生徒の属性をえらばずはたらいた。「大学なんかはいれそうもない」と進学をあきらめさせるクーリングアウト機能である。そして素裸のまま外へ放り出すのは忍びないと考えたのか、最低限の体面だけはとりつくろいたいと考えたのか、学校側は「朝鮮人でも親切にやとってくれる」就職口をどこからか見つけてきたのである。後に同和教育運動の高まりのなかで、在日生徒も含めたマイノリティ生徒に対する進路保障の取り組みが確立されていくが、ここでの学校の対応は進路保障の思想とは対極にあるものである。「朝鮮人でも」という言葉に象徴されるように、在日生徒の就労を社会権の一部である権利と考えるのでなく恩恵と捉える点で、他の日本人生徒との間にダブルスタンダードを設定するものだった。

結局学校から斡旋されたこの会社に入社するが、会社から足もとを見られ、その処遇には不満がつの

＊37　「民族的自覚への道」二四九頁。

るばかりだった。

抜粋11

結局、何処もいくあてのない私は、学校を卒業して、その会社につとめることになりました。従業員二百名ばかりのT鈑金というこの会社では、予想に反して、私にプレス工としての現場の仕事をいいつけました。商業科出身で工員になったのは一人もいないので、私はめんくらいました。肉体労働にはなれている私なので、工員としてはたらくことは何でもありませんでしたが、いかにも、やとってやったのだから文句はいわせない、といった風な会社のおしつけがましい態度には、抵抗を感じないではいられませんでした。[*38]

この後、「高校の先輩で同胞の人」が世話してくれた別の会社に移る。はじめのうちこそ「希望通り経理の仕事をさせてくれ」たが、しばらくすると「現場の仕事もおぼえてもらう必要があるという会社のいいぶんで、またしてもプレス工の仕事をさせられることに」なった。[*39] そこで前記のように日立の求人広告を目にし応募する。そして書いたとおりの経緯で就職差別に遭遇することになった。解雇が決定し打ちひしがれた朴は、母校の高校教師のもとを訪ねて事情を話す。

抜粋12

私は、大地が闇に閉ざされたような絶望を感じました。そして、やはり兄のいった通りだったのか、というなげきと空虚感でまるで夢遊病者のような足どりで、学校にいきました。

私は、担任の教師にあって事情をはなし、日立に無事入社できるようにあっせんしてもらうためでした。私の顔をみた教師は、すぐ、日立からお前にあきらめるように説得してくれと電話があったが、学校で世

＊38　「民族的自覚への道」二五〇頁。原著の表記を一部変更した。

＊39　「民族的自覚への道」二五〇頁。

話したことではないから関係ない、といって返答をしたと、はなし出しました。

それをきいて私は、ものをいう気力もうしなってしまいました。教師は、朝鮮人としてうまれた運命だからあきらめろ、といったことをならべて、私をなぐさめましたが、そのような言葉は、針のように私のいたむ心をさすだけでした。

教師たちは、私に、運送会社の運転手の口を紹介するといい出しましたが、私は、ほとんど口もきかずに学校をあとにしました。[*40]

ここでもまた朴は高校教師とすれちがいを経験する。解雇の撤回を実現することは難しくても、就職差別にあったくやしさをまずは受け止め、共感することが教師のなすべきことであったが、その場を糊塗する対応がくりかえされた。「朝鮮人の運命だからあきらめろ」と語りかける相手はすでに生徒ではない。対等な社会人としての他者だ。運転手の口を紹介しようと言い出す対応もふくめ、学外に出た者にたいしてなお「クーリングアウト」に努めようとする。ただしここで「冷却」の対象になるのは野心や大望ではない。それは「差別への怒り」に水さす発言だった。体制に順応し、長いものには巻かれろという言葉を教師に発させてしまうような、そうした本質を、日本的慣行としての「学校から職業への移行」は宿していると考えるべきだろう。

一九七〇年前後の日本の公立学校は、このように「見えない人間」の経験を再生産する舞台をただただ提供し加担するだけだった。在日朝鮮人が「クローゼット」から出て「見える」世界に足を踏みだすのを手助けすることにかけては、絶望的無能をさらけ出していた。当時、在日朝鮮人の子どもに寄り添おうとする日本人教師たちが運動スローガンに「民族学校の門まで連れていく」ことを掲げた背景に、こうした絶望的現実があったことは知っておきたい。だがやがてそうした「良心的責任放棄」を乗りこえて、日本の学校の教師として在日朝鮮人生徒に何ができるかをつきとめて考え、行動する者があらわ

＊40 「民族的自覚への道」二五五―二五六頁。

れるようになる。時代はもう一九八〇年代に入っていた。[*41]

おわりに：「日立裁判」以降の朴鐘碩

本講では、一人の在日朝鮮人の生い立ちにあらわれた、「見えない人間」の学校経験に焦点化してきた。言うまでもなくそれは、朴鐘碩の人生の全体性に到底せまることができていない。フォローになるかどうか分からないが、朴の「日立裁判」以後をここに記しておきたい。[*42]

朴の訴訟のそもそもの起こりは、べ平連（ベトナムに平和を！市民連合）活動をしていた慶應義塾大学の日本人学生たちに励まされてのものだった。そこに加わったのが、のちに川崎市桜本の地域活動をともに担っていく盟友となる崔勝久だった。かれらが中心になって「朴君を囲む会」を結成し、支援の核となった。日本人中心の裁判闘争支援では当初、「日本人と変わらないのに辞めさせたことは不当であるという論理」[*43]で押し通そうとした。しかしこれに崔は異議を唱えた。この裁判は日立の行為が民族差別であることを明らかにし、日本社会の民族差別の実態を明らかにするものである。同時に朴君自身も生き方を問い直し、本名を取り戻していかねばならない、と。これは、崔自身が「被害者意識としての民族意識」[*44]しか持てない自分と向き合い、その歪みの克服を自らに課していたことに連なるものだった。朴はなかなか展望をみいだせない裁判や生活にいらつくことが多く、崔らの存在を避けていたが、やがてその主張を理解するようになり、居を川崎市に移して、教会の仲間たちと川崎の集住地区（桜本）を根拠地に行政闘争や子ども会活動に参加するようになった。在日朝鮮人によるこうした市民運動や地域活動は前例がなく、既存の民族団体からは白眼視された。日立闘争に対しても、日本の大企業への入社を支援することは在日の同化につながるとする批判が投げつけられた。こうしたなか、朴や崔らの周囲に集まってきたのは、民団や総連から距離をおく若い世代の在日や、孤立状態だった日朝ダブルの人たちだった。

＊41 『増補新版　包摂と排除の教育学』第七章、第八章。

＊42 崔勝久「「日立闘争」とは何だったのか」、朴鐘碩「続「日立闘争」——職場組織のなかで」、崔勝久「原発体制と多文化共生」、朴鐘碩「日立就職差別闘争後の歩み」。

＊43 「「日立闘争」とは何だったのか」三八頁。

＊44 「「日立闘争」とは何だったのか」三六頁。

日立に入社した朴は、会社で慣れないコンピューター・プログラム開発の仕事をおぼえるのに必死で、会社での自分と、入社後も続けていた川崎での民族運動や地域活動との亀裂に悩むようになる。ストレスから胃潰瘍で入院したこともある。入院を契機に、会社の過酷な労働環境はもちろんのこと、形骸化した組合活動にも疑問をいだき、社内でも積極的に問題提起をするようになった。労使協調の「日本的」企業体質を、九〇年代以降さかんに自治体が称揚する日本人と外国人の「共生」に重ね、その安易な流通に警鐘をならす議論を展開している。また近年では二〇一一年三月に発生した東京電力福島第一原発事故を受け、日立の労働者として原発問題に対する責任を自覚していることを表明し、日立の原発輸出に反対する論陣を張っている。

以上が朴鐘碩の近況である。ここで再度、本講冒頭のラルフ・エリスンの言葉「見えない人間とは、周囲が見ようとしないことによって作り出される」に立ち返ってみよう。朴によってつまびらかにされた学校経験は、日本社会を映す鏡のようなものである。今日、多文化共生等々という言葉によって学校の中のマイノリティに少しずつ光が当たり始めている。だが共生というスローガンにはどこか傲慢な響きがある。これまでマイノリティを見ようとせず、さんざん「見えない人間」を作り出してきた同じ口が、そのスローガンを唱えているからだ。「見えない」ことを強いられた人々の告発に呼応して、今度はそれを作り出してきた側の応答責任がいま問われている。

参考文献

＊朴鐘碩「民族的自覚への道――就職差別裁判上申書」朴君を囲む会編『民族差別――日立就職差別糾弾』亜紀書房、一九七四

崔勝久「「日立闘争」とは何だったのか」崔勝久・加藤千香子編『日本における多文化共生とは何か——在日の経験から』新曜社、二〇〇八
——「原発体制と多文化共生」西川長夫・大野光明・番匠健一編著『戦後史再考——「歴史の裂け目」をとらえる』平凡社、二〇一四
エリスン、R（松本昇訳）『見えない人間』（Ⅰ）（Ⅱ）、南雲堂フェニックス、二〇〇四〔Ellison, R., *Invisible Man*, Penguin Books, 2001 (originally published in 1952)〕
板垣竜太「朝鮮学校への嫌がらせ裁判に対する意見書」『評論・社会科学』一〇五号、同志社大学、二〇一三
キング、S（山田順子訳）『スタンド・バイ・ミー』新潮社、二〇一〇（King, S. "The Body," in *Different Seasons*, Hodder & Stoughton, 2012 (originally published in 1982)）
倉石一郎『包摂と排除の教育学——マイノリティ研究から教育福祉社会史へ〔増補新版〕』生活書院、二〇一八
前川直哉『〈男性同性愛者〉の社会史——アイデンティティの受容／クローゼットへの解放』作品社、二〇一七
水野直樹・文京洙『在日朝鮮人——歴史と現在』岩波書店、二〇一五
朴鐘碩「続「日立闘争」——職場組織のなかで」崔勝久・加藤千香子編『日本における多文化共生とは何か——在日の経験から』新曜社、二〇〇八
——「日立就職差別闘争後の歩み」西川長夫・大野光明・番匠健一編著『戦後史再考——「歴史の裂け目」をとらえる』平凡社、二〇一四
朴三石『知っていますか、朝鮮学校』岩波書店、二〇一二
竹内洋『学校と社会の現代史』放送大学叢書、左右社、二〇一一
全国大学同和教育研究協議会「全国の学生の就職差別を防ぐには」『部落解放と大学教育』第三一号、全国大学同和教育研究協議会、二〇一八

第8講

「スクールカースト」という擬似問題
［格付け、そんなに気になる?］

S・キング作／B・デ・パルマ監督『キャリー』（原作一九七四年・映画一九七六年）
朝井リョウ作／吉田大八監督『桐島、部活やめるってよ』（原作二〇一〇年・映画二〇一二年）

キーワード

「カースト」的序列化
いじめ
他人指向型社会
体育の授業
プロム（舞踏会）
ジェンダー秩序

はじめに：スクールカースト論への違和感

近年のアメリカでは学校を舞台にした銃乱射事件があとを絶たない。そのたびに銃規制の是非が議論され、二〇一八年には全米の高校生が規制を訴えるデモに立ち上がったのが記憶に新しい。ところでこうした事件の何割かは、元いじめ被害者による学校への「復讐」（その実加害者はもう学校にいないのだが）を意図したものだという。銃がアイテムとして考えられない日本からは縁遠い話だし、いかに被害者としての言い分があっても許されない行為だ。だが心の中でこうした「復讐劇」を一度も夢想したことがない人がいるだろうか。少なくとも私には身に覚えがある。小説や映画が「夢を売る」商売だとすれば、本講でとりあげる『キャリー』（一九七四年原作、図8-1）はその禁断の「夢」にかたちを与えたものである。また近年の日本でのヒット作『桐島、部活やめるってよ』（二〇一〇年原作、図8-2）は、もっと穏便なかたちで「夢」——それは序列の下位に苦しんでいた者が上位者の鼻をあかす「下剋上」のかたちをとる——を表現している。

図8-1 『キャリー』（ブルーレイ発売中、一九〇五円+税、20世紀フォックス ホーム エンターテイメント ジャパン ©2015 Metro-Goldwyn-Mayer Studios Inc. All Rights Reserved. Distributed by Twentieth Century Fox Home Entertainment LLC.)

図8-2 朝井リョウ・著『桐島、部活やめるってよ』／集英社文庫

『キャリー』は、現代アメリカの大作家スティーヴン・キングのオフィシャルなデビュー作である（第6講『スタンド・バイ・ミー』も参照）。この本のペーパーバック権が四〇万ドルで売れた[*1]ことで彼はハイスクール教師の職を辞し、専業作家生活に入ることができた。教師の仕事をこなしながらいつ来るともしれぬ作家デビューを夢見て日夜原稿を書きつぐ生活はきっと苦しかったに違いない。だがその後のキング作品の中にときおり垣間見られる学校世界への細やかな筆致は、離れてなお教職生活に対する愛が彼の中で持続していることを感じさせる。『ボディ』（映画『スタンド・バイ・ミー』の原作）も興味深い作品だったが、学校生活の日常的リアリティは後景に退いていた。それに対して『キャリー』は、その舞台が教職経験のあるハイスクールということもあり、作者の筆致は学校の日常世界の細部にまで及んでいる。この作品はいじめや「カースト」的構造という学校生活のダークサイドを衝撃的に描いたものだが、それはやはり学校や教師が織りなす世界への強い思い入れなしに産まれようがないものと考えられる。キングの学校愛・教職愛が逆説的に表現されたものだろう。

ところで『キャリー』は原作以上にブライアン・デ・パルマ監督による映画化（一九七六年公開）が大成功をおさめ、ホラー映画史上に残る傑作として知られている。また周知のように作品では、主人公のいじめられっ子少女キャリーが実はテレキネシスという超能力の持ち主という設定で、この能力がハイスクールの卒業舞踏会（プロム）で爆発し、周囲を大惨事に巻き込む大復讐劇がクライマックスに待ち受けている。さらにキャリーの異質性の背景として描かれるキリスト教原理主義（福音派）の異形性も、本作品を日本の文脈に引きつけにくくしている。こうしたホラー・SF・宗教の要素があまりに強烈である分、それ以外の文脈で、まして教育学的文脈での解釈など、寄せつけない作品と思われがちだ。しかし他方でこの作品をホラー・SF愛好者の専有物にしてしまうのはあまりに惜しい。そんな逡巡にかられていたところを後押ししてくれたのが、近年の「スクールカースト」論の隆盛に感じる違和感である。ホラー・SFの最高峰というあまりに強烈な文脈に抗して敢えて本講では、原作と映画を両にらみしつつ『キャリー』を手がかりに、近年跋扈している「スクールカースト」論、さらには広義の「いじめ」論に棹さす試みを展開したい。

後半では、現代日本の高校における「カースト構造」を描き、「下剋上」の逆転劇をクライマックスに持ってきている点で『キャリー』に類比される作品である『桐島、部活やめるってよ』（原作二〇一〇年・映画二〇一二年）にも言及する。

1．「いじめ」と「カースト」の関係性

本講でとりあげる「カースト」とは、学校に所属する子どもたちの世界内部で、インフォーマルに決められる序列づけのことである。あくまでインフォーマルな序列だが、どれほど頭が悪くても「この判断だけは誰も間違わない」[*2]と言われるように、万人を服従させるほどの高い説得力をもつとされる。現代的と目されるこのような現象はしかし、案外古くから文献で指摘されていた。たとえば一九五〇年に著された消費社会論の古典と言われるデイヴィッド・リースマンの『孤独な群衆』。その他人指向型社会の描写において、子どもたちの間で行われる格付けや序列化に言及している。それによれば六歳ぐらいから始まる序列化は「趣味 taste」に基づくもので、「これらの判定を無視するということはこどもにとってできない相談だ。……こどもたちは、いまだかつてないほどこうした判定によって左右されるようになってきている」[*3]。

こうした序列化現象と「いじめ」はどのような関係にあるのだろうか。序列の下位に位置づけられた者が潜在的ないじめ被害者になるのだ、と聞かされればなんとなくわかった気にはなる。だがそれは蓋然性を指摘しただけであって、序列化といじめとの内的、必然的な結びつきを示したものではない。その欠落を補うヒントが、先のリースマンの議論に隠されているように思う。

趣味の良し悪しに基づく子どもの間での序列化は、リースマンによれば他人指向型社会を端的に特徴

＊1　キング、S（田村義進訳）『書くことについて』一一二頁。
＊2　朝井リョウ『桐島、部活やめるってよ』八九頁、九〇頁。
＊3　リースマン、D（加藤秀俊訳）『孤独な群衆』上、一九九頁。
＊4　『孤独な群衆』上、一九八頁。
＊5　貴戸理恵『「コミュ障」の社会学』。
＊6　文部科学省初等中等教育局児童生徒課『平成二八年度「児童生徒の問題行動・不登校等生徒指導上の諸課題に関する調査」（確定値）について』二〇一八年、二九頁。

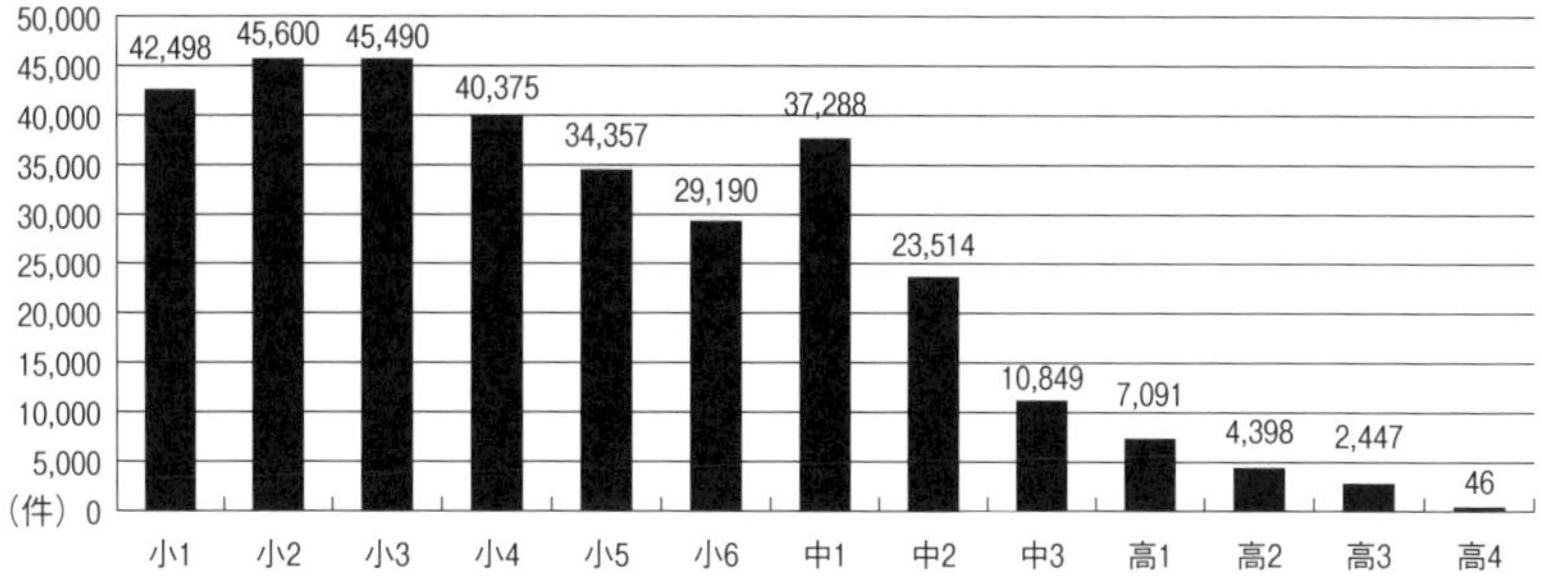

図8-3　学年別いじめの認知件数のグラフ（国公私立）

づける現象である。その社会では「人目に立つというのは……最大の悪徳」[*4]と見なされ、集団に同調することが何より大切なこととされている。もしそうだとすれば、序列化の真のねらいは、同調能力が低く集団の和を乱すと目される異端者のあぶり出しと排除にあると考えることができそうである。リースマンの時代には「趣味」がポイントだったが、現代の序列化現象において圧倒的なウェイトを占めるのは「ノリ」の良さ・悪さである。貴戸理恵はこれを「コミュ力」を尺度とする序列として整理している。[*5]つまり序列の上位には集団に違和感なくなじめる「ノリ」の良さを備えた人間、すなわち「コミュ力」の高い者が座り、下位に位置づけられるのは空気が読めず「ノリ」の悪い人間、いわゆる「コミュ障」たちだというわけである。

以上よりいわゆる「カースト」現象（序列化）といじめは、ともに秩序からの特定者の排除という本質を同じくすることがわかった。では両者の分かれ目はどこにあるのだろうか。この点を考える手がかりとして、小学校一年から高校三年までの、学年別いじめ認知件数の統計を参照したい（図8-3は二〇一六年度[*6]）。

じつはここ数年、従来の「いじめ」論の常識を覆すような傾向がデータに現れている。長らくいじめ発生のピークは中学校の前半期と考えられてきた。ところが最新のデータによれば、ピークはもっと早い小学校の低～中学年に現れているのだ。ここから読み取れるのはよりシンプルな傾向、すなわち中学校入学直後に少し揺り戻しは来るものの、概して学年があがるにつれいじめは落ち着き、逓減していくという傾向である。もっともここで注意せねばならないのは、近年の統計が示すのがいじめの発生件数でなく認知件数だという点である。二〇〇六年にいじめの公式定義が変更され、身体的・客観的苦痛よりも精神的・主観的苦痛に重心が置かれるようになった。被害者当人がいじめと感じればそれはいじめなのだ、というわけである。この定義変更が、小学校の特に前半期の件数を劇的に押し上げるのに与ったことは容易に推測できる。さらにここから、次のように類推することができるのではないか。集団同調圧力やそれに基づく序列化（「カースト」現象）は、小学校の初めから高校の終わりまでおそらく途切れることはない。ただ、それを苦痛に感じるのは学校世界の新参者として過ごす一時期だけのことであり、徐々に慣れとともにそれらに対する無感覚が学ばれていく結果、認知件数としては減少していくのではないか。

同調圧力に基づく排除という本質は同じでも、いじめは認知可能な苦痛を発生させるのに対して、序列化（「カースト」現象）はよりエレガントに、巧妙に作用する。子どもが低年齢のころは、教師その他による「いじめ対策」の介入が行われ排除が食い止められる可能性がいささかなりとも存在する。だが年齢が上がるにつれその可能性は乏しくなり、排除が大手を振ってまかり通るようになる。高校段階までなると、もはや何者もそれを阻止できなくなる。『キャリー』も『桐島』も、そんな無法（無風）地帯としての高校（ハイスクール）を舞台にしているのは偶然ではない。

2．トラッキングと「カースト」的序列

「いじめ」と「カースト」現象が地続きであることを論じてきたこれまでの議論では、一貫して、それがあくまでインフォーマルなものであり、子ども世界における自然発生的現象であることを強調してきた。しかし、そのインフォーマル性（生徒の世界での完結性）には一定の留保がつく点をここでおさえておきたい。大人（すなわちこの場合は教師）もこの序列の存在を意識して生徒に接する（時にこの序列を生徒管理に利用する）点において、その秩序の加担者でありうる。また、一見自己完結的に見える子どもの中での序列にも、外部の権力秩序がひそかに入り込んだりそれが無意識に密輸入されたりしている場合もある。その点をきちんと描いているのが『キャリー』、特にキングによる原作である。

この作品の主要な登場人物はキャリー（キャリエッタ・ホワイト、シシー・スペイセク演）、クリス（クリス・ハーゲンセン、ナンシー・アレン演）、スー（スーザン・スネル、エイミー・アーヴィング演）の三人

の女生徒だ。序列ではクリスが女王的な位置に君臨、スーは腰巾着としてその次に位置し、キャリーは最底辺という構図である。家庭背景も対照的だ。クリスの父は敏腕弁護士、スーも豊かな中産家庭の出身、それに対してキャリーの家は母子家庭で貧しく、母親はランドリーで働いている。三人は同じユーイン・ハイスクールに通っているが、学内でクリス・スーの二人が、キャリーとは異なるコースを履修している点はおさえておくべき重要なポイントである。

> キャリーとはこれまでせいぜい百語ぐらいしか言葉をかわしたことがなく、しかもそのうちの三、四十がきょうに集中していた。チェンバレン・ジュニア・ハイを卒業してから、二人が顔を合わせるのは体育の時間だけだった。キャリーは商業課程（commercial/business course）に進み、もちろんスーは進学課程（college division）だったからである。[*7]

第6講の『スタンド・バイ・ミー』との類比で言えば、商業課程はショップ・コース、進学課程はカレッジ・コースに対応する。後者だけが大学進学に通じ、恵まれた家庭や人種的マジョリティの子がこちらに振り分けられやすいのは既述のとおりである。ひとたび異なるトラック（階層化された各コースのことを米国でこう呼ぶ）に振り分けられた者同士は、同じ学校といえどもほとんど顔を合わせる機会がない。ただ体育の授業だけは共通に履修するので、そこはごく限られたコンタクトの場となる。作品冒頭を飾る残酷なできごとが出来するのがこの体育の時間にほかならないのだが（次項）、小憎らしいほど見事な舞台設定と言わねばならない。ともかくいま確認しておくべきは、子どもの意図とは無関係に定められた制度的なしつらえ（総合制ハイスクールにおける階層化された《トラッキング》コース分けの仕組み）も、時に序列化秩序を後押しすることがあるという点だ。序列の上位に位置する者に顕著な特徴の一つは、下位者への徹底的無関心である。ハイスクールの階層的コース制度は、両者の接点をごく限られた機会にし

＊7　キング、S（永井淳訳）『キャリー』七二頁。強調は筆者による。（King, S. *Carrie*, p.47）

ぼることを通じて、上位者の下位者に対する無関心を醸成する。制度が子どもたちの間の序列秩序を補完することがあるゆえんである。

もう一つ、『キャリー』の登場人物たちの「カースト」的序列のかげにちらつくのがジェンダー秩序である。クリス、スーにはそれぞれ、ビリー、トミーという彼氏がいて、二人とも、のちの舞踏会（プロム）でキャリーを罠にはめるクリスらの陰謀で重要な役割をはたす。トミー（ウィリアム・カット演）は町一番のハンサム・ガイでスポーツ選手として学校代表に選ばれるような模範生徒である。「カースト」的地位も当然高い。根は真面目で地味なスーが、序列の中でそれなりに高い位置を占めたのは、「トミーの恋人の座」を彼女が占めることができたのが与って大きいのではないか。他方、女王の座に君臨するクリスが、男子トップのトミーではなく、崩れた感じの不良のビリー（ジョン・トラボルタ演）を相手に選んだのが興味をひく。

> クリスのような人気者の金持の娘が、なぜ髪をポマードで撫でつけ、黒い皮のジャケットを着て、排気管の音をわざと大きくしたシヴォレーのロード・マシーンを乗りまわす、一九五〇年代からやってきた見知らぬタイム・トラヴェラーのようなビリー・ノーランに魅力を感じるのか、スーには理解できなかった。[*8]

クリスはその美貌、親の地位と財力、押しの強さですべてを手に入れられる地位にある。だから男子トップのトミーが具現しているものには、もはやまったく食指が動かない。一方、ビリーが体現していたのは、善悪の彼岸で汚れ仕事をものともしないタフネス、野性であった（ビリーは学外のならず者集団を統率する顔役である）。女子「カースト」最上位のクリスは、学校という狭いコミュニティの枠をはみ出た剝きだしの悪や暴力を選択し、我が物としたのだ。現に彼女が企図したプロムを舞台とする陰謀は、ビリーたちの野蛮な行動力を必要とした。まさに「賢明」な選択だったたのだ。

*8　『キャリー』一〇九頁。

そして最後に、キャリーにはまったく男性の影がない。この背景に横たわっているのはキリスト教原理主義者である母親による抑圧であった。キャリーの男っ気のなさの主な原因はその母親にあり、彼女自身の特性は副次的だ。だが原因はともあれ、男子との縁遠さが女子「カースト」における彼女の劣位と結びついていた点はまちがいない。女子「カースト」構造の決定には、このように「見られる性」としての女性がおかれたジェンダー秩序が深くかかわっているのだ。

3．体育の授業で可視化される序列

『キャリー』は体育の授業（女子の種目はバレーボール）のシーンから始まる。一方『桐島』のなかで、映画オタクで低位「カースト」に位置する前田涼也がこんな呪詛を内心で発している。「男子の体育はサッカー。サッカーってなんでこうも、「上」と「下」をきれいに分けてしまうスポーツなんだろう。[*9]」しかしことはサッカーという一種目に限定された話ではない。なぜ体育（球技）の授業が、「カースト」現象の要諦なのだろうか？

現代日本における序列化がいわゆる「コミュ力」、言語スキルに重心を置くようになっていることを先に論じたが、いくら言語的といっても根底にあるのは身体的次元への関心である。身体性から切り離して、言語やコミュニケーションを論じてみても意味がない。言語技術の巧拙が序列を左右するのでは必ずしもない。「判定」の対象となるのは、発信する身体まるごとなのだ。身体が発するのは言語的メッセージだけとは限らない。むしろ、身のこなし、服の着こなしといった非言語的な部分にこそ豊かな内容がつまっていると考えるべきだろう。体育の時間とは、そうした「発信する身体」の全体性がまるごと衆人環視の前にさらされる時空間にほかならない。それゆえその時間は、カースト的序列が鮮烈に可視化され、その妥当性を再確認するまたとない儀礼的な場となるのである。

それでは『キャリー』の冒頭のシーンにもどってストーリーを追っていこう。バレーボールのゲーム

＊9　『桐島、部活やめるってよ』九七頁。

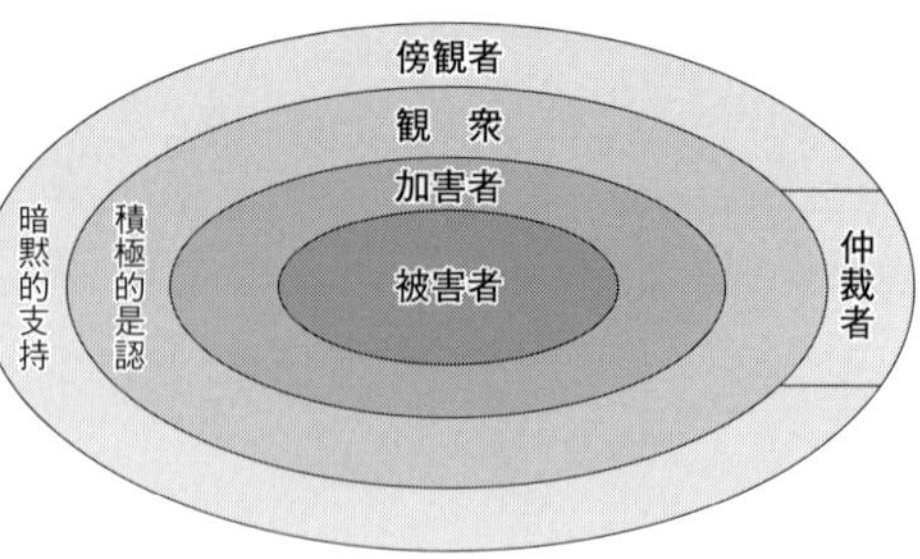

図8‐4　いじめの四層構造
（出典：森田洋司・清永賢二『いじめ――教室の病い［新訂版］』五一頁）より作成。

＊10　『キャリー』一一頁。
＊11　『キャリー』一三―一四頁。

で、ボールを前に体がすくんでチームの足を引っぱるキャリーに、周囲から悪罵が投げつけられる（この場面は映画のみ）。続いてシャワールーム（ロッカールーム）での着替えのシーン。ここで衝撃的なできごとが起こる。キャリーに突然初潮がおとずれたのだ。体から出る血に泣き叫びパニックになるキャリー。まわりは唖然とするが、すぐに彼女を取り囲んで囃しだす。その中心にいるのはもちろんクリスだ。

「せ・い・り！」
　最初にはやしたてたのはクリス・ハーゲンセンだった。その声はタイルの壁にぶつかり、はねかえってまた壁にぶつかった。スー・スネルは鼻を鳴らして笑いあえぎながら、憎しみと嫌悪と腹立ちと憐れみが奇妙に入りまじった感情に襲われた。この子ったら、なにが起きたかも知らずに、ばかみたいに突っ立っている。ああ、たぶん彼女はいつまでも[10]――……
　突然、タンポンが一個、彼女の胸に当ってぽとりと足もとに落ちた。赤い花が脱脂綿を染めて、さっと拡がった。やがて嫌悪と侮蔑と反感の入りまじった笑いが高まって、とげとげした醜悪ななにかに拡がってゆくかに見え、女の子たちは自分のバッグや壁ぎわのこわれた自動販売機から取りだしたタンポンや生理用ナプキンで、彼女を爆撃しはじめた。それらは雪のように飛びかい、「タンポン入れろ、入れろ、入れろ」の一大合唱が始まった。スーもみんなと一緒になって、タンポンを投げつけながら歌っていた。自分がなにをしているかもよくわからずに[11]――……

　この中ではスーの事態に対する距離感がおもしろい。よく知られている森田洋司らの「いじめの四層構造」の図式（図8‐4）にあてはめてみるなら、キャリーが被害者、クリスが加害者の位置にあるのは揺るぎないとして、「鼻を鳴らして笑いあえぐ」スーはそれを囃して面白がる観衆の位置にありそうに見える。だが彼女は「憎しみと嫌悪と腹立ちと憐れみが入りまじった感情」におそわれ、ついには「しっかりして、キャリー、あんたは生理なのよ！」「早く手当てをして！」[12]とキャリーを叱咤する。この時スーは事態をより突き放してみる傍観者の位置に近づき、この状況からキャリーを救おうとするかのような言葉は、そこからさらにいじめを断ち切る仲裁者の位置にさえ進み出るかにさえ見えた。だがタンポンのぶつけっこが始まると、スーは他愛もなくその輪に加わっていく。ちょうどその場に体育教師デジャルダンが踏み込んできたので、彼女も現行犯の一員として、主犯格のクリスと同罪に問われることになってしまった。特にクリスはキャリーに対し強い逆恨みをいだき、プロムでの陰謀を思い立つ。他方でスーは事態に対する距離感がちがっていた。四層構造のなかでさまざまな位置の間を揺れ動いていたがゆえに、キャリーに対する感情は複雑なものだった。

4．カーストからの解放1——底辺からの反撃

ロッカー（シャワー）ルームに踏み込んだデジャルダン先生は、はじめ唖然としたがすぐにキャリーを手当てし、別室に移した。彼女を落ち着かせて早退させると、さきほどの事件の主犯者たちへのペナルティについて教頭と相談を始めた。デジャルダン先生は、キャリーに対して女生徒たちがおこなったことが人の道に外れる「汚いこと《シット》」[13]だと怒り心頭に発し、「三日間の登校停止とプロムへの出席禁止」という厳罰に値すると考えた。卒業を間近に控えた彼女らにとって、年度末に開かれるプロムはハイスクール生活最後にして最大のイベントである（後述）。だが結局、「ユーインの学校当局者は男性だけなので、あなた方のやったことがどんなにひどいことか、よくわからなかった」[14]せいで、罰は「一週間の居残り」だけとなった。

ただし「居残り学習」とは、デジャルダン先生自らが監督し「体育館でへとへとになるまで絞られる」というものだった。犯行グループのうちクリスだけがこの居残りへの参加を拒否し、その罰として

＊12　『キャリー』一二頁。

＊13　『キャリー』九三頁。

＊14　『キャリー』九四頁。

「三日間の登校停止とプロムへの出席禁止」を食らうことになってしまった。彼女は弁護士である父親を使って校長らに処分の撤回とデジャルダンの更迭をせまったが、学校側はそれに屈しなかった。プロムに出席できなくなったクリスは密かに、それを台無しにする野望をはぐくみ始める。一方、生真面目なスーはもちろんおとなしく居残り授業を受けた。しかしその最大の理由はキャリーへの償いではなく、トミーといっしょに最後のプロムに出席したいという一心だった。

ある日、町の飲食店でスーはビリー（彼氏）と一緒にいるクリスと鉢合わせる。その場でクリスは先日のキャリーとの一件をむしかえしスーの偽善性を責め立てる。

「あんた達もわたしと一緒に帰ってくれたらよかったのに……ねえ、スー、なぜそうしてくれなかったの？そうすればこっちの勝ちだったのよ。あんたまで学校側の手先だとは思わなかったわ」

スーは顔が火照ってくるのを感じた。「ほかの人はどうだか知らないけど、わたしはだれの手先でもないわ。自分が悪かったと思ったから罰を受けたまでよ。だってわたしたちはひどいことやったんだもの。わたしの意見はこれでおしまい」

「嘘おっしゃい。キャリーのやつは、自分と母親以外の人間はみな地獄へ堕ちるといいふらして歩いているのに、それでもあんたは彼女の肩を持つ気なの？　いっそあのナプキンをあいつの口に押しこんで黙らせるべきだったのよ」

「それもいいわ。じゃまたね、クリス」スーは立ちあがって、ボックス席から出た。

「まさか、ジャンヌ・ダルクを気どろうってんじゃないわね！　自分だってみんなと一緒にタンポンを投げつけてたくせに」

「ええ」スーは震えながら立ちどまった。「でもわたしは途中でよしたわ」

「ほんと、ごりっぱなこと。[*15]……」

＊15　『キャリー』一一三頁。

*16 『キャリー』一一四頁。

これだけのやりとりだが、スーは「すっかり気が転倒してしまって、涙も出なければ腹も立たなかった」。なぜなら「けんかをしたのは小学校時代の髪の引っぱりあい以来これがはじめてだった。それに原則を積極的に支持したのもまた、生まれてはじめての経験だった」[*16]からだ。補足すれば、これはスーにとって、カースト的序列において自分より上位にあるクリスに対して、面と向って異議を唱えたはじめての経験だった。学校の仲間集団の同調圧力に抗して、自らの原理原則を主張したはじめての機会だった。何かが彼女のなかで変わろうとしていた。

それにしてもクリスから受けた偽善性攻撃は、手痛い傷をスーに残した。たしかにあの場においてスーはいじめをはやす観衆の一人であった。そこに弁解の余地はない。自己内に芽生えた道徳心を彼女なりに実践するため、スーは思い切った行動に出る。トミーに対して、最後のプロムにキャリーをエスコートして出席するよう頼んだのである。あれほどトミーに同伴されてプロムに出席するのを夢見ていたのに、である。その話を切り出されたトミーは当惑したが、最後にスーの思いを察してその願いを受け入れる。そしてトミーはキャリーをプロムに誘う。もちろんキャリーは驚き、戸惑う。母親は、これは何かの間違いだから断った方がいいと忠告する。しかし最終的にトミーの申し出を受け入れた。スーはプロムの裏方にまわり、舞台設営などを手伝うことになった。

ここで、米国ハイスクール文化の根幹にあるプロムについて若干説明しておく。長谷川町蔵・山崎まどかの解説がわかりやすいので引用しよう。「プロムの基本は保護者や学校関係者の監督下にあるダンスパーティ。カントリー・クラブのボール・ルームやデコレーションを施した学校施設が会場で、男女ともに正装が義務づけられる。男女一組で出席することが基本。男子はリムジンを借りて女子を家まで迎えに行き、彼女の両親の目の前でコサージュを渡して一緒に食事をすることがプレ・プロム・イベントとして儀礼化している。会場にはプロのカメラマンが入って、ダンスの合間に出席カップルの記念撮影を行う。パーティのハイライトは、生徒の投票によるプロム・キングとプロム・クイーンの選定。これに選ばれることは、学校で一番の勝ち組であった証拠である」[*17]。このように手間もお金もかかる大イベントが、政府や教育委員会から強制されるでもなく（当たり前だ）、学校慣習として脈々と続いてきた。その起源は二〇世紀初頭であり、一九三〇年代には定着したという。ダンスパーティという上流階級文化を一般庶民にも開放するという民主革命的な性格がもともとあったプロムだが、『キャリー』にみるように今日では学校内の序列を再確認・強化したり、差別や抑圧の手段に転化したりしている。ちなみにジュニア・プロムとシニア・プロムの二種類があり、『キャリー』で描かれているのは卒業生が主役のシニア・プロムである。

さて、学校一のイケメンのトミーが、誰からも蔑まれていたキャリーをプロムに誘ったというニュースは瞬く間に学校中を駆けめぐった。その情報はクリスの耳にも入る。ここで彼女は残忍な陰謀を思いつく。プロムを破壊し、キャリーを地獄の底に叩き落すという二つの願望を同時にかなえてくれるような陰謀を。プロムで毎年キングとクイーンが投票で選出され、選ばれた二人は壇上で祝福を受けるのは前述の通りだが、クリスの奸計は、このシチュエーションを狙ったものだった。まず、生徒たちの投票結果を操作して、キャリーとトミーのカップルが今年の「キング・クイーン」に選ばれるように仕向ける。選ばれたキャリーが戴冠を受けるべく、晴れがましく舞台にあがる。その瞬間、彼女の真上に仕掛けられたバケツの中身がぶちまけられる。中は真っ赤な豚の血で満たされている。彼女は壇上で豚の血にまみれたみじめな姿をさらし、満場の失笑を浴びる……。そしてクリスの計画はみごとに、一寸の狂いもなく実行に移された。荒仕事には、ビリーとその手下を動かした。キャリーは真っ赤な血にまみれた姿を舞台の上にさらすことになった。

クリスのこの一連の行動は、キャリーを標的にした一連のいじめ・排除行為の延長線上、あるいはその集大成と言えるものかもしれない。だが同時にそれは、キャリーへの精いっぱいの償いをプロムの場で行おうと画策したスーに対する、いわばその「反逆」への懲罰の意味合いもこもっていたのではない

＊17　長谷川町蔵・山崎まどか『ハイスクールU・S・A――アメリカ学園映画のすべて』二〇頁。以下のプロムに関する記述も同書による。

か。クリスからみればスーは、女子「カースト」序列の一段下に位置する取り巻きの一人であり、歯牙にもかけない存在だった。それがシャワールームの一件では、状況から距離を取って傍観者、下手をすると仲裁者にまわりかねないふらつきをみせた。さらに飲食店で、自分に面と向って「ひどいことをした」とその行いを詰る批判的意見をぶつけてきた。これが明確な「反逆」でなくて何だろうか。このように考えると、「豚の血の陰謀」はキャリーと同時にスーをも標的とするものだったと解釈できる。

周知のようにこのあと、キャリーのテレキネス（念力）が炸裂して大復讐劇が始まる。原作では町中の人が焼き殺されたが、映画では校内にいた多くの人々が犠牲になった。この大殺戮劇の迫力では圧倒的に映画に軍配が上がるだろう。幸福から一転汚辱にまみれた直後からのキャリーの凄まじい表情はわすれがたい。クリスも、デジャルダン先生も、キャリーの母親も、誰も彼もが殺されていく——そしてスーだけが生き延びた。だが私は、この復讐劇にそれほど大きなカタルシスをおぼえなかった。逆に、作品がクライマックスに近づくにつれ、自らの奸計に酔い破滅への道を突き進んでいく女王クリスに、何とも言えない悲哀を感じるようになっていった。卒業がせまり、ハイスクール生活に終止符がうたれたとき、「カースト」的序列のトップに君臨した彼女の立ち位置もまた終焉をむかえる。プロムの当日、そんなメッキが剥げつつあるクリスを、ビリーでさえもが冷たい目で見始めていた。

ビリーは彼女との仲がいつまで続くかと考えていた。おそらく今夜からあとはそう長続きしないだろう。なんとなく最初から、すべてがこのことに結びついていた。事が終れば、彼らを結びつけていた膠は薄くなって溶けてしまい、おたがいに最初はどんなふうだったかも思いだせなくなってしまうだろう。そのうち彼女がしだいに女神のイメージから遠ざかり、典型的な良家の子女に見えてくるだろう。そうなると少しばかり彼女を痛めつけてやりたくなるかもしれない。いや、大いに痛みつけてやりたくなるだろう。[*18]

*18 『キャリー』二〇四頁。

序列の上位に君臨してきた者が、最後に手下からの反逆を受け、ならず者（ビリーとその仲間）を使っての凄惨だが滑稽な復讐劇に身をやつすほかない、そんな哀れな末路を描いた作品として、『キャリー』を読むことができるかもしれない。だとすればそれは、「スクールカースト」が擬似問題であること、すなわちひと時の学園生活に咲いたあだ花のようなものに過ぎないことを告知する作品としても、解釈できるのではないだろうか。

5．カーストからの解放2――序列が無意味化されるとき

先に述べたように、『桐島、部活やめるってよ』にもまた、「カースト」的構造の下位に位置づけられた者が上位者の鼻をあかす逆転劇がえがかれている。ただその「逆転」の仕方に大きな違いがある。『キャリー』では当人が念力の使い手であったという荒唐無稽な設定になっていて、その復讐劇は、教育学的議論の射程の及ばない遠いところに行ってしまった。それに対し『桐島』では逆転はより地味に、当事者だけに感知されるようなごくさりげない形で生じる。その瞬間を原作は「そのとき俺［注、菊池宏樹。スポーツ万能で人気の男子生徒］はひかりを感じた」[＊19]という言葉でとらえ、映画では屋上のシーン、前田涼也［オタク生徒。神木隆之介演］を前に、菊池［東出昌大演］がひかりの輪の中で涙を流すシーンとして描かれている。いずれもほんとうに美しい場面だ。

『桐島』における「カースト」的構造は、ジェンダー秩序に規定されている点でも『キャリー』に似ている。男子の序列トップ（『キャリー』ではトミーだろうか）の菊池宏樹は、女子の序列二位の沙奈（『キャリー』におけるスーの役どころ）と結びついている。ちなみに菊池は野球部に所属しその才能を嘱望されるが、情熱を失って幽霊部員化してキャプテンから逃げ回っている。女子のトップに君臨する梨紗（『キャリー』のクリス）はバレー部のエース桐島と付き合っているが、この桐島は部活をやめると言って行方をくらます。空虚な中心として作品全体を支える存在で、半分共同体の外部に身を置いてい

＊19『桐島、部活やめるってよ』二〇〇頁。

る点ではビリーとやや似ているだろう。他方、男子の序列の下位に位置する前田や武文には、基本的に女っ気はない。

非常に興味深いのは、『桐島』においても『キャリー』と同様、体育の時間が一つのポイントになっている点だ。既述のように体育の時間は、カースト的序列が可視化されその妥当性が再確認される儀礼的な場である。下位に位置する者にとってはまたとない苦痛な、耐えがたい時間である。この耐えがたきを耐え、忍びがたきを忍んでやっと解放された授業直後に前田と武文がみせた光芒が、一瞬にして菊池を打ちのめすのだ。これは原作のプロットだが、ほんとうに小憎らしいほどよくできている。

原作では、体育の時間のリアリティが、異なる複数の視点(「カースト」的序列に規定された)から描かれている。まずは、前田涼也の視点から。

もうゴールの近くまでボールは運ばれていたのに、

武文は空ぶった。

(中略)

あの一瞬で、グラウンドじゅうのため息が全部武文へと降りかかるのを感じた。それは僕にも降りかかってきたような気がした。

次に、サッカーの場面をスポーツ万能の菊池の視点からみるとこうなる。

「なにやってんだよ宏樹ー!」

「ミスすんなよー!」と友弘が尖った声を出す。今のは俺のミスってことで片づけられるんだな、と頭の中で確認して、シューズのつま先をトントンとした。ああやってミスしても、ミスすんなよーとか言ってくれる感じの奴もいないって、やっぱちょっと、さみしいよな。映画部の奴を見て思う。自分がミスしたのにそれすらもなんとなくもみ消されて、自分がいないように扱われて、女子なんかにそれを笑われて、なんかやっぱ、むなしいよな。

このあと、菊池の視点からの語りは以下のように続く。体育の授業終了後、彼が前田と武文に「ひかりを感じる」時が唐突におとずれる。

俺はすぐ近くに、同じチームの映画部の姿を見つけた。俺のパスをうまく処理できず、そのまま点を取られてしまったシーンを思い出す。真っ黒な後ろ髪を見ながら、俺は、肩をトントンと叩いて、「気にすんな」くらい言ってやろうか、と思った。

（中略）

「武文」

「なにとぼとぼ歩いてんだよ、今日から撮影やっぞ！」

前田の目が開いた。どこか広い世界へと続く扉が開くように、前田の目が開いた。

そのとき俺は、ひかりを感じた。開いた扉の向こう側からこぼれ出たひかりの線を見た気がした。「わかってるよ」と言って、前田は武文と呼ばれる男子と共に足早にグラウンドから去っていく。[*20]

前田の視点からは、自分に都合の悪い記憶（サッカーでのミス）がきれいさっぱり消去されている点も面白い。それよりこの場面で重要なことは、本来「カースト」上位者は下位者に対して徹底的に無関心でコンタクトも皆無であるにもかかわらず、壁をのりこえて菊池のほうから前田に話しかけようとしたことだ。彼はこのとき、カースト的序列構造から「降りた」のだ。降りたからこそ、「下位」の前田や

＊20 『桐島、部活やめるってよ』一九九―二〇〇頁。

武文らが放つ光芒を感じ取ることができたのだともいえる。当事者だけで、いや当事者にさえ気づかれずひそかに起こった圧制からの解放劇だ。

ところで菊池にこうした行動をとらせたのは、彼をとらえた「むなしさ」の感覚だ。彼はすべてを手に入れている。スポーツ万能で体格もよく、人気者で彼女もいる。成績・家庭背景ともまあまあのようだ。[*21] だがそこに何の意味も見いだせないでいる。前田や武文には、映画という好きな物があって、カースト的序列構造に日々傷つきながらも、映画への愛がすべてを帳消しにしてくれる。そういうものが自分にはどこにもない。宏樹とつながることで女子内で「上位」をキープしている沙奈に対しても、冷めた憐憫の情しか持てないでいる。

だけど俺は、本当にたまに、だけど強烈に、沙奈をかわいそうだと思う。

（中略）

ダサいかダサくないかでとりあえず人をふるいにかけて、ランク付けして、目立ったモン勝ちで、そういうふうにしか考えられないんだろう。

だけどお前だってそうだろうが、と、夕陽に長く伸びる自分の影を見て思った。[*22]

この沙奈に対する菊池の「憐憫」から、私は改めて現今のジェンダー秩序のもとでの男子の特権性を認識した。男子には、カースト的序列から降りる「自由」もあれば、序列の下位に甘んじながらも人知れず光を（オタクという地位を確保することで）発しつづける「自由」も保障されている。もちろん、女子にもそうした余地は皆無ではないだろう。だがまだまだ男子に比べて、序列や同調圧力へのとらわれを超えた境地にまで至る道のりは、けわしい隘路なのではないだろうか。

原作における両者のコンタクト（この場面では寸前で未遂に終わるのだが）と「逆転劇」は、映画では

＊21　宏樹は漠然と「東京のそこそこの私立大学に行って毎日楽しく騒ぎたい」という進路意識を持つとある。地方の進学校という設定で、かつこうした進路を夢想できることから、ほどほどの成績と家庭背景に恵まれていると推察した（『桐島、部活やめるってよ』一八一頁）。

＊22　『桐島、部活やめるってよ』一八八頁。

よりドラマティックに描かれる。原作にない、屋上でのシーンである。行方不明だった桐島が屋上に姿を現したという（フェイクの？）情報を聞きつけて、皆が次々に駆けつけてくる。するとそこでは、前田や武文ら映画部の面々が自主ホラー作品『生徒会オブ・ザ・デッド』を撮影していた。バレー部員らが見切れて撮影が台無しになるが、謝る気配もない。そこでついに前田涼也が立ち上がる……。クライマックスは、数々のホラー映画に対するオマージュが捧げられ、ファンには堪えられないことだろう。すべての「祭り」が終わり、やはり映画部が蹴散らされ敗北に終わったあと、夕陽の中で前田と菊池が穏やかに語り合う。原作の「ひかりを感じる」シーンをここに持って来たのだ。涙なしには見られない場面だ。

おわりに：他人指向型社会の歪み

本講では、近年いわゆる「スクールカースト」現象として耳目を集めるところの、学校や教室を舞台とする子どもたち相互による序列化をテーマにしてきた。近年注目を浴び、と言われるが、同調圧力の高まりや集団からの承認が子どもたちに死活問題の意義を帯びる現象は古くリースマンの時代から指摘され、いわば古くて新しい問題であること、また近年のいじめ統計に言及し、集団から外れる者への圧力や制裁が学年が上がるにつれ苦痛として感じられなくなり、認知件数としては減少するがその分、高校段階では排除や序列化が地下潜航し、闇は一層深くなる点を指摘した。その上で、高校（ハイスクール）を舞台にこの「闇」とその劇的な打破をモチーフにした日米二つの作品、『キャリー』と『桐島、部活やめるってよ』を読み解いてきた。

両作品とも生徒たちの世界の暗部を徹底して描いたが、『キャリー』では絶望が反転して残忍な復讐劇を生む。一九九九年四月発生のコロンバイン高校銃乱射事件を暗示するようだ（同事件に関連してはマイケル・ムーア監督のドキュメンタリー『ボーリング・フォー・コロンバイン』が有名）。一方『桐島』では、序列は永遠に続くものの絶望の底からかすかに「世界の広がり」が遠望された。これらの作品から、排除や序列化への怒り、序列に一喜一憂することのむなしさ・愚かしさばかりでなく、高校卒業後にはまた別の人生が開けている可能性にも思いを致すことが可能だ。逆に学生時代の生きづらさなど大人から振り返れば、「天国」に思える場合だってあるだろう。そうした思いを込めて「擬似問題」と呼ぶ。

［付記］学校内の序列関係を描いた作品として、日本ではもうしばらく『桐島、部活やめるってよ』が決定版・最高峰であり続けるかもしれない。一方アメリカでは『キャリー』（一九七六年）以降、このジャンルで傑作が続々と生まれている。学園映画に新境地を開いたのがジョン・ヒューズ監督だが、どの作品でも序列構造をしっかり描いている。中でも『ブレックファスト・クラブ』（一九八五年）は白眉。休日登校を命じられた五人の生徒の一日を追っただけのストーリーだが、非日常的シチュエーションの中でこそ発生する「階級」を超えた生徒間の交流が描かれる。もっと最近では『ミーン・ガールズ』（二〇〇四年）が注目だ。権勢を極めた「女王」が序列トップを降りてから自分をとりもどす様が描かれる。序列逆転のさらに向こう側を描いた点では『キャリー』『桐島』より深いかもしれない。なお『キャリー』は二〇一三年にリメイクされた。いじめられっ子キャリー役に「世界一美しい顔」（そんな取り合わせ、現実にありえるか？）と騒がれる女優クロエ・グレース・モレッツを起用した点が評価の別れどころだ。

参考文献

＊キング、S（永井淳訳）『キャリー』新潮社、一九八五［King, S. *Carrie*, Hodder & Stoughton, 2011（originally published in 1974）］
＊朝井リョウ『桐島、部活やめるってよ』集英社文庫、二〇一二
長谷川町蔵・山崎まどか『ハイスクールU・S・A――アメリカ学園映画のすべて』国書刊行会、二〇〇六
貴戸理恵『「コミュ障」の社会学』青土社、二〇一八

キング、S（田村義進訳）『書くことについて』小学館、二〇一三
森田洋司・清永賢二『いじめ――教室の病い［新訂版］』金子書房、一九九四
リースマン、D（加藤秀俊訳）『孤独な群衆』上、みすず書房、二〇一三

第Ⅲ部　学校というシステム

「学校における人種隔離は違憲」という画期的判断が下ったブラウン判決の舞台、カンザス州トピカ市の旧モンロー校（黒人学校）跡（第12講参照）

第9講

「非凡」を育てる教育、「平凡」を育てる人づくり

[近代家族と学校の共犯関係]

▒柳田國男「平凡と非凡」(一九三七年)

キーワード

旧制高等学校
教育する家族
笑の教育
消極教育
デュルケーム『社会分業論』
等級制と学級制
単級学校

はじめに:交錯する「非凡」志向と「平凡」願望

人に先んじたい、他人より優位に立ちたいと思うこと、あるいは我が子が(我が子だけは)そうなってほしいと願うのは、やましいことなのだろうか。その当否はともかくとして、こうした気持ちの存在を否定することは誰にもできないに違いない。また、近代学校が選別機関でもあることを考えれば、こうした人びとの思いに学校教育は応えざるをえない。いや、人から抜きん出たい(我が子が抜きん出てほしい)という欲望に支えられて、いまも選別機関としての学校は機能し続けているのだ。

だがそれと同じぐらいに根強いのが、自他が「平凡」であることの希求だ。子どもや若者への近年の意識調査を見ても、立身出世への意欲は概して低調で、「ほどほどの生活、ほどほどの幸せ」を理想の将来像とする声が多いようだ。また人を育てる側の最大の関心も、プロスポーツや芸能界のような一部の華やかな世界をのぞけば、数(十)年に一度の傑出した人材の発掘よりも目前のニーズを満たす「一人前」をいかに効率よく育成するかにあるのではないだろうか。こう考えると、平凡への希求は、非凡

図9-1　第二高等学校正門
（出典：白崎民輔編『仙台アルバム』大正四［一九一五］年、七頁）

願望と拮抗するほど大きな力のように思える。選別機関であると同時に広く大衆に開かれている日本の初等・中等レベルの学校では、せめぎ合うこの二つの力をどのように調停しているのだろうか。

この問題を、さしあたりはムラの伝統的人づくりと近代学校の相克として、深く洞察したのが柳田國男である。膨大な著作群をもつ柳田だが、本講で取り上げるのは「平凡と非凡」という小文である。旧制第二高等学校（東北大学教養部の前身、図9-1）で一九三七年六月四日に行われた講演をもとにした文章である。まず旧制高校とはどんな場所かという話題から始め、柳田の論点である伝統社会の人づくりと近代学校教育の対照性を、デュルケーム『社会分業論』の議論にも重ねながら読み解く。その上で、柳田自身が理屈通りにはいかぬと仄めかした日本の学校教育の曖昧さ、つまり非凡の育成に徹しきれず平凡教育になお未練を残した点について、日本的学校慣行としての「学級」の形成史を明らかにした佐藤秀夫の研究に依拠して論じていく。興味深いことにここに「単級学校」が顔を出す。第2講の教職の女性化で登場した、アメリカの牧歌的な田舎で標準的だったワンルームスクールだ。意外なことに近代公教育をデザインする明治期の権力者がこの仕組みに目をつけ、推進しようとした。それは平凡と非凡の希求がせめぎ合うなか、どうそれを調停するかという課題と関係していた。

ところで柳田の文章にはもう一つ、リアルな文脈として政治参加や民主主義の問題が考えられる。近年の話題と言えば選挙権年齢が一八歳に引き下げられ、若者の政治参加の機会が拡大したことだろう。だがその影でもっと深刻な事態が進行している。地方の市町村議会や首長選挙で、選挙が成立せず無投票当選となるケースが激増しているのだ。公職に立候補しようとする人材の枯渇である。民主主義とは自分たちの仲間の中から相応しいリーダーを互選する仕組みであるとすれば、それがいま危機に瀕しようとしている。一方で我々の心には、どこか雲の上のような別次元にいる英雄の到来を待ち望む気持ちがある。民主主義とはこの英雄願望を断ち切って、ベストは望めなくてもベターな選択を、仲間内から行うことである。ところが仲間内から誰も名のりをあげなくなるとどうなるか。より遠くにいる、声の届きにくい政治主体に判断を委ねるしかなくなっていく。民主主義の空洞化である。

以上のように民主主義を捉えるとすれば、選別機関としての学校もまたそれに不可欠のピースであることがわかる。近代学校には少なくとも原理的には、門地家柄に関係なく広く国民各層のなかから磨けば光る「原石」を探し出し、時間をかけてでもじっくり育て上げリーダーを作り出そうとするはたらきがある。民主主義と近代学校は似たような志向性をもつ兄弟分なのだ。ところがこの学校システムが巨大化・官僚化するとこれと逆の作用が生じてくる。東大を頂点とする学歴ヒエラルキーを全ての人が目指すようになると、高学歴者ばかりのパワーエリート集団が生まれる。こうして形成された「中央」のリモートコントロールが強まると、自治や民主主義は地方から逆に衰退に向かっていく。もともと仲間内から輩出されたエリート集団が「雲の上の英雄」と化し、判断や決定をかれらに委ねようとする力がはたらくようになる。柳田國男が「非凡」を作り出す機関としてとらえた近代学校には、民主主義に親和的な部分と民主主義を脅かす性質とが拮抗しせめぎ合っている。このようなリアルな読み方ができることを確認したうえで、柳田の文章を読み解く作業に入っていく。

1．柳田國男、「非凡」な高校生に「平凡」を語る

柳田國男が「平凡と非凡」と題する講演の聴衆として選んだのは仙台の第二高等学校（旧制）の生徒だった。彼が聴衆の存在を十分意識して語っていることは、次の出だしからも察せられる。

> 自分は二十何年来、平凡人の歴史を専門に研究しているものであるが、今諸君のごとき一国の優秀なる青年と対談するに当っては、また改めてここに掲ぐるような一つの問題を、問題として深く考えてみずにはいられない。我々は現在いかなる程度にまで、前人のいまだ説かざることを説き、または考えることを許されているのであろうか。時代を同じじゅうする国内同胞の多数のもの、千人の中の九百九十人までが、す

でに確信しもしくは予期しているところのものに、どれだけまでは妥協譲歩し、またどれだけまでは批判訂正かつ啓発するのが、国を新たにするために最も有効であるか。この点が決定していなければ、たった一つの講演も実はできない。学問に志す者にとって、これはまことに大なる悩みでなければならぬ。これより世の中に出て働こうとする諸君等のためにも、あるいは欠くべからざる準備の一つかと私は考えている。[*1]

「一国の優秀なる青年」云々は、自他共にスーパーエリートと認ずる高等学校生徒へのリップサービスとしては月並なものだ（ちなみに生徒と言っても、旧制高校は今日の高校とは全く違い、れっきとした高等教育機関である）。だが彼が生徒たちに投げかけた問い、「前人のいまだ説かざることを説き、または考えることをどの程度まで許されるのか？」はどう解釈したらよいだろうか。竹内洋の研究によれば、高等学校のカリキュラムの特徴を一言で言えば教養主義、つまりそれは西洋近代の人文・社会・自然科学分野を幅広くカバーしており、外国語（西洋語）の授業も三分の一強を占めていた。柳田が講演した一九三七年には下火になっていたが、五年程前までマルクスや社会主義思想も高校生の教養の一角を成していた。[*2]だから彼らは普段から最先端の西洋近代の学問や文化に触れる、知的エリート予備軍であり、その後、知識人として「前人のいまだ説かざることを説き、考える」こと、すなわち知の最前線を切り拓くのを期待される立場の若者たちであった。いわば、彼らにとって自明な科学的進歩主義の価値観に柳田は敢えて疑義をはさみ、それが「どの程度まで許されるのか？」と問うている。しかもこのことをしっかり考えるのは、生徒たちの将来のための「欠くべからざる準備」とまで言うのである。

柳田が「前人のいまだ説かざること」、すなわち近代の科学知に対置するのが「千人の中の九百九十人までが、すでに確信しもしくは予期しているところのもの」だ。後者の中には俗信や迷信、根拠のない偏見等も含まれるだろうが、長い年月をかけて民衆が生活経験の中で打ち立てていった民衆なりの知恵や生活知をそれは意味していた。たしかに迷信との区別もつけづらい民衆知や生活知は、大学への進

＊1　柳田國男「平凡と非凡」『柳田國男全集　二七』五四三頁。

＊2　竹内洋『学歴貴族の栄光と挫折』二六八頁。竹内洋『教養主義の没落――変わりゆくエリート学生文化』五〇頁。

学が約束された知的エリート集団たる高等学校生徒にとっては度し難い、歯牙にもかけない存在かもしれない。だが柳田は敢えて、エリートが自らの教養や科学的素養にたのみ、大衆の中に根づいた生活知を一顧だにしない態度をとる危うさに警告を発した。生徒たちはやがて社会に出て、「千人の中の九百九十人」と相まみえることになる。たとえ指導的立場で接するにしても、机上で学んだ理屈どおりに大衆が動いてくれる保証はない。むしろ待っているのは「妥協譲歩」の連続である。そうしたときへの備えとして、自らが行っている「平凡人の歴史」の研究知見が役立つのではないか。決して才気走ってはならない。くだんの問いにはこうした含意が込められていた。

「平凡人の歴史」を探求する有効な方法として柳田が挙げるのは「めいめいがもう少し以前の生活を考えてみること」「以前はどうであったかということ、我々の親たちはこういう場合にどうしていたかということを、回顧してみること」[*3]である。自分の親世代の経験を柳田は「前代の経験」と呼ぶが、これはおよそ三〇年から五〇年前ほどの「近過去」であり、歴史や伝統として敬意を払うには新しすぎる。そのためそれは「往々にして今日の思索から、粗末に取り扱われ総括的に見縊られている」[*4]が、この軽視されがちな「少し以前の生活」を見直し再評価してみようというのだ。

ここで再び前掲の竹内洋の研究を参照すれば、旧制高校生の出自の中心は一九二〇年代には完全に都市中間層にシフトしていた。貧しい農村出身者が刻苦勉励して入学を勝ちとる可能性はかなり狭まっていたというのだ。[*5]とすれば、柳田が前にしていた二高の生徒たちの大半も都市生活者として、今日我々がムラ社会と呼ぶ農村的社会秩序からすでに切り離されていた可能性が高い。彼らは生まれながらに新中間層の価値観のなかで純粋培養されて育った口なのだ（竹内が「学歴貴族」と呼ぶゆえんである）。同時にそれは、「非凡」を旨とする近代学校システムで純粋培養された人間たちでもあった。生まれながらに「平凡」から遠ざけられて人間形成を遂げてきた旧制高校の若者に向けて、「平凡」の奥深さを語ろうとするチャレンジングな試みを、以下、柳田の言葉に即して追っていきたい。

＊3 「平凡と非凡」五四四―五四五頁。

＊4 「平凡と非凡」五四五頁。

＊5 『学歴貴族の栄光と挫折』二八五頁。

2.「非凡」をめぐる近代家族と近代学校の共犯関係

この柳田講演の本旨は、前代（前近代）における人づくり・人間形成システムの特質を明らかにすることにあった。だが柳田のすごいところは、前代を論じたその返す刀で、近代教育の本質をズバッと斬ってみせたことである。

　そこをみる前にまず、柳田が旧式・新式の「二つの教育群」なるものの存在とその特徴（平凡・非凡）を述べている部分を確認する。続けて柳田は、自分もまた新式にどっぷり浸りながら育った立場（一高から東大）を自覚しつつ、一見すると新式が旧式を駆逐し圧倒したかに見える現代でも、旧式教育を決して侮ってはならないと生徒たちに警告する。新中間層出身の学歴貴族、いわばボンボンのエリート生徒に対して、自分たちとは異なる旧式教育の道を歩みながら人格を磨き一人前になる同世代の若者が大勢いること、まずはその異質性を認めなければならないと教え諭しているのである。

> 二通りの一つはもちろん前からあるもの、第二の新しいものは書物を読むことをもって特色とし、そうして他の一方の古くからのものを、平凡として軽蔑することが教えられたのである。幸か不幸か私などもこの第二の群に属していた。諸君等も定めし大部分はこの非凡階級の子孫であろうと思う。この仲間は優秀機敏の者も多かったが、中にはかなり批評ずきの、少しく同情の足りない、しかもいつまでも群衆を器械などのごとく、引き廻してみたいというような無理な夢を抱く者が、少しずつその間から出て来たのである。[*6]
>
> 　そうして程もなく書を読み外界を知るということが、非常に役に立つ時代が出現したがために、きわめて短かい期間にそれが今日のごとく、一般の風となり、少なくともこうして社会の表面だけは、一方の新しい教育によって、蔽われてしまうようになったのである。

　しかしこの表面の現象すなわち読書教育の普及によって、ただちに旧式教育法の没落を推断するのは誤

＊6　「平凡と非凡」五四六頁。

りである。今でもこの二つのものは儼乎として対立している。そうして必ずしもまだ完全には調和していないのである。すなわち諸君は自らが中学以来歩んで来た道筋以外に、別に今一つ青年の養成法があって、それが最も由緒ある国固有のものであり、かつ幾つかの点において自分たちの受けたものと、方向を異にするものなることを知っておらねばならぬ。この二つの一方を受けるということは、同時に他の一方の棄権を意味していたことに心づかねばならぬ。……都市で成長した人たちには、時としてそれに気のつく機会のなかった人があるかも知れぬ。全国の青年たちは一様に、同じ一本路を遅く早く、後れ先だって走っているように、思っている人がないとも限らぬが、村に入ってみるとこの差別は一目でわかる。二種のまったく経験を異にする若者が、互いに何の交渉もなしに、それぞれに自分の流儀の大きくなり方をしていることが容易に認められる。[*7]

同世代のノンエリートは「同じ一本路を遅く」走っているのでなく別世界に暮らす人間として、序列の上下のメガネを外して一定の敬意をもって接しようという柳田の言葉は、どこまで旧制高校生徒たちの胸に届いただろうか。当時の学校制度は複線型であり、小学校六年間の義務教育が終わる時点で大きく階層分岐するシステムだった。世界が別なのだという言葉も、この制度と関連づければある程度理解可能だったかもしれない。だが戦後の単線型学校システムの中で生きる我々に、特にその中で「勝者」として最高学府にコマを進めた者たちに同種の想像力が、すなわち自分が歩んで来た道筋とは別の「大きくなり方」があることに思い至る度量が、どこまであるだろうか。これは現代の大きな課題である。

　このように柳田は講演の冒頭からジャブを連発し、聴衆の高等学校生徒の肺腑をえぐるかのように話を進めていく。そして話題は一つの核心に入っていく。以下の引用では、前代の教育について述べた部分より、近代の方、つまり新教育＝近代学校教育＝非凡教育に言及した部分に注意を払ってほしい。

＊7　「平凡と非凡」五四七―五四八頁。

＊8　「平凡と非凡」五四八―五四九頁。

いちばん大きな教育法の相異は、具体的にいうと、平凡と非凡とであった。平凡を憎むという人の気質は、必ずしも新たに生まれたものではないが、それが教育の上に公認せられたのは近頃のことであった。家庭がもしも教育の主たる管理者であったら、利害や必要はあるいはもっと早く、この方針を採用せしめていたかも知れぬが、いかんせん前代の青年教育組織においては、実は親々は極度に無力であり、群それ自身はまた常に完全に平凡を愛していたのである。村が問題を避け事件を嫌う傾向は、今とても決して珍しいものでないが、以前はそれにもう少し強い動機が加わっていた。……村人は平穏無事を好むあまりに、かつては善いことですらもなお平凡ならざるものを欲しなかったかと思われる。……理想はどこまでも十人並、世間並にあって、最初から群を逸出するような者の出ることを、希望せぬ人々だけが教育の任に当っていた。……今日のような積極的の教育機関に向ってすら、なお相容れざる二つの要求の一つとして、できるだけ型に嵌った人を作ってくれというような、注文をさえ提出させるのである。[＊8]

ここで柳田が語っている最重要ポイントは、近代の人間形成において学校と並ぶ重要アクターとして近代家族、その中での「教育する親」が登場した点である。前近代と聞けばイエ社会を連想し、親（特に父）が絶対的権威を持って君臨していたというイメージをもつ人もいるだろう。だがその社会では「実は親々は極度に無力であり」、家庭は「教育の主たる管理者」ではなかったというのだ。柳田が言うように、前近代社会において子どもの社会化を主に担っていたのは近隣・親族のネットワークであり、子ども組・若者組のような年齢階梯集団であった。学校教育に頼らない人材育成システムは、農村ばかりでなく都市部にも、丁稚や徒弟制といった形で職業訓練と連動しながら息づいていた。親が子どもの人間形成に関与する余地は、総じてきわめて限定されたものだったのだ。

しかし全国津々浦々に普及していった近代学校は、この力関係を大きく変えた。新しい学校教育は、その原理も方法も旧教育と大きく異なっていた。平凡人の育成でなく「群を抜く」ような非凡な者の育成を旨とし（したがって初期から選別機能を内包していた）、方法としては書き言葉の習得、書物を通じた知識の獲得を軸とした。まさに両者は水と油だった。新参者として不利な立場に立たされていた学校教育は、地域社会に埋め込まれた古くからの人づくりの仕組みを旧弊と断じ、自らの優位性を誇示する必要があった。そこで浮上してきた力強いパートナーが近代家族と「教育する親」であった。近代家族は親族集団や地域社会から隔絶し、プライバシー性を獲得していることがその特徴であり、子と親は愛情の情緒的絆で結ばれていた（第1講参照）。図式的に言えば、「我々（地域社会）の子どもたち（複数）」から「私の子ども（単数）」へと子どもの立場も変容した。子どもは親から排他的（私的）な教育的関与を受ける対象となったのである。こうして、我が子が（我が子だけは）他から抜きん出てほしいと願う親（教育する家族）と、従来の旧教育に代わる新たな「非凡教育」の原理を掲げて民衆への浸透をもくろむ近代学校との間で、利害の一致が成立した。近代家族と近代学校の共犯関係の成立である。

ここで柳田の時代から時計を早回しして、この家族と学校のパートナー関係がその後どのような発展をたどったか簡単に見ておこう。柳田講演の一九三七年頃といえば、大正期に都市中間層の勃興とともに登場した「教育する家族」がようやく日本にぽつぽつ定着した時期である。むろんそれは全体のごく一握りの家族に該当するにすぎず、未だ理念モデルにとどまっていた。家族のそうした姿が一気に大衆にまで浸透するのは戦後、高度成長期以降のことである。性別役割分業を骨子とするサラリーマン＝主婦型家族の下で「育児・教育する母親」の存在感が一気に高まった。他方で学校の方は拡張期を迎え、高校進学率がユニバーサル段階に入り大学進学率も右肩上がりとなる「大衆受験社会」[*9]期に入っていた。この時期における親の教育関与を本田由紀は「費用と意欲が家族から教育へ流れ込んだ」[*10]と表現する。理念型としての「教育する家族」には子どもに対する親の教育的態度のような、社会化エージェントとしての実質的役割も含まれていたが、それが大衆化するに至っては、費用のスポンサーという経済的役割へと重点がシフトした。その後ポストバブルの経済社会的変容の波に洗われ、家族のあり方や男

＊9　竹内洋『学校と社会の現代史』。
＊10　本田由紀「教育・仕事・家族をめぐる課題と新たな結びなおし」。

女の就労形態も激変したが、教育費用の私費負担化が亢進し、また公教育に選択・市場原理が一部導入される新自由主義改革のもと、親に期待される教育責任は膨張する一方である。このように家族と学校のパートナーシップは、風雪に耐えて強固なものとして生き残ってきたことがわかる。

話をもとに戻すが、ここで柳田はもう一つ、近代学校論にとって看過できない指摘を行っている。日本の学校に対しては「相容れざる二つの要求」がなされている、つまり一方で既述のように旧教育の弊を打破し社会をリードする「非凡なるもの」の育成が期待されながら、他方で前代の人間形成システムの機能を部分的に引き継ぎ、群を逸脱しない「型に嵌まった人」を作れという平凡教育の要請にもさらされているというのだ。この相矛盾する要求への一つの解答が、日本的学校慣行の枠ともいうべき「学級」であったと考える。この点については本講4節で詳しく論じることにする。

3.「平凡」をめぐる人づくりシステム——「笑の教育」と「群の制裁」

柳田が捉えた旧式教育の方法は「消極教育」である。消極教育といっても、大人の教育的配慮を不可視化するルソーの『エミール』の話ではない。ここで言う消極とは、積極的に範を示すのでなく、逸脱者に制裁を加えることで教育効果を出そうとする方略を指す。そこで登場するのが「笑い」である。ここで第3講に登場したベルクソン『笑い』の議論を思い出そう。そこでは笑いは矯正の手段であり、その役目は「屈辱を与えて脅かすこと」[*11]だった。柳田の笑いの捉え方もこれとピタリと重なっている。

その旧式の青年教育の方法が、これまた思い切って諸君の受けているものとは違っていた。老人などの口数の多い者は、稀にはわざと手本になるような好い若い者の言行を、誉めるような話をして聴かせることもあったが、他の大部分は消極的の方法で、何か一人が過失を犯したときに訓誡する。つまりは群から逸出する者を、防ぐような計りごとを主としていた。その訓誡がまたかなり奇抜なものであった。笑いの教

*11 ベルクソン、H「笑い」ベルクソン、H／フロイト、S(原章二訳)『笑い／不気味なもの』一六二頁。

育と自分たちはこれを名づけているが、一般に日本の社会では、笑いというものが特によく利用せられていた。我々の笑いは複雑にしてまた古風であった。それを巧みに訓育に利用していたのである。その必要は普通に共同労作の上に現われる。忙がしい際だから諄々と説き聴かすというようなことは少なく、たいていは短くして気の利いた、笑わずにはおられぬ文句をもって、欠点のある者を批評すると、あとしばらくはその者一人が皆から顔を見られ、何とも言いようのない淋しい状態に陥る。ことに男女がともにいる場合、それがこれから配偶の選択をしなければならぬとき、大いなる損害とも苦痛ともなったのである。[*12]

いま一度確認すれば、積極教育とはあるべき社会関係の姿を提示することであり、消極教育とは逆に、笑いを武器として秩序の侵犯者・規範からの逸脱を際立たせることである。さらに言えば、消極教育が通用する前代の社会環境とは、わざわざ規範を積極的に語り強調する必要がないほどに、あるべき人間・社会関係の形が自明なものとして共有された社会である。逆に積極教育が要請される状況（近代社会）とは、成員間に共有された自明性の分量が小さく、その空隙を社会契約のような別物によって埋めなければならない社会である。この論点は、Ｅ・デュルケームが『社会分業論』で展開した議論にうまく接続させることができるので、ちょっと寄り道になるがその点を確認してみたい。

周知のようにデュルケームは前近代社会を機械的連帯、近代社会を有機的連帯に特徴づけられた社会として描いた。機械的連帯とは類似した個人が没個性的に結合していること、有機的連帯は異質の機能をもつ個人が分業に基づき結合していることを指す。ところでデュルケームはこの二種類の結合様態の説明に、やや唐突に法律論を持ち出す。すなわち機械的連帯に対応するのが抑止的制裁を伴う法律つまり刑法であり、有機的連帯に対応するのが復元的制裁を伴う法律、たとえば民法、商法、訴訟法、行政法、憲法などだというのだ。[*13]

ここで両者の条文を比較してみると、あることがわかる。「刑法は制裁だけを規定して、この制裁が

＊12　「平凡と非凡」五五二―五五三頁。

＊13　デュルケーム、Ｅ（田原音和訳）『社会分業論』一二八頁。

かかわりをもつ義務については、なにひとつふれていない」[*14]。たとえば刑法は「暗殺者は死刑に処することを命ずる」が「他人の生命を尊重すべきことは命じない」。それは「民法のように、はじめに義務はこうだとはいわない。すぐさま、罰はこうだという」のである[*15]。これは柳田が上で指摘した「消極教育」と同じ論法である。言わずもがなのこととして広く共有されている、デュルケームの用語法で集合意識とか集合感情と呼ばれるものの侵犯が犯罪である。機械的連帯の社会とはこの集合意識が肥大化して社会全体を圧迫し、個性を発揮する余地が乏しい社会である。そうした社会では積極的にあるべき社会関係を明示的に語る必要がなく、過失に対してのみ制裁を発動すれば足りるのである。

民法をはじめとする諸法はこれと真逆である。「まず最初にできるだけ厳密に義務を定め、その後に、はじめてそれが制裁されるべき方式を述べる」[*16]のが民法である。なかには「制裁がまったく欠落していて、言外にしか意味がこめられていない」[*17]ものさえある。いずれにせよここでの制裁は、刑罰のような集合的憤激（激情）の表現ではない。「それ［は］罪をつぐなうことではなくて、たんに原状の回復に帰着することである」。「それは、ただ過去をできるだけ正常な形で復原させるために、過去にたち返る一手段であるのにすぎない」[*18]。こうした社会で何より大切なのは、あるべき正しい社会・人間関係の姿である。それは積極的に繰り返し語られ、意識的に追求されなければならない。こうした社会では、ただ過ちを戒めるだけの「笑の教育」のような消極的やり方は通用しないのだ。このように見てくると、洋の東西のちがいを超えて柳田國男とデュルケームの議論は互いに共鳴しあうものだったといえる。ただ共鳴しあってはいても同一ではない。デュルケームは有機的連帯による分業社会に高い道徳性を見出し、前近代社会に対して批判的であるのに対し、柳田は前代への批判を留保しているように思える。逆に言えばデュルケームが近代化の行く末に楽観的であるのに対し、柳田は手放しでそれを肯定しているわけではない。

さて本題に戻ろう。前代の消極教育として柳田が「笑の教育」の進化型としてとりあげたのがことわ

＊14　『社会分業論』一三九頁。
＊15　『社会分業論』一三九頁。
＊16　『社会分業論』一三九頁。
＊17　『社会分業論』一三九頁。
＊18　『社会分業論』一九六頁。

ざ（諺）であった。

諺というものの研究は、日本ではこの意味において特別に必要であるように思われる。文字の教育の進まなかった辺土に、ことによくこれが発達しているのも自然な現象である。それが全体から見て人をよく言うものよりも、悪くいうものの方がずっと多い。私の意見では、諺の最初の用途は対敵武器、すなわち刃物弓箭のような武器を使う前に、まず罵倒をもって相手を制圧する手段で、町の喧嘩などには今でもなかなかよく使われる。……次に第二段の諺の応用は、この郷党教育の訓戒であった。敵を罵るものほどは痛烈でないが、それでも周囲にいる第三者が、聴いて思わず歯を白くして声を出すことは同じで、これが笑われる当の本人にこたえることはもちろん、傍で笑いながらただ聴いているように見える者も、内心は後々のために非常に警戒する。そうしてたいていはその短い文句を暗記して、他日再び自分に向って適用せられる折のないように工夫する。すなわち諺の群全部に対する教育的効果は、顕著にしてまた無害だったのである。[*19]

諺も「笑の教育」の一ヴァリアントであったが、これよりもっと手荒な「群の制裁」も存在していた。

右の笑いの訓戒警告だけではすまぬ行為には、さらに今一段と強い制裁があった。目的が単に尋常十人並の者を作るにあったとしては、多数の強圧ということは少し残酷のようだが、現在も漁村や山村の、多くの人が協同で仕事をする土地には行われている。いちばんに人から憎まれるのは手前勝手と横着、自分さえよければという態度、人に迷惑を与えて顧みないという所行で、これに対して若い者だけに、悪戯半分の奇抜な制裁が多く発明せられている。……蒲団蒸しという方法も蒲団以後の考案に相異ないが、昔は私塾でもよく行われ、学校の寄宿舎でも少しずつは試みる者があったらしい。これも陰険でまた決して公平

＊19　「平凡と非凡」五五三―五五四頁。

なるものでなかった。[20]

手荒な制裁のターゲット、「手前勝手と横着」「自分さえよければという態度」「人に迷惑を与えて顧みないという所行」というリストを眺めていると、旧式教育（消極教育）が個人主義や自由主義といった価値観を目の敵にしていることが分かる。ついでに言えば、柳田が前代社会の特質を「群」と把握する点は、前出のデュルケームの「機械的連帯」概念と呼応している。機械的連帯とは「類似から生じる連帯」であり「あたかも無機物体の諸分子がそうであるように、固有の運動をもたぬというかぎりにおいてのみ、全体として動くことができる」[21]。機械的連帯のもとで個人は人格や個性を全くもたない。それは「群れ」ている人間の特徴そのものでもある。では、旧式教育が新式（積極教育、すなわち近代学校での教育）にとって代わるとどうなるのか。人間は解放されるのであろうか。

前代の人づくりの仕組は、ムラ社会や親方や奉公先といったローカルな共同体に個人を縛りつける側面が強かった。しかもその内実が型に嵌まった似たり寄ったりの人間の育成だったので、そこに不自由を感じる者も当然いただろう。だから学校教育の成立によってその仕組にほころびが生じたとき、それを「解放」の訪れとして受け止めた者が確かにいたことは間違いない。柳田は自分自身もその口だったことを認めている。ただそういう者が多数派だったかと言えば、それは怪しいものである。

以前の社会においては、これらの群の制裁は強いものであった。よほどの強情の者でもしまいには声をあげ、たいていは多数の平凡に屈服してしまった。……村には若干の除外例が設けられ、医者の悴とか神主の息子とか、またこのごろのように学校に通っている者ならば、この仲間に入らずともよろしいということになっていなかったら、お互いのごときはとうてい今日あるを得なかったので、しかも除外例がまた一方では、この旧式の訓練法の崩壊して、十分の力を発揮し得なくなった原因でもあったのである。[22]

＊20 「平凡と非凡」五五四―五五五頁。

＊21 『社会分業論』二二三頁。

＊22 「平凡と非凡」五五六頁。

土着の平凡教育の仕組からまぬかれる条件の一つ、「学校に通っている者」という時の「学校」とは、正系の中等教育機関である中学校、高等女学校を指すと思われる。あとはせいぜい商業学校、工業学校などの実業学校がギリギリ入るかどうか。学歴エリートの柳田、そして彼がいま前にしている二高の生徒たちも当然「脱出組」であり、だからこの例外規定がなければ「お互いとうてい今日あるを得なかった」のである。しかしこの例外的存在としての学歴エリートが「蟻の一穴」となり、旧式教育の没落が始まったという。なぜそうなったのか。それはこれら中等教育機関が選別機能をその本質としたからである。こうした機関に入学できたか否か、できたとしてもそれは正系・傍系種々の学校のうちどれであったか、そこで卒業にたどり着けたか否か、等々の組み合わせに応じて、社会に出てからの地位が配分される。その他大勢から一部の者を差異化することこそが中等学校の使命であった。だから中等学校には迷いがない。ひたすらに選別すればよい。だが国民の全包摂をめざす初等教育機関（小学校）ではそうはいかない。二つの要求に引き裂かれているという既述の論点はこの問題にかかわっている。

国民教育を目的とする小学校が抱え込んだこの矛盾に柳田はこだわる。

現在土地において若い衆の仲間に、加入せずにいるということはなかなか許されなかったのである。あの息子は学ができるとか、人は何でも学をせねばあかぬなどと言い出したのは、いわゆる維新の風雲に際して、書物を読む者だけが栄達する例を、ややたくさんに知ってから後のことであった。この点からいうとこれも一つの革命と名づけてよい。小学校の教育はこの思想の踏襲であって、このごろこそあまり言わなくなったが、親も当人もまた先生たちも、子供が勉強するのを非凡となる手段と認め、よく勉強して早く偉い人になるようにと、口癖のようにいっていたのである。すなわちこれは平凡を軽蔑する教育であった。国の全体の児童を一人残らず、日本人にするために教育しておりながら、たまたまその中からたった一人の、やや群を抜く者が出ると、それを学校の功績のごとく他に誇り村でも悦ぶ気風は、今とて決して衰えていない。そうして一方に村の要求するものは、平和で落ち付いていて事を好まぬ尋常の若者だったのである。このとうてい相容れざる、二つの目途は、抵触するにきまっている。[*23]

とうてい相容れない筈の二つの要求について、じつは近代公教育制度の設計者たちも気づいており、この柳田の講演のはるか昔に一つの手を打っていたことについては、次節で改めて論じることにする。最後に、講演の締めくくりとして柳田が二高の生徒たちにどんなアドバイスを与えたかをみておきたい。エリートとして「平凡」とどう付き合えばよいかが主眼なのだが、自らが打ち立てた日本民俗学なる学問をチャッカリ売り込んでいるのも面白い。

現今の平凡には、幾つかの恕しあたわざる矛盾、不条理、弱点のあろうことは私も認める。しかしこれを痛罵漫罵してみたところが、もともと自分たちでこしらえたものなのだから、言わば鏡を見てわが顔の悪口をいうようなもので、愉快でも何でもありはしない。ましてそれと力闘するなどは無法な話である。何となればこれが一代の文化の綜合的な姿であり、またその中で呼吸せずにはいられない人生の空気でもあるからである。[*24]

柳田はここまで平凡や群れを、自分や二高生徒の世界の彼岸にあるものとして、他者化して語ってきたのだが、ここで一気に語り方をズラして揺さぶりをかけてくる。平凡や群れは後進的なムラ社会や庶民だけの話ではない。それは自分たちでこしらえたもの、その中で呼吸している空気のようなものである。精鋭がつどう高等学校や大学、また官公庁や大企業、アカデミズムの世界にも無数の小さな群れがあり、平凡が巣食っているというのだ。

＊23 「平凡と非凡」五五六―五五七頁。

＊24 「平凡と非凡」五五八頁。

しからばどうしていればよいかというと、一言でいえば反省すればよいのである。幸いなることにはこの我々を包むものは、刻々も変化せずにはいなかった。これを自然の推移に任せておいても、結局は漸次に生活の現実と適応しようとしている。だから私などは必ずしも大きな悲観を抱いていない。ただ歴史が教えるごとく、折々は無駄なまわり路、損な割引をしてそこへ到着することになるのが、惜しいと思うだけである。微力ではあるけれども我々は、ひろく一般の同胞とともに、最も精確にこれまでの経験を吟味して、この自意識の途を歩み進もうとしているのである。そうしてその方法としては至極手軽な、すぐにも実現に移すことのできる一つの学問のすでに生まれていることを、諸君に向って報道したいのである。人が日本民俗学と呼んでいるものがすなわちこれである。[*25]

平凡や群れは、しぶとくその残滓が農村に生き残っているにせよ、所詮は前代の習俗であると聴者に思わせておきながら、最後には「内なる平凡、内なる群れ」と向き合う大切さを説く。それは自分の一部、空気の如きものであるから力で殲滅させることはできない。しかし反省、意識化の対象とすることでやがてのりこえられる。ときに思わぬ時間を要することもあるが、自分はその道筋に楽観的である。

この柳田の言葉を読みながら、私はこの講演に耳を傾けていた高等学校生徒がその後たどった運命に思いを馳せてしまう。一九三七年に高等学校に在籍していた一七～一九歳の若者のほぼ全員が、その四年後に始まる太平洋戦争に巻き込まれたに違いない。中には出征先で、あるいは内地で命を落とした者もいたことだろう。その大状況を前になすすべもなく激流に呑み込まれてしまったのかもしれない。しかしその過程で彼らは幾度となく、柳田がいう内なる平凡、内なる群れということの真意に思い当たったのではないだろうか。その禍々しい力は、優秀な頭脳をもつエリートたちをも瞬時に、「あたかも無機物体の諸分子がそうであるように、固有の運動をもたぬ」存在に、群れのなかの烏合の衆へと変えてしまった。衆愚がエリートの制御を超えて暴走し国を破局へと追いやった、二高の生徒たちは犠牲者

＊25 「平凡と非凡」五五八―五五九頁。

だった、と言いたいのではない。社会各層で同時多発的に平凡や群れの「恕しあたわざる矛盾、不条理、弱点」が火を吹き、その前に多くの者がなすすべもなく沈黙し、付和雷同した。その恐ろしさの認識に到達するまでに確かに大変に「無駄なまわり路」をし、あまりにも大きな犠牲を払うことになってしまった。反省の力も、日本民俗学の効用も、なんとむなしかったことか。

近代学校教育が「平凡を軽蔑する」ことを本質にしながら、平凡の矛盾、不条理、弱点に対する抵抗の拠点になりえなかったのは何故だろうか。この問いの解明には多角的な検討を必要とするが、ここではささやかな試みとして、日本の学校生活の最重要基礎単位である「学級」の成立にある方向から光をあててみたい。

4. 非凡教育と平凡教育の和解策——小学校の学級制度

日本の小学校における学級は、ときに家族に擬せられるほどの濃密な擬似共同体であることをその特徴とすると言われる。読者諸氏は小学校の学級集団にどのような思い出があるだろうか。ここでは日本的学校慣行の典型である「学級」の歴史的形成過程に目を配ってみたい。というのはこの「学級」こそが、柳田國男が指摘するところの旧式教育と小学校のある種の妥協、和解という秘密を解く鍵だからである。学級は近代公教育の始まりから存在していたわけではない。それなりの経緯を経て生成されていったのである。

学級の成立過程については多くの研究者が論及している。しかし本節で参照する佐藤秀夫の研究に卓越しているのは、学級の成立過程のカゲに公権力者による単級学校推進の意図を読み取った点である。単級学校——ワンルームスクールについては第2講の教職女性化の項でも論じた。米国津々浦々に建っていた一部屋だけの小さな学校。たった一人の（女）教師が全学年の子どもを一手にうけもって教える、のどかな田舎の学舎。実はこうした学校は日本にも数多く存在し、教職の女性化の度合いこそ低かったが、その他の点ではアメリカと大同小異だった。一九〇〇（明治三三）年時点で全小学校の三二％を単級学校が占めていた。[*26]こんな素朴な単級学校に、為政者の深遠な――邪悪と呼ぶのがふさわしいと言う人もいるかもしれない――意図が込められていたとは興味深い話ではないか。米国のワンルームスクールの予備知識をもつ者からすれば、なるほど単級学校は、選別性を内包する近代教育の原理（非凡教育）の性格を緩和し、前代の人づくりに特徴的だった全包摂的な原理（平凡教育）退潮の穴を部分的であれ埋めるのに適した「うつわ」だと得心もいく。

等級・合級・学級

日本の小学校における生徒集団の組織単位は、短期間のあいだに目まぐるしく変化した。学制がしかれた当初は等級制であった。「小学校の教育課程を、その教育内容程度の水準に即していくつかの『等級』に区分し、学習者は、入門等級から始めて学習の進展に応じ試験を経て、順次上位等級へと進んでいく制度[*27]」であった。標準修学期間は半年で、四年間の間に第一級から八級までの等級が設定されていた。半年ごとに進級をかけた試験が行われたほか、卒業判定の大試験もあった。この等級制の性格を佐藤は「個別主義的」と規定する。そこでは生徒集団の学力レベルは揃っているが年齢はバラバラであり、「等級制下の生徒集団は本質的な不安定性をもたざるをえなかった[*28]」。

ところがこの等級制は当時の日本社会の実態にそぐわず、行き詰まりをみせていた。厳格な試験による進級制度は子ども・家族の双方にとって大きな負担であり、就学率がふるわない要因の一つともなった。しかしそれ以上に現実的に立ち塞がった壁は財政負担能力の限界であった。制度設計の理念からして、一等級一教員の配置が当然の措置であったが、それだけの教員数を学区や町村の財源でまかなうことは非現実的であった。そこで文部省が打ち出したのが、一教員が複数等級を担任する「合級制」であった。これは等級制を前提としたやむを得ざる例外措置と表向き規定されつつ、実態としては「主要な授業組織のありかたにならざるをえなかった[*29]」。さらに等級制解体に拍車をかける動きが、一八八五

＊26　佐藤秀夫「教育慣行における軍と学校――学校の集団性形成過程における『軍隊的なもの』の意味と役割」『教育の文化史 二――学校の文化』四八頁。

＊27　「教育慣行における軍と学校」二三頁。

＊28　「教育慣行における軍と学校」二四頁。

＊29　「教育慣行における軍と学校」四〇頁。

年一二月文部省達一六号による半年進級制から一年進級制への改定だった。一年間通して集団の安定性を保つことを可能にするこの改定は、のちの学級制確立の布石となるものだった。さらに森有礼文相のもとでの第一次小学校令（一八八六年）において、「授業の組織単位として児童数と教員数とを基準にして編成される『学級』の考えかたが登場[*30]」する。これが明確に制度化されるのが第二次小学校令（一八九〇年）体制下のことである。

学級制の制度化は一八九一年「学級編制等ニ関スル規則」であった。そこで学級について「一教室ニ於テ同時ニ教授スヘキ一団ノ児童ヲ指シタルモノニシテ従前ノ一年級二年級ノ如キ等級ヲ云フニ非ス」と規定された。一人の教員が同時に教授しうる授業集団という学級の定義からして、その編制のポイントは「教員一人の担当しうる児童数[*31]」におかれることになった。このクラスサイズの発想は脈々と引き継がれ今日まで至っている。このように文部省による制度変更が進んだ背景には、試験制度の弊害に対する風当たりが強くなってきたという事情もあった。試験が競争心を煽りよい成績を残すことが目的化される本末転倒や、児童の心身に及ぶ悪影響などが指摘された[*32]。こうした動向を受けて一九〇〇年、小学校令施行規則をもって進級試験・卒業試験制度は廃止された。これによって名実ともに等級に代わって学級が、小学校における集団編制の形態となったのである。

一連の改革によってたしかに子ども・家庭の側の負担は軽減され、就学のハードルはぐんと下げられた。その一方で、学校において編制される子ども集団から個別主義的な性格が消え、デュルケーム風に言えば「集合意識が厳密にわれわれの総意識をおおい、あらゆる点でこれと合致している[*33]」集団、すなわち機械的連帯によって結合した強固な集団がそこに出現する土壌が発生するのである。

▒ 単級学校に立てられた白羽の矢

佐藤秀夫は、一八九〇年代初頭に文部省当局が等級制に見切りをつけ学級制へと方針をシフトさせたのと同時期に当局が単級学校の普及に執着した点に注目する。一方で年齢とともに生徒を自動進級させ

＊30　「教育慣行における軍と学校」四五頁。

＊31　「教育慣行における軍と学校」四六頁。

＊32　天野郁夫『試験の社会史［増補］』二四〇頁。

＊33　『社会分業論』一二三頁。

る学年制に近い学級制を選択した以上、学校内には学年ごとに複数の生徒集団が置かれることになる。異なる学年ごとにそれぞれ教員が配置されるのが多級学校である。指導の行き届きやすさという観点では単級学校より多級学校の方が望ましいと考えるのが自然であり、単級学校はせいぜい、財政的制約等の理由で多級学校が実現できない場合の「必要悪」と考えるのが普通だ。ところが奇妙なことにこの時期、教育当局からは必要悪を超えた「単級学校必要論」がさかんに唱えられた。理解に苦しむこの権力者の振る舞いに佐藤は独自の解釈を加える。

佐藤によれば単級学校は、主に次の三点において、積極的な教育的価値をもつとされた。第一は「一人の教師が全校を統率することによる指導方針の統一性の確保[＊34]」であった。多級学校ならば可能性がある教員個々の自主性や主体性の発揮が、単級学校ならば抑制されるということである。これは「教育勅語による基本理念の画一化[＊35]」という政府の方針にも沿っていた。第二は「学校すなわち学級における家族主義的もしくは擬似共同体的秩序とそれによる管理の強調[＊36]」である。たしかにワンルームスクール＝単級学校では教師と生徒の距離は接近し、生活をともにする擬似家族的な紐帯が生まれやすい。また生徒間でもそれぞれ学校をメインテナンスする役割分担が学年ごとに決まっており、上級生が下級生の仕事の監視役を担う場合も多い。そして第三が「教師の指導密度の低下を補うものとしての、生徒の『自学』『自働』『自治』の存在[＊37]」であった。第2講で米国のワンルームスクールでの授業のやり方を説明した項を思い返してほしい。たとえば読書の授業で、一年生が教卓の前に呼ばれ読本や暗唱をしている間、二年から八年生までの残りの子どもは自席で待機し「自習」している。こうしたやり方は日本でもほぼ同じである。常識で考えて非効率的なこと夥しいが、この災が転じて福となし、生徒の自学の習慣を涵養する、というアクロバティックな論理である。また米国のワンルームスクールには教師を頂点に中間に上級生、最下層に下級生が配置されたヒエラルキーが存在し、それぞれ「仕事」を割り当てられ全員が学校運営に参加させられる構造があった[＊38]。これは佐藤の言う「自治」に相当する。ここでいう自

＊34 「教育慣行における軍と学校」五二頁。
＊35 「教育慣行における軍と学校」五二頁。
＊36 「教育慣行における軍と学校」五二頁。
＊37 「教育慣行における軍と学校」五二頁。
＊38 Apps-Bodilly, S. *One Room Schools: Stories from the Days of 1 Room, 1 Teacher, 8 Grades*, pp.36-37.

治は「自ら治める」ではなく「自ずから治まる」という、規律訓練を内面化した自己規制的なものだったと佐藤は補足している。[*39]

二〇世紀に入ってから、単級学校は実態数としては減少していったが、佐藤によれば単級学校で確立された管理方式は、多級学校にも移転されその後長く影響力を維持したという。多級学校では校長が「教師の教師」として、全校の訓育に責任を持つ存在と位置づけられた。「講堂修身」「全校修身」など校長が全校生徒を対象に教授したのは「単級学校の母斑[*40]」であった。また当局は「小学校の学級数の増加に対して絶えず制限的措置[*41]」を取り続けた。学級定員の上限は尋常小学校八〇人、高等小学校七〇人(一九〇〇年小学校令施行規則)と高い水準のまま維持されたことも[*42]、学級数抑制に寄与した。これは経費節約という理由のみでなく、管理上優れた点がみられる単級学校の姿になるべく近づけるという意図もあったというのが佐藤の解釈である。さらに多級学校では学級を表すのに「三年二組」のように「組」の単位が用いられ今日に至っている。これはもともと、単級学校で学習のため組織された生徒グループ、内部教授組織を「組」と呼びそのリーダーが組長とされていたのが、「多級学校における個々の学級、とりわけ同学年複数学級制の学級呼称に転移され[*43]」たものであった。

佐藤の解釈は、単級学校と教育勅語体制との親和性という思想・イデオロギー的理由に力点が置かれている。だが本講にとって興味深いのは、単級学校のもつ家族主義的もしくは擬似共同体的秩序に当局が着目していた点である。柳田國男の指摘によれば前代の人づくりシステムには個人に不自由を強いる抑圧的な面が存在する一方で、それが高い捕捉性をもち、共同体の成員を全包摂する力をもっていた。その性質を言い表したのが平凡教育であった。他方で近代学校教育の運営側にとって、学校が庶民になかなか浸透しないことが最大の悩みの種だった。そうした中で、学校制度のなかに平凡教育の原理を部分的に移植することが、教育勅語体制確立にとっても得策という判断が働いたのである。一連の制度的手直しにより、初等学校からは能力主義・業績主義的な側面がかなり拭い去られた。これは「非凡教

＊39 「教育慣行における軍と学校」五二頁。
＊40 「教育慣行における軍と学校」五五頁。
＊41 「教育慣行における軍と学校」五四頁。
＊42 「教育慣行における軍と学校」四七頁。
＊43 「教育慣行における軍と学校」五四頁。

育」「群を抜く教育」の弱体化ということである。それらを上級学校に先送りしてでも、旧教育（前代の人づくり）とのある程度の和解をはかることが急務だ、との計算がはたらいたものと思われる。

おわりに：現代の教育システムと「教育する家族」

今日では都市部を中心に、公立中学校には進まず、塾で受験準備をして私立の進学校に行かせる選択をするか否かが「教育する家族」にとって最初の大きな思案所となっている。戦前と学制が異なるので一概に比較できないが、小学校卒業時点、つまり初等教育から中等教育への移行時点が大きなターニングポイントだという点で、戦前と戦後は一貫している。講演の中で柳田も「諸君は自らが中学以来歩んで来た道筋以外に、別に今一つ青年の養成法があって……方向を異にするものなることを知っておらねばならぬ」（傍点—筆者）と言っていたではないか。裏を返せば小学校教育と旧式教育（平凡教育）の間にはそれほど決定的な亀裂が生じていないことを、暗に認めているのだ。この点は今も大きく変わらず維持されているように思える。さらに戦後の一時期、六〇年代半ばから七〇年代にかけては民間教育運動における集団づくり実践が活性化し、小集団間の競争で学級の凝集性を高める「班・核のある学級」の試み[*44]が隆盛をみたことが示すように、能力主義・業績主義的性格は戦前より一層薄められたこともある。公立中学校に対する不信感が一定程度持続し、私立受験という行動が根強い背景には、擬似共同体的学級集団の生活は小学校時代を最後にきっぱり断ち切りたいという親の（ときに本人の）願望があるのではないか。

ただし日本の学校教育システムをトータルで眺めれば、能力主義・業績主義の原理はしっかり貫徹し、選別機能がちゃんと働いている。問題はそれが「密教」化されて一般に伏せられ、教育に関する豊かな経験や情報を蓄積させた家庭だけがその本質を見抜き早くからそれに備えていることだ。「みんな仲良く」「All for One, One for All」等々の耳障りのいい学級運営スローガンは今でも全国各地の教室

＊44　大西忠治『核のいる学級』。集団づくりの指導を児童として受けた経験を回顧したものとして、原武史『滝山コミューン一九七四』。

にベタベタ貼られているが、これらのルーツを辿るとはるか昔、明治政府の為政者たちによって演出された「顕教」に行き着く。この二重構造を頭において、柳田國男「平凡と非凡」を読み直してみるとさまざまな発見があるのではないだろうか。

参考文献

＊柳田國男「平凡と非凡」『柳田國男全集 二七』ちくま文庫、一九九〇（初出一九三八）

Apps-Bodilly, S. *One Room Schools: Stories from the Days of 1 Room, 1 Teacher, 8 Grades*, Wisconsin Historical Society Press, 2013

天野郁夫『試験の社会史［増補］』平凡社、二〇〇七

ベルクソン、H「笑い」ベルクソン、H／フロイト、S（原章二訳）『笑い／不気味なもの』平凡社、二〇一六

デュルケーム、E（田原音和訳）『社会分業論』筑摩書房、二〇一七（原著一八九三）

原武史『滝山コミューン一九七四』講談社、二〇一〇

本田由紀「教育・仕事・家族をめぐる課題と新たな結びなおし」『医療と社会』二七（一）、二〇一七

大西忠治『核のいる学級』明治図書、一九六三

佐藤秀夫「教育慣行における軍と学校――学校の集団性形成過程における『軍隊的なるもの』の意味と役割」『教育の文化史 二――学校の文化』阿吽社、二〇〇五

竹内洋『教養主義の没落――変わりゆくエリート学生文化』中央公論新社、二〇〇三

――『学歴貴族の栄光と挫折』講談社、二〇一一

――『学校と社会の現代史』放送文学叢書、左右社、二〇一一

第10講

もうひとつの戦後教育改革
〔〈教権確立〉という野望のゆくえ〕

■『第一次米国教育使節団報告書』（一九四六年）

キーワード

再帰性（A・ギデンズ）
教育の独立・自律性
日本側教育家委員会
自己記述（N・ルーマン）
教育専門家のネットワーク
管理行政的進歩主義
国語・国字問題

はじめに：戦後教育改革と再帰性

第二次大戦敗戦後、日本は連合国軍による占領下におかれた。連合国軍総司令部（GHQ）の主導で抜本的な教育改革が行われたことはよく知られている。その戦後改革の設計書となったのが『米国教育使節団報告書』である。GHQで教育や文化関連を所轄したのは民間情報教育局（CI&E）という部署だが、限られた数のCI&Eスタッフで一国の教育システムのグランドデザインを描くのは至難のわざだった。そこで本国アメリカから教育専門家を招き、実際に風土に触れ現地の教育家たちの話も聞いた上で助言を取りまとめてもらうことになった。こうして対日米国教育使節団が組織され、歴史的な報告書が生まれた。じつは使節団は二度来日しているが、二回目（一九五〇年）は団の規模も小さく報告書も短い。本講ではもっぱら、一九四六年三月に来日して一ヶ月弱の滞在を経てマッカーサー元帥に提出された、第一次米国教育使節団報告書を取り上げることにする。

このテクストが今日まで日本の教育に及ぼした影響はあまりに巨大であり、また非常に多方面に及ぶ。またその位置づけをめぐっては激しい歴史観の対立やイデオロギー論争も惹起しかねず、デリケートな題材である。本講ではそうした政治論争からできるだけ距離をおきたい。ここでは、近代社会の特徴とされる再帰性（リフレクシヴィティ）を教育という場で観察する絶好の機会として、この歴史的報告書を位置づけてみたい。再帰性とは、反省に基づき絶えまなく自己を修正するふるまいのことである。この概念を唱えたA・ギデンズによれば再帰性は、一個人の生き方から社会システムのあり方にまで及ぶ。[*1] もちろん教育も例外ではない。だとすれば戦後教育改革は、敗戦と占領という未曾有の事態を奇貨として、日本の教育システムがそのあり方を反省し自己を修正する、それ自体は近代においてノーマルな過程であったと捉えられる。この場合の「反省」はニュートラルな概念であり、いかなる価値的な含意もない。ただこの過程からは、教育システムに固有の「反省」の方向性を把握できる。それが、教育以外の他システムに教育が従属することを強く忌避し、自らの独立性、システムとしての自律性を高めよう、高めようとする方向性である。米国教育使節団報告書には殊の外クリアに、この特質を読みとることができる。

ここで注目されるのが、報告書の成立に協力した、日本側教育家委員会の存在である。米国からの使節団と日本側委員会は、戦勝国・敗戦国という立場のちがいを超えて、教育に深く関わる当事者として、外部からの介入の排除による教育の独立性・自律性の高まりを願う点で相通じていた。本講で提示したいのは、両者のひそやかな共謀によって、いやもっと言えば日本側教育家が米国使節団の力をうまく使って、総力戦体制の下で抑え込まれていた教育の独立性・自律性を回復させ、〈教権確立〉という形でそれを最高度まで高めようとした努力の結実がこの報告書だったのだ、という解釈である。

ここで第9講の議論を思い出してほしい。柳田國男は「平凡と非凡」のなかで、前代の人づくりと近代学校教育を対比させた上で、なお両者の力が拮抗し、学校教育もまた「平凡教育」との妥協を強いられている点を指摘していた。佐藤秀夫が明らかにした明治期の「単級学校」論も、「平凡教育」のしぶ

＊1　ギデンズ、A（松尾精文・小畑正敏訳）『近代とはいかなる時代か——モダニティの帰結』。

図10‐1　教育改革だけでなく占領期日本に関する重要な資料を所蔵するスタンフォード大学フーバー研究所（二〇一八年三月筆者撮影）

とさの証左であった。前代の人づくりは基本的に社会の網の目の中に埋め込まれており、独立した制度やシステムとして取り出すことのできない性質のものだった。それに対して近代学校教育は一つの完結し自律したシステムとして、文脈からの「脱‐埋め込み」を志向するものだった。ここで注意しておきたいのが、米国から使節団として来日した人々に、教育学を専門とする大学教授または大都市の教育行政官が多く含まれていたことである。こうした教育専門家たちは、革新主義期以降に勃興した新たな専門家集団であり、社会的効率を旗印とする大きな改革運動を形成していた。かれらが最も精力的に推進したプロジェクトの一つが、無数にあった小規模校を統廃合し、施設の充実した大規模校での効率的な教育に置き換えることだった。[*2] 土着性が高く、地域の人づくりシステムとの親和性も高いワンルームスクールの敵視は、前述の「脱‐埋め込み」志向、すなわち教育システムの独立性を高める改革アジェンダとも重なるものだった。こうした考え方こそ、使節団を迎えた日本側教育家委員会が最も強く欲していたのではないか。そこでまず、使節団に比べてあまり知られていない日本側教育委員会のプロフィールと、その「活躍」に道を開いた人々の動きを概観することから始めよう。

1．教育の独立・自律性回復をめざして

自己記述による教育改革

敗戦後の文部行政のトップに立った最初の人物は前田多門であった。精神科医・エッセイストとして名をはせた神谷美恵子の父である。前田は一九四六年の年明け早々公職追放となり大臣を辞任するため、その在職期間はごく短かった。しかし在任中に大胆な人事刷新と機構改革を行い、局長級ポストに多くの民間人（高等学校や大学の教授など高等教育レベルの教育者が中心）を起用した。田中耕太郎（東大法学部教授から学校教育局長）、山崎匡輔（東大工学部教授から科学教育局長・のち次官）、関口泰（朝日新聞論説委員から社会教育局長）の面々である。いずれも米国教育使節団の接遇、その後の戦後教育改革に大

＊2　Sher, J. P. & Tompkins, R. B. *Economy, Efficiency, and Equality: The Myths of Rural School and District Consolidation*, Steffes, T. *School, society, and state : a new education to govern modern America, 1890-1940*; 倉石一郎『アメリカ教育福祉社会史序説――ビジティング・ティーチャーとその時代』。

きな役割を果たすことになる。また前田は後任文相に第一高等学校長、安倍能成を推し、その後しばらく続く民間人（学者）文相の流れを作った（使節団は安倍文相―山崎次官体制で迎えられる）。のちに一高教頭だった日高第四郎も文部省入りし、学校教育局長、のち次官として使節団帰国後の学校教育法制定、六三三制成立に獅子奮迅の活躍をする。こうした面々に連なる一人に石山脩平もいた。東京文理科大学教授に昇進したばかりの少壮学者だった石山は、乞われて教科書局第二編修課長となり『新教育指針』策定の大仕事をになう。[*3] そう、後にウォーラーの"The Sociology of Teaching"の全訳『学校集団』を共訳で刊行することになる石山脩平である（第3講参照）。

前田文相下で行われた人事刷新は、教育関係者（とりわけ高等教育の）による文部行政トップの簒奪、一種のクーデターとも呼ぶべきものだった。のちに米国教育使節団報告書として結実することになる教育システムの再帰的自己修正への道が、これによって開かれたと私は考えている。前田人脈によって集められたこれらの面々の思想信条は、たしかにおしなべて「リベラル」だった。だがそれは本質的にはあまり重要ではない。「リベラル」な思想信条はGHQのお墨付きを得るために必要不可欠の要件、それ以上のものではなかった。重要なのはこれらの人々の間にある一つの信念の共有が、すなわち日本の教育システムにとって、教育外部からのコントロールを脱しその独立性・自律性を回復することが目下最大の急務だという、問題意識の共有がみられたことである。ちなみに、前田多門自身は教育界の出身ではないのも面白い。彼には内務官僚としての顔のほか、朝日新聞論説委員やニューヨークのロックフェラーセンターに設置された「日本文化会館」館長としての国際派（知米派）文化人の顔があった。[*4]

こうした教育による「反省」営為をN・ルーマンは自己記述と呼ぶ。ルーマンによればこの自己記述は、システムが自己と環境を区別したうえでそれを自己内に内部転写した仮想空間において可能になる。[*5] 真の（良い）教育（者）を偽の（悪い）教育（者）から区別し、現状は後者による前者の汚染をゆるしているという問題意識（自己記述）それ自体は教育においてありふれたものである。しかし自己記述

＊3　読売新聞戦後史班編『昭和戦後史　教育のあゆみ』一三七―一三八頁。

＊4　『昭和戦後史　教育のあゆみ』一七―一八頁、一六四頁。

＊5　ルーマン、N（村上淳一訳）『社会の教育システム』二三六頁。

は「システムに適合したものでなければなら」ず、「システムをあからさまに否認することはできない」[*6]。戦前の日本の教育のあり方の問題点を論じ「反省」することは自己記述であり、教育改革はこの自己記述に基づく修正プロセスである。だとすれば改革はシステム総体に変化をもたらす類のものではありえない。額面通りに教育を「自由化」「民主化」するのでも、逆に日本の「属国化」「亡国化」をはかるものでもない。シンプルに言えばそれは、コントロールの在処をめぐって教育に関わるキーアクターの間で繰り広げられる権力簒奪ゲームであるにすぎない。ただ、こうした見方は容易には理解されそうもない。ルーマンは「第二段の観察者」[*7]の立場に身を置かねばこの図絵は見えてこないというが、その観察点に身を置くのは容易でないということだろう。

■日本側教育家委員会の顔ぶれ

米国教育使節団員が二七名になるという連絡を受け、日本側でその対応をする教育家委員会の構成員二九名が発表されたのは一九四六年二月七日のことである。すでに文相は安倍能成に、次官は山崎匡輔にバトンタッチされていた。東大総長の南原繁を委員長に、元東京文理科大学学長・文部次官の河原春作を副委員長とする二九名のメンバーと当時の肩書は以下のとおりである。[*8]

天野貞祐（第一高等学校長）　安藤正次（元・台北帝国大学総長）　有賀三二（東京都小平青年学校長）　長谷川万次郎（如是閑）（評論家）　星野あい（津田塾専門学校長）　柿沼昊作（東京帝国大学教授）　菊地豊三郎（大日本教育会理事長）　木村素衛（京都帝国大学教授）　小林澄兄（慶應義塾大学教授）　小宮豊隆（東京音楽学校長）　河原春作（枢密顧問官・副委員長）　河井ミチ（恵泉女子農芸専門学校長）　務台理作（東京文理科大学長）　森田重治郎（弁護士）　南原繁（東京帝国大学総長・委員長）　小崎道雄（キリスト教牧師）　沢登哲一（東京都立第五中学校長）　関口泰（文部省社会教育局長）　塩野直道（金沢高等師範学校長）　高木八尺（東京帝国大学教授）　高橋隆道（東京農林専門学校長）　田中耕太郎（文部省学校教育局

＊6　『社会の教育システム』二三七頁。

＊7　『社会の教育システム』二三六頁。

＊8　『戦後日本教育史料集成　第一巻　敗戦と教育の民主化』六五頁、土持ゲーリー法一『米国教育使節団の研究』一三一―一三二頁。一部肩書などを引用者が補った。

長）戸田貞三（東京帝国大学教授）鳥養利三郎（京都帝国大学総長）上野直昭（東京美術学校長）山極武利（東京都西田国民学校長）山崎匡輔（文部次官）柳宗悦（日本民芸館長）矢野貫城（明治学院専門学校長）

※ただし破線の菊地・木村・森田・関口・高橋・田中・山崎の名はその後名簿から消え、新たに佐野利器（東京帝国大学名誉教授）、倉橋惣三（東京女子高等師範学校教授）、城戸幡太郎（教育研修所）、落合太郎（京都帝国大学文学部長）、大島正徳（元東京帝国大学教授）、熊木捨治（東京第一師範学校長）、林癸未夫（早稲田大学教授）が加えられた。

この顔ぶれの特徴について土持ゲーリー法一は、「CI&E側の意向を反映したリベラルな教育者で構成され…（中略）…二九名のうち二四名が戦前欧米に渡航したことのある海外体験者で、なかには外国で学位を取得した者もおり、一流のリベラルな学者、知識人を主要な委員とし、さらに国民学校、中学校、青年学校の校長や大島、城戸、小林、佐野、戸田、長谷川、林の七委員のように戦前に教育改革同志会の同人に名を連ねた関係者が加えられている点」[*9]を挙げている。

教育改革同志会とのメンバーの重複は、米国教育使節団報告書で打ち出された学制改革の目玉の義務教育年限延長（六年から九年へ）、六三三四の単線型学校制度、男女共学といった諸点が、実はアメリカ側からの「押しつけ」ではなく、すでに戦前に日本人の手で練られていたアイデアだったという立論のポイントである。だが本講の目的は「押しつけ」史観から戦後教育改革を救済し、日本人による「自発性」を立証することではない。前述した本講の視点を踏まえれば、教育改革同志会の改革論もまた自己記述（反省）の一種であり、それに続く自己修正を予定していた。だがそこには、修正プロセスを稼働させるのに不可欠な、教育システムの自律性の回復という動機づけがぜい弱であったため、それ以上前に進めることができなかったのではないか。逆に言えば、超国家主義または軍国主義なるものが日本を亡国に追いやったという状況認識が行き渡っていた敗戦後の状況は、自己記述に基づく教育システムの自己修正プロセスにとって、いかに好都合な条件がそろっていたかが改めて浮き彫りになる。

＊9 『米国教育使節団の研究』一三二―一三三頁。

2．日米教育家による共謀体制の成立

▒安倍文相挨拶にみる使節団への期待

使節団が米国本土を出発したのは一九四六年二月末だったが、日本までの空路は大変な時間を要した。ハワイ、グアムでの給油があり、悪天候による足止めもあって、全員が日本に到着したのは三月七日のことだった。日本での活動は翌三月八日朝から始まった。この日、全団員が集まり日本側のレセプションが開かれた。日本側教育家委員会も勢ぞろいし、使節団との初顔合わせが行われた。この場での安倍能成文相による歓迎挨拶は、日米教育家同士の密やかなる共謀という本講の視点にとってもきわめて重要である。安倍自身、前田前文相の公職追放というハプニングがなければ、まず間違いなく日本側教育家委員会の筆頭に加わっているべき存在だったことも念頭においていきたい。

各位の御察しの如く戦敗国たり戦敗国民たることは、苦しい試練であり、困難なる課題でありますが、同時に敢て失礼を申すれば、よき戦勝国たり戦勝国民であることも仲々困難であります。我々は戦敗国として卑屈ならざらんことを欲すると共に貴国が戦勝国として無用に驕傲ならざるを信じるものであります。……

この悲惨なる敗戦の後、我々の国民は俄かに教育に眼を注ぎ、我国今日の結果が教育の誤と欠陥とに基づき、又日本人としての教養の低きによるといふことを痛感し、今更の如く教育の重大性に気づける有様であります。併し教育が恒久的な困難な事業であるといふ自覚又この教育の重大性を実にする行動や施設に於いては、未だ十分でなく、徒らに不用意に学校を増設することを以て即ち教育の振興などと考へて居る傾もあります。従来我国の教育には、教育そのものの不完全、不備、誤謬もありましたが、それよりも教育の置かるべき位置についての自覚が乏しく、それが一面からは教育の独立を害し、教育者をして良心

と信念とを以てその仕事に従事せしむるを得ず、その時々の国家政治の浅近な方便に用ひられるといふ弊を生みました。即ち本来政治を支配すべき教育が却って政治の奴隷となったことであります。又他面右の事情と関聯して、教育が政治や社会の現実世界と遊離しこれに滲透し、これを左右する強い力となり得なかったことであります。この弊害より見て、アメリカの我国に要望する民主主義化は、教育と教育者とに於いて方に最も本質的な正しい意味に於いて実現されなければならないと信じます。[*10]

安倍のスピーチ原稿は、哲学者である本人がかなり手を入れ「安倍カラー」を鮮明に出したものである。[*11] 当日はもちろん英訳版が読み上げられた。英訳にあたったのが前田前文相の娘、神谷美恵子で、当日の朝四時にようやく訳が完了し、そこからタイプでの清書が終わった時には、家の外に安倍文相を乗せた車がすでに待機していたという。[*12] それはともかく、アメリカ使節団側に「よき戦勝国民」であってほしいと希望を述べたこの挨拶は、敗戦国の大臣として気骨を示したと話題を呼び、好評であった。

しかし、戦勝国・敗戦国というフィルターを外してこの演説を読んでみると、そこには同類の教育家（教育専門家）として相手に語りかけているという文脈が浮かんでくる。「政治の奴隷となった」「教育の独立を害し」という言い回しは、外部の不当な介入により教育の自律性が損なわれた恨み節ともとれる。同じ教育家ならば理解し共感してくれるだろうという期待が感じられる。そして本来、教育は「政治を支配すべき」上位の位置にあり、現実世界を「左右する強い力」を回復せねばならないとの願望が述べられる。文部大臣としてより、教育家を代表する立場から、使節団に対してこの千載一遇のチャンスをものにするための協力を呼びかけたように解釈できる。

安倍は同じ挨拶のなかで使節団に対し、日本の伝統や歴史を無視してアメリカや西欧の理念や方法をむやみに押しつけることをけん制している。こうした「大胆」な発言も、同じ教育家どうしの対話なのだという状況定義を抜きにしては考えられないものである。

＊10　安倍能成「米国教育使節団に対する挨拶」七五頁。

＊11　『昭和戦後史　教育のあゆみ』二二五頁。

＊12　『昭和戦後史　教育のあゆみ』二二四頁。

教育はあらゆる人間の深い生きた精神的文化の然るが如く、普遍的人間的なると同時に極めて個性的なるものであります。詳しくいへば、理念に於いて普遍的たると共にその実現に於いては極めて個性的であります。これは人間の最も深き要求たる宗教に於いて最もよく現はれて居ることは各位の御承知の通りであり、人間の性格が普遍性との個別性の解きほごせない最も霊妙な結合たるに基づくものであります。[*13]

第二に希望したいことは、民主主義が個性の尊重と人間の平等とを両立せしめんとする如く、一国の文化や教育が国際性と同時に国民性をも尊重しなければならぬことは明白なことであります。国民的迷信殊に極端な国家主義的政策に基づいて拵へられた虚構の歴史や神話の非学問的解釈の如きが排斥さるべきは勿論でありますが、国民の中に生きてゐる伝統の特異性は尊重せられねばなりません。この意味に於いてアメリカが、アメリカ的見地を以て簡単に日本に臨むことのなからんことを願います。[*14]

教育は理念において普遍的であると同時に、現れ方において個別的である。この論法における「普遍」や「国際性」はアメリカやその文化を指し、「個別」や「国民性」は日本民族・日本文化を暗黙のうちに指している。戦勝国の使節団を相手にした演説としては物議をかもす内容も、格調高い教育論のベールにうまく包んでしまうアイデアは、最終の報告書における次の文言となって生き残った。

教育は真空の中では行われないし、また民衆［people］の文化的過去との関係をすっかり断ち切ってしまうということも考えられない。今日のような重大な時機においてさえ何等かのつながりがなければならない。新しい計画に力を与えるような人道上の観念、理想として、どういうものが保存の価値があるかを知るために、彼等の文化的伝統を分析することが、日本の教育活動にたずさわるすべての人々に課せられた仕事でなければならない。ここに日本人はその忠誠心と愛国心を合法的に振作する根拠を見つけるであろう。[*15]

＊13　「米国教育使節団に対する挨拶」七六頁。

＊14　「米国教育使節団に対する挨拶」七六―七七頁。

＊15　教科教育百年史編集委員会編『原典対訳 米国教育使節団報告書』二七頁。［ ］内は引用者が補った。

安倍が示したのは敗戦国にもかかわらずの民族的「気骨」というより、教育の独立性・自律性回復にかける強い期待と意気込みであった。

■日米間の密やかな接触

日本滞在中、使節団は四つの小委員会に分かれて活動した。それぞれ、第一委員会は「教育課程・教科書」、第二委員会は「教員養成・教授法」、第三委員会が「一般行政」、第四委員会が「高等教育」をテーマとした。日本側教育委員会もそれに対応して四つの委員会に分けられた。第一委員会の主査は務台理作、第二委員会は安藤正次、第三委員会は河原春作、第四委員会は小宮豊隆が主査を務めた。こうして一〇名弱の小規模なグループ同士で密接な交流が行われた。ほかに使節団に対しては、CI&Eスタッフによる講義やCI&Eの顧問役を務める日本人専門家からの講義も頻繁に行われた。

特に、最終の報告書の成立に大きな影響を与えたとされるのが、使節団団長のG・D・ストッダードと日本側委員会委員長南原繁によるトップ同士の接触である。その中で南原からストッダード宛にメッセージが伝達された。今日、『南原繁・東京帝国大学総長並びに日本側教育家委員会委員長からG・D・ストッダード米国教育使節団団長に提出された特別報告書』としてその存在が明るみにされ、日本語にも訳されて[*16]第一級の資料として活用されている。報告書といっても文書で提出されたのでなく、南原から口頭で伝達されたものをアメリカ側が書き残したメモである。日付は一九四六年三月二一日で、使節団帰国の三月末がせまるなか、切迫した状況下でのやり取りであった。特に注目されるのが、ストッダードが極秘と注意を促した、南原による占領軍の過剰な研究・教育介入を批判した部分である。

……授業、教授そして学習の自由などの学問の自由があるべきである。たとえば、教科内容を網羅した規則など文部省からの規制が多すぎる。教師には選択の自由が全くないのである。学問の自由が確立されなければならない。戦時中、帝国大学はある程度学問の自由があったといえる。しかし、私立大学はこの点

＊16 『米国教育使節団の研究』三二一―三二八頁。

で極めて苦労してきた。それはどうすることもできなかったのである。今、すべての大学は自由をエンジョイしているといえる。ただ以下の点で問題がある。（この点は特に極秘であり、他の日本側教育家委員の責任に帰すべきでない。GDS）。

SCAPを通して、余りに多くの教育の自由、言論の自由が制限されている。これは単に教師や教授だけでなしに、一般市民においても同じである。私は占領政策に反対する考えはないが、建設的な批判は色々な問題においてなされるべきであることを提言したい。そのような自由は存在すべきであるが、実際にはこれらの実施について検閲がおこなわれている。SCAPの検閲には、日本の軍国的な指導者がおこなった以上の厳密なものもある。私は教科書検閲にみられるような軍事的な内容やそのような教材の削除のことを言っているのではない。私の言いたいことは、社会的、経済的、政治的、哲学的内容の論文に対する検閲のことである。すなわち、学者の研究に対してのものである。すべての著書は軍事的な尺度で検閲され、また事前に低い基準によって検閲されている。戦時中には、事前に検閲されるものは何もなかったのである。現在、出版はその内容の承認が得られるまでできないのである。[*17]

占領下の日本で、日本人が占領軍の方針に異を唱えるのは自殺行為である。南原繁もそのことは十分に認識していただろう。にもかかわらずストッダード相手に、ここまで大胆な発言ができたのは何ゆえだろうか。それは、前段で述べられている内容との関連ではじめて明らかになる。ストッダードはニューヨーク州教育長官をへてイリノイ大学総長に就任した人物で、研究・教育の自由に至高の価値をおく点で南原と価値観を共有している。だから、その価値観を侵害したものとして戦時中の日本軍国主義を指弾するのならば、現在占領軍総司令部（SCAP）が進めている検閲や言論統制の行き過ぎもまた、改められなければならない。相手を同志と見こんで、その胸元にとびこもうとする大胆な戦略がみてとれる。

＊17 『米国教育使節団の研究』三二六―三二七頁。網掛け（極秘事項の部分）は筆者による。

日本側教育家委員会トップの南原だけでなく、各小委員会のメンバーも個別に使節団に精力的に働きかけた。今日確認できるだけでも、第三委員会から、新たな教育勅語の渙発に関してと青年学校を含む中等教育制度に関しての二種類の請願的提言書が使節団側に提出されている。[*18] 勅語に関しては結局見送られたことから、日本側教育家委員会からの働きかけがすべて奏功したわけでないことがわかる。しかし新制中学校、新制高等学校の制度設計のように、報告書の根幹に関わる部分に日本側教育家委員会の意向が反映された事実も確認されている。当初の使節団側の意向では六五制を勧告する予定だったのが、日本側の意向を汲んで六三三制が盛り込まれたのである。[*19]

このような密な関係の中で、次節でみるような教育の独立性・自律性の回復というプロジェクトが実施された。

3．報告書が語る戦後教育改革の真のねらい

最終報告書における自己記述

では、アメリカ使節団員との密やかな共謀により、日本側教育家委員会が最終報告書に何を盛り込むことができたかを見てみよう。本講の視点によれば、教育システムがいかに自らを「反省」し自己記述を行ったかが焦点である。この自己記述こそが、改革という名の自己修正につながっていく道である。したがって、自己記述と教育の独立性・自律性回復のプロジェクトは一体のものとみなすことができる。

報告書第一章「日本の教育の目的及び内容」は教育の理念・哲学を扱った総論的なものである。その冒頭付近で重要なことが述べられている。「日本の教育制度は、その組織とカリキュラムの規定とにおいて、たとえ過激な国家主義、軍国主義がこの中に注入されなかったとしても、近代の教育理論に従って、当然改正されるべきであったろう」[*20]。所期の目標を達するためには、超国家主義や軍国主義を悪者にした方がてっとり早そうに思える。だがそうではない。それらはたしかに教育の独立性・自律性を脅

＊18 『米国教育使節団の研究』三二九―三三〇頁、三三〇―三三四頁。

＊19 『米国教育使節団の研究』一七七―一七八頁。

＊20 『原典対訳 米国教育使節団報告書』二一頁。

かした「敵」であるが、一時的に突出した存在にすぎない。その除去の中心となるのは教育家でなく、日本の武装解除を担当する連合国軍の仕事だろう。むしろ真に必要なのは、戦前における「平時」の教育システムの徹底した記述でなければならない。こうしたロジックによって、「近代の教育理論」を準拠枠組みに、教育専門家の目から日本の教育システムの問題点が検証されていく。報告書は、米国人が他国の日本の教育システムについて記述したものだが、教育専門家による教育システムの記述という意味で「自己記述」の一種とみなすことができる。この章の記述の焦点の一つが日本の教育の画一性であったが、この記述のなかに巧みに、独立性・自律性回復の主題が織り込まれる。

……日本の教育を理解するためには、諸規定、規定された学科課程並びに文部省若しくは地方庁によって出版された教科書及び教師用参考書を調査するだけでほとんど足りるであろう。文部省並に地方庁教育課の職員は、如何に学識には富んでいようとも、教育及び教授に関して、専門的な訓練若しくは経験をほとんど全然持っていない。その結果は、社会の各層にひそんでいる、多くの才幹と能力の一大貯蔵所を、ギセイに供してしまったのである。[*21]

日本の画一的システムの問題点は、教育専門家でない官僚によるリモートコントロールを全国の教育者が受けている点にある、というのだ。これと同じ趣旨が、第三章「初等及び中等学校の教育行政」においても展開されている。

……日本の学校制度は従来しばしば批判の的になった。全制度を通じて色々な点で重要な地位は、教育者として職業的訓練を受けたことのない人々が占めていたからである。多くの教育関係職員が、内務大臣またはその代表によって任命されまたそれに対して責任を負うことになっているのである。

＊21 『原典対訳 米国教育使節団報告書』二一頁。

この管轄問題について、我々は日本の教育制度に二つの改革をすすめる。第一に、教授、教授監督、または行政に関して学校と交渉をもつ職員は、教育者たるに十分の資格をもたなくてはならぬ、そして、教育組織の一部として設けられた人または機関に与えられている機能によってその地位に任命されるべきものである。第二に教育計画の管轄を現在よりもっと分散させなくてはならぬ。全機構の一定の段階において、権力と責任の縦の線を、明確に切断しなければならぬ。[*22]

「教授、教授監督、または行政に関して学校と交渉をもつ職員は、教育者たるに十分の資格をもたなくてはならぬ」という記述は、最近日本で起こったある出来事を思い出させる。国立のある教員養成大学に採用された教員のうち小中高の現場未経験者に、採用後半年間、附属学校での業務に従事させ「修行」させることを検討しているというニュースだ。私も前任校で、教員免許もないくせに教職科目を沢山担当していた「無免許教師」の口なので人ごととは思えなかった。また文科省キャリアに採用された者が、学校現場を知るため一年間中学校に「出向」させられる話も聞いたことがある。こうしたことで山積された教育問題の解決が進むのかどうか検証されることなく、ただただ教育ムラに住むムラビトたち（直接的には免許所有者）の利権だけが増殖していく。

米国教育使節団報告書に戻ろう。さらに第四章「教授法と教師養成教育」でもダメが押されている。

専門的な準備教育はあらゆる型の教師達に、そして各々の型に属する全部の教師達に及ぼされるべきである。学校長、監督官、都道府県教育課長及び文部省内の職員等の如き他の職員は、教師達よりも更に少い準備を彼等の仕事に対して受けている。教師及びその他の教育関係職員を現職のままで教育するということの大切な仕事が、それを実施する用意が十分できている何れの機関にも集中されていないのである。都道府県の職員は必要な経験または訓練を欠いていたし、文部省は他の仕事にたずさわっていた。[*23]

＊22 『原典対訳 米国教育使節団報告書』六五頁。

＊23 『原典対訳 米国教育使節団報告書』九九頁。

報告書の筆者は、文部省の存在を否定しているわけではない。ただその「機能を内務省から絶縁すべきである」[*24]と主張しているだけであり、代わりに「統治的また行政的権力をもたぬ、感激と指導(inspiration and guidance)を供与する、相談役と有能なる専門的助言者」[*25]の機能をもつべきだと主張している。つまり巨大な教育専門家ネットワークのなかに、文部省もろとも呑み込んでしまおうというアイデアだ。先にみたキャリア官僚の一年間の現場派遣などは、この構想にフィットする施策である。

この巨大ネットワーク化論は、アメリカにおける管理行政的進歩主義(administrative progressives)[*26]の立場に近い。建国以来の住民による教育管理(いわゆるしろうと支配)に代えて、教育行政区を広域化し専門家からなる小規模の学校委員会によって効率的・合理的統治へと徐々にシフトさせていこうという考え方だ。こうしたシステム作りのために多くの州立大学で教育学のポストが作られ、教育学者なる専門家が肩で風切って歩くようになった。戦前日本のリジッドな中央統制は、米国のしろうと支配と真逆の出発点であるが、使節団と日本の教育家は、対極から出発して、ちょうどお互いにとって中間地点にあたるところを目標にしたことになる。

「幻の文書」に滲む野望、「教権確立」

その一方で報告書の筆致は、日本の教師たちに対してはかなり寛容である。日本の教育をミスリードした責任については一切触れられず、その被害者性が強調される。

……文部省はすべての水準にある教師の知性に信を置かぬような態度を示したので、そのため文部省の指導力に対する教師側の信頼を失うようなことになってしまった。統制された支配が、必ずしも常に統制された心を産むとは限らないということは、これはむしろ幸であって、日本の教師達は、彼等の意見が本使節団に示された限りにおいては、批判的であり、動揺しており、そして文部省以外のところに指導を求めて居る。この教師の間の不安動揺はかれらのあわれむべき経済状態のためばかりではない。それは指導を

＊24『原典対訳 米国教育使節団報告書』七二頁。
＊25『原典対訳 米国教育使節団報告書』七二―七三頁。括弧内は引用者が補った。
＊26 Tyack. D. *The one best system: a history of American urban education.*: ラバリー、D(倉石一郎・小林美文訳)『教育依存社会アメリカ――学校改革の大義と現実』。

求め、新日本建設に役立つ機会を求める、真剣な願望から出ているのである。統制と弾圧をうけたにもかかわらず、日本の教育の向うべき方向を自ら考えて、次第にそれに気付きつつある教師がある。そのような教師は、正しい意味の指導による刺戟と激励を期待して待って居るのである。[*27]

報告書では、戦前の日本の教師は、「何を教えるべきかまた如何に教えるべきかを厳密に命ぜられ」、「指令された内容と形式から少しも外れないように[*28]」視学官からつねに監視されている、そんな状況に置かれていたと記述されている。その一方でこうした逆境にもめげず奮闘した教師をこうたたえている。

……あらゆる不利な条件の下にあるにもかかわらず、その授業振りに非常に美事な柔軟性を持たせ得た教師達が少なからずあった。独力でまた集団を作って、日本の教育の指導者達は活動力をうばいとる束縛から脱れ出ようと努力している。――これらの先導者達に栄誉あれ！[*29]

そして日本の教師の長所として、反復的訓練によるスキル伝達に長けた点を挙げている。

何人といえども日本の教師達に向って如何にして記憶の練習を指導するかとか、手先の熟練を発達させるかを教える必要はない。彼等はこの技術には熟練している。この種の授業の価値を低く見ることは当を得ていない。社会的なまた道徳的な問題を取扱う場合に、その問題解決への着手や判断に際して、それが好奇心や独創性の発達をさまたげる時においてのみ、それは悪いのである。[*30]

報告書は一般論として、教師に保証されるべき点を以下のようにまとめている。

＊27『原典対訳 米国教育使節団報告書』一二三頁。
＊28『原典対訳 米国教育使節団報告書』八一頁。
＊29『原典対訳 米国教育使節団報告書』八一頁。
＊30『原典対訳 米国教育使節団報告書』八一頁。

教師には他の公民のもつ一切の特権と機会とを与えるべきである。任務を立派に果たすには、教師は、思想と言論と行動の自由をもたなくてはならぬ。また彼等は地位の保証と、相当な給料とをもたなくてはならぬ。[*31]

このように、戦前の教育システムは、教師の活動の自由が教育の非専門家の集まりである文部省、学務委員会、視学官などによって制限され、自律性が阻害されてきたとの記述が基調となっている。教師の自由そのものの拡大に加え、その活動をコントロールする側が必要な訓練によって教育専門家のネットワークに組み入れられ、その機能が強化されることを提言している。

日本側教育委員会が、教育の自律性回復に向けて並々ならぬ思いを持っていたことを傍証する言葉がある。それが「教権確立」である。耳慣れない言葉であるが、意味するところは教権すなわち教育する権限を、他から侵害されない不可侵のものとして確立することである。本講の文脈ではいえば、敗戦と占領を奇貨に、「教権」を教育専門家の手に取り戻すことこそ「(真の)教権確立」だと位置づけられたのである。この文言が登場するのは、「幻の文書」「秘密文書」などとも言われる「米国教育使節団に協力すべき日本側教育委員会の報告書」である。この文書の成立時期は諸説あるが、使節団の来日に先立つ二月頃に日本側教育家委員会で検討されたとする説が有力である。[*32] つまり日本側委員会は、使節団来日を「教権確立」の千載一遇のチャンスととらえ、目標達成までの行程表を練って待ち構えていたのである。また使節団報告書が完成に向けて大詰め段階に入った一九四六年三月二八日、日本側委員会は総会で重点項目として①勅語問題、②学制改革問題、③国語・国字問題(次節参照)、④教権確立、⑤教員協会、⑥教育方法の六点を確認した。[*33] これは、まもなく公表される使節団報告書をテコとして今後、教育家委員会が主導して「教権確立」を進めていきたいという意志のあらわれであると同時に、彼らが使節団来日前から練ってきた計画通りに事態が進んでいる自信のあらわれでもある。

＊31 『原典対訳 米国教育使節団報告書』七一頁。[ ]内は引用者が補った。

＊32 伊ケ崎暁生・吉原公一郎「戦後教育改革と米国教育使節団」五〇頁。

＊33 『昭和戦後史 教育のあゆみ』二五一―二五二頁、沢登哲一「米国教育使節団を迎へて」八一頁。

それでは、「米国教育使節団に協力すべき日本側教育委員会の報告書」において教権確立問題に関する意見がどのように表明されたかを見てみよう。この内容は、使節団滞在中のいずれかのタイミングで米国側に伝えられたと考えられる。

二、教権確立問題に関する意見

教権確立の方法に関しては種々考慮せらるべきも本委員会は其の範囲を米国委員より示唆を受けたるBoard of Education 制度に付き研究することに限定したり。

米国委員の説明は固より国情と歴史とを異にする日本にそのまま実現するを得ざるも其の大体に於ては中等学校及国民学校に関し教権確立を期する方法として充分考慮に値するものと認め慎重協議したる結果其の実施案としては大体に於て一致したる委員会の意見は左の如し。

一、学校に対する文部省及地方庁の監督権を縮小し其の発する指示命令は大綱に止むること。

二、府県に地方教育委員会…（中略）…を設けること学務委員の制度は之を廃止すること。

三、委員会は法律を以て之を定むること。

四、委員会は知事の監督下に在るも之を議決機関とすること。

五、委員の数は十名を標準とし現職教員、地方教育関係官及公民より選す其の教員たるものは教員之を互選し公民たるものは一般の選挙に依り之を定む但し公民に付ては被選挙資格に条件を付する要あるべし……（中略）。

九、国民学校及青年学校の教員俸給は法律を以て国及府県の負担と規定せらるるが故に此の点より教権の確立を脅かさるる虞なきに至りたるも校費に付ても亦市町村当局者又は父兄会等の援助を求むる学校当事者の労苦を軽減し此の方面よりも教権の確立を図るが為めに法律を制定し生徒児童一人当の金額を定むること必要なり……（以下略）[*34]。

＊34 「米国教育使節団に協力すべき日本側教育委員会の報告書」六五—六六頁。

上記の日本側委員会の意見は、使節団報告書において、以下のようなかたちで勧告内容に反映された。

公立の初等及び中等教育の管理に対する責任は都道府県及び地方的下部行政区画（即ち市町村等）に委せられるべきである。各都道府県に教育委員会または機関が設立され、そしてそれは政治的に独立し、一般民衆の投票の結果選出された代議的公民によって構成されるよう勧告する。この機関は法令に従ってその都道府県内の公立諸学校を全般的に監督するものとする。

都道府県の機関は都道府県の教育の指導者を任命すべきで、その人は教育の領域内で訓練と経験を得たものでなくてはならない。彼の権限及び任務の中、次のものを我々は提言する。

一　その都道府県の公立学校に対する最低標準の制定と保持。

二　客観的標準による教師の免許。

三　地方の学校当局の推挙する教科書の認可。（教科書を選ぶには教師に大きな責任が与えられるべきである）。

四　教師が現職のままで修業しうる設備及び教授上の技術改善のための専門的集会の開催。

五　文部省の定めた標準に従って、初等及び中等程度の学校及びその他の教育機関の認定または認可。[*35]

使節団報告書にはどこにも「教権」の文言はない。そもそも外国語に翻訳困難な概念であり、明示的にその言葉を押しこむ必要もなかった。教権という言葉が日本で使われ出した歴史は古いが、一般国民はその意味を知るところがなく、一部の関係者のみの間で符牒のように使われていたにすぎない。その言葉が、亡霊のようにひっそりと秘密文書の中だけにあらわれ、相応の重大な影響を与えたのである。

公選教育委員会制度は、戦前の文部省による教育統制を、無知な教育非専門家による不当な介入として退けた自己記述から必然的に導き出される解であった。だがそれだけでは同等に無知な民衆の恣意に

＊35　『原典対訳　米国教育使節団報告書』七三―七五頁。

引きずられるおそれがある。日本側委員会が提案した、被選挙資格の制限や一部委員を教員のみの投票で決するというプランは、それを露骨にけん制するものであった。結局、使節団の報告書では、公選された委員会が任命する「教育の指導者」が「教育の領域内で訓練と経験を得たものでなくてはならない」との文言が入った。教権確立をめざす日本側の教育専門家にとって満額回答に近い内容だったと言える。また公選教育委員会制度は、占領解除後すぐに任命制に切り換えられたが、教権確立をもくろむ者にとって、それがさしたる痛痒を与えなかった点にも注意したい。

ところで米国教育使節団報告書のなかには、これまで見てきたものとやや趣きの変わった勧告をしている箇所もある。戦前の日本には、たとえば『坊っちゃん』の赤シャツや坊っちゃん自身がそうであったように、大学や専門学校など高等教育機関を卒業した者には、師範学校での教員養成を免除して中等教育機関で教えることができる「特権」があった（第1講）。これをはく奪しようという勧告である。

……臨時の場合を除いては、教育機関において特定の準備教育を受けないでは、いかなる教師も免許を与えられないように、教師の教育に関しての資格を修正することが必要であろう。この意味は、たとえば、系統的な準備教育を受けない限りは、中等学校、専門学校、実業学校または大学等を単に卒業しただけでは、如何なる教師も授業する許可を与えるべきでない、ということになる。[*36]

赤シャツも坊っちゃんも、お世辞にも感心する教師ぶりとは言えなかったかもしれない。だが第2講『女教師の記録』の著者平野婦美子が述べていたように、どっぷり師範文化（教員養成文化）に浸かって育った本流の教師にはどこか堅苦しさがある（平野自身も高等女学校から師範への編入組でやや異端であった）。こうした教職への「横はいり道」を防いでしまうことは、教育の独立性・自律性を高度化する意味では目的にかなっているかもしれないが、教師の世界がつまらなくなってしまう恐れがある。

＊36 『原典対訳 米国教育使節団報告書』一〇一頁。

4. 時代を超えた自己記述——試験至上主義批判と国語・国字問題

米国教育使節団報告書の「自己記述」のなかには、時代文脈を超えて今日でも同型の記述が行われているものがある。その一つが試験・テストに関係する事柄である。第一章「日本の教育の目的および内容」で、縷々目的を述べてきたあと、「試験及第第一主義」の弊害に筆をすすめている。

このためには両親、生徒、教師の心を先ず第一に占めていた、従来の試験及第第一主義を改めなければならぬということになる。受験準備に支配されている教育制度は、形式的になり、極りきった型のものになる。それは服従しておればよいという気持を教師や生徒に起させる。それは研究の自由と、批判的判断の自由を奪って、そして社会全体というよりはむしろ狭い範囲の官僚主義のために、当局者の意のままに操縦されることになる。最後に、この制度は時としては、ごまかしや不正行為をやらせたり、若しくは健康を害して失敗に終らせたりするような、異常な競争心を産み出す。[*37]

……新しい日本の教育は、有意義な知識をうるために、できるだけ多くの資源と方法とを開拓するよう努むべきである。学習者が教育の課程に能動的に参加するのでなければ、即ち学習者が理解をもって学ぶのでなければ、教育は、試験が済み次第忘れられる事がらの蓄積に過ぎなくなるのである。[*38]

競争心をあおる、健康を害するなどの試験批判——どこかで聞いたことがないだろうか。第9講でみたように、小学校の進級・卒業試験に対する批判が一九世紀末の日本で巻き起こった際、こうした論拠が使われた。また、進級以上に常に大きな議論の的になるのが上級学校進学に際しての入学者選抜試験であり、ここでも同種の議論がすでになされていた。大正末期、激化する一方の中学校受験競争への批判

＊37『原典対訳 米国教育使節団報告書』二七—二九頁。

＊38『原典対訳 米国教育使節団報告書』二九頁。

の声が喧しかった。そして実際に入試制度改革が実行され、学科試験が大幅に平易化・縮小し、内申点や面接、身体検査の結果が重視されるようになった。しかし中学校側からの不満の声が高まり、結局もとに戻された経緯がある。[*39]戦後も高校受験、大学受験を「地獄」と形容し、その弊害をならす論に枚挙のいとまがない。二〇二一年度から実施される新・大学入試もこうした議論の産物である。米国教育使節団が書き込んだような、一発勝負型入学試験の弊害の指摘を受けての入試改革であるが、果たしてそうした改革によって「学習者が教育の課程に能動的に参加する」ようになるのか、疑問の声も多い。

報告書のなかで「国語・国字問題」に触れた部分もみておきたい。周知のように、米国教育使節団報告書において最も物議をかもしたのは、日本語の表記について漢字をできるだけ減らし、将来的にはローマ字表記も視野に入れてはどうかと提言した部分である。その後の歴史を知る者として、この勧告がまったく採用されなかったことを誰もが知っている。しかし、漢字の使用が日本語習得の敷居を高くし、多くの訪日外国人に不便を強いているという認識は、国際化時代をむかえてますます高まっている。

> 日本の国字は学習の恐るべき障害になっている。広く日本語を書くに用いる漢字の暗記が、生徒に過重の負担をかけていることは、ほとんどすべての有識者の意見の一致するところである。小学校時代を通じて、生徒はただ国字の読み方と書き方を学ぶだけの仕事に、大部分の勉強時間を割かなくてはならない。この初期数年の間、広範囲の有用な語学的及び数学的熟練と、自然界および人類社会に関する主要なる知識の修得に充てられるべき時間が、この国字習熟の苦しい戦いのために空費されているのである。[*40]

日本の学校で何の疑問ももたず教育を受け、何百もの漢字を覚えてきた者にとっては虚を突かれる指摘である。漢字文化圏外をバックグランドとする者だからこそ、こうした問題を見てとることができたの

＊39　石岡学「一九二〇年代日本の中等学校入試改革論議における『抽籤』論にみる選抜の公正性」。

＊40　『原典対訳　米国教育使節団報告書』五五頁。

だろう。これを、文化差異を顧みない暴論だとするむきも多い。現に日本側教育家委員会も、言語学を専門とする安藤正次を先頭に、ローマ字表記論をなんとか阻止するべく働きかけを行った。[*41] だがCI&Eにも強硬論があり、日本側の働きかけは奏効しなかった。

だが少し見方を変えると、この漢字学習批判も広義の「自己」記述とみなすことができる。教育専門家として、貴重な初等教育の勉強時間に何を最優先するべきかを考えたとき、日本の初等教育に異常に大きなウェイトを占める文字修得に疑問を呈するのは当然のことだといえる。文化や文明圏を異にするというフィルターを外して、あくまで同類の教育専門家どうしで交わされた言説と位置づければ、読み方がまた変わってくると思われる。

おわりに：教育改革のゆくえ

教育の独立・自律は、戦後日本的文脈では中央集権に対するアンチテーゼ、国家権力からの自由の確保として位置づけられる。そして、米国教育使節団報告書でも勧告され、ほんの一時期の間だけ制度化された公選教育委員会制度が、その一応の答えだと考えられてきた。しかし、一九四六年時点までの米国教育史の流れをおさえ、使節団の有力メンバーに大都市の教育行政トップや教育学の大学教授が含まれていたことを踏まえると、異なった図式がみえてくる。国家の関与の余地がなく教育が民衆によって統制されている状態は、教育専門家にとって、教育が「自律」した姿ではなかった。それは、しろうと支配に身をまかし、その恣意に蹂躙されている状態と映ったのだった。つまり日本では教師と人民が一体となって国家に対峙するという前提が疑われなかったのに対し、来日した米国人の念頭にあったのは、民衆対教育専門家という構図だったのだ。日本では一九四六年時点で教育専門家と呼びうる層はきわめて薄く、まだ十分な力をもちえなかった。しかしその新興勢力のトップにたちうる最有力候補が、日本側教育家委員会に糾合した人びとだった。戦争遂行に直接的加担をせず、「リベラル」な信条をも

＊41　アンガー、J・マーシャル（奥村睦世訳）『占領下日本の表記改革――忘れられたローマ字による教育実験』九六頁。

つ高等教育関係を中心とする教育専門家たち。かれらは、期せずして自らの前に転がりこんできたチャンスを前に、密かに胸ときめかせたのではないだろうか。かれらの野望である教権確立にとって、教育委員が公選か任命かは本質的に二の次の問題であったことにも注意したい。

こうした文脈をふまえ、本講ではギデンズの再帰性、ルーマンの自己記述の概念を援用して、米国教育使節団報告書の再解釈を試みた。本文中でも触れたが、勧告内容のなかには既視感をおぼえるものがいくつもある。「学校長、監督官、都道府県教育課長及び文部省内の職員等の如き他の職員は、教師達よりも更に少い準備を彼等の仕事に対して受けている」という自己記述は、前記のように大学教員やキャリア官僚を小中学校で「修行」させるという改革となって現実化した。教育には、何らかの危機に直面した際、こうした自己記述を行い、内向きに自律性を高め求心力を回復させようとする性癖のようなものがある。こうしたときしばしば、もともとあった問題の解決が放置されたまま、一部の教育関係者の利権の増殖だけを帰結するいわゆる「焼け太り」現象が発生する。戦後教育改革のすべてが「焼け太り」だったというわけではないが、学校教育は唯一絶対の人づくり、人間形成システムではない。つねに競合相手との間でせめぎ合い、優越性を競い合って社会へのアピール合戦を繰り広げている（第9講参照）。その中でちらりと見せたしたたかさを、米国教育使節団報告書から読み取るというのもまた一興なのではないか。

参考文献

＊教科教育百年史編集委員会編『原典対訳 米国教育使節団報告書』建帛社、一九八五
安倍能成「米国教育使節団に対する挨拶」『戦後日本教育史料集成 第一巻 敗戦と教育の民主化』三省堂、一九八二 所収

（初出『文部時報』八二七号、一九四六）

「米国教育使節団に協力すべき日本側教育委員会の報告書」『戦後日本教育史料集成 第一巻 敗戦と教育の民主化』三省堂、一九八二

ギデンズ、A（松尾精文・小畑正敏訳）『近代とはいかなる時代か――モダニティの帰結』而立書房、一九九三

伊ケ崎暁生・吉原公一郎「戦後教育改革と米国教育使節団」伊ケ崎暁生・吉原公一郎編『戦後教育の原典 二 米国教育使節団報告書』現代史出版会、一九七五

石岡学「一九二〇年代日本の中等学校入試改革論議における『抽籤』論にみる選抜の公正性」『教育社会学研究』第九四集、二〇一四

倉石一郎『アメリカ教育福祉社会史序説――ビジティング・ティーチャーとその時代』春風社、二〇一四

ラバリー、D（倉石一郎・小林美文訳）『教育依存社会アメリカ――学校改革の大義と現実』岩波書店、二〇一八

ルーマン、N（村上淳一訳）『社会の教育システム』東京大学出版会、二〇〇四

沢登哲一「米国教育使節団を迎へて」『戦後日本教育史料集成 第一巻 敗戦と教育の民主化』三省堂、一九八二 所収（初出『文部時報』八二七号、一九四六）

Sher, J. P. & Tompkins, R. B. *Economy, Efficiency, and Equality: The Myths of Rural School and District Consolidation.* Washington, DC: National Institute of Education, 1976

Steffes, T. *School, society, and state: a new education to govern modern America, 1890-1940*, The University of Chicago Press, 2012

土持ゲーリー法一『米国教育使節団の研究』玉川大学出版部、一九九一

Tyack, D. *The one best system: a history of American urban education*, Harvard University Press, 1974

アンガー、J・マーシャル（奥村睦世訳）『占領下日本の表記改革――忘れられたローマ字による教育実験』三元社、二〇〇一

読売新聞戦後史班編『昭和戦後史 教育のあゆみ』読売新聞社、一九八二

第11講

教科書無償闘争から展望する未来
［タダでもらっても嬉しくない教科書］

▒高知追手前高校部落問題研究部作『たたかいは炎のように』（一九八五年）

キーワード

教育費
教科書制度
平準化と統制のジレンマ
ワンパッケージ政策
教科書無償闘争
憲法二六条
部落差別

はじめに：教科書無償闘争とその評価

もし皆さんの小・中学校時代の教科書がまだ手元にあるなら、裏表紙をじっくりながめてほしい。「この教科書は、これからの日本を担う皆さんへの期待をこめ、税金によって無償支給されています。大切に使いましょう」。このような大意の文言が小さな文字で書きつけられている筈だ。まるで政府が進んで無償配布を実行したかのようだが、本当のところどうなのだろうか。のちに詳しく論じるが、この教科書無償配布は、日本国内のすべての人を対象とする普遍的かつ恒久的な教育支援策の数少ない事例である。今日、子どもの貧困問題が重要な政策課題とみなされ、かけ声だけは勇ましいが、教育費をめぐる政策進展はほとんど見られない。そんななか、半世紀前に実現した教科書無償配布はいまや当然の権利のように思われているが、その背後に「炎のような」激しい闘争があったことは忘れ去られている。本講では、闘争がおこった地元、高知県の高校生が一九八五年に作成した優れた八ミリ映画『たたかいは炎のように――高知市長浜の教科書無償闘争』を軸に、その今日的意義を論じてみたい。

ところで、これほど輝かしい成功をおさめた画期的な運動だったにもかかわらず、教育学におけるこの運動への評価はじつはあまり高くない。「教科書統制は、教科書無償法をてこに、教科書会社を通してさらに採択の面からも強化された」[*1]。たとえばこんな具合に、教科書無償化運動が国家による教科書への介入・統制強化の呼び水となったことへの、非難めいたまなざしが浴びせられることが多かった。事実だけ取り出せばそのとおりかもしれない。教科書検定は年々厳しさを増し、政府の教育内容への介入はとどまることをしらない趨勢である。その咎を教科書無償運動に向けることの是非はおくとしても、教育の公費負担の拡充が、教育統制の強化を不可避にともなうのかという問題は、検証してみる価値はありそうだ。そこで本講では、教科書制度とその費用負担に焦点を合わせながら、明治以来の日本の教育の流れをおさえるところから始めたい。ここで問われている一般命題は、公的負担を徹底し教育へのアクセスの平等化を指向する「平準化」を、公権力による教育内容の「統制」を避けつつ追求するのは可能かという問いである。この平準化と統制のジレンマが繰り返し噴出する歴史として近代日本教育史をみることが可能だろう。それに続けて、『たたかいは炎のように』に描かれた高知・長浜の教科書無償化闘争に沿いながら、このジレンマにどう向き合うかさらに考察していきたい。

1．平準化と統制のジレンマ――戦前編

河野《こうの》敏鎌《とがま》（一八四四―一八九五）という名をご存知だろうか。教科書無償闘争の舞台、土佐が生んだ幕末の志士にして、維新政府の高官となった人物である。尊皇攘夷を唱える土佐勤王党に参加し、藩から弾圧を食らって獄につながれる。過酷な拷問を受け多くの同士が獄死したなか生き延び、新政府に加わってからは出世街道を歩みだす。二七歳にして今日の知事職にあたる広島県参事に、そしてついに一八八〇（明治一三）年、文部卿（現在の文部科学大臣）にまでのぼりつめる。下級武士出の人間が位階を極めた、まさに「立身出世」である。ところでこの河野が、文部卿時代に手がけた大仕事が教育令改正

＊1　大田堯編『戦後教育史』二七六頁。強調は原文。

図11-1　教科書無償運動の拠点となった施設「自彊館」跡。高知市長浜地区にて筆者撮影

であった。この教育令改正こそ、平準化と統制をめぐる長いドラマの出発点である。重要な局面で高知県関係者が顔を出す因縁がおもしろい。

周知のように日本の近代教育の出発点は一八七二（明治五）年頒布の「学制」であったが、近代国家として歩み始めたばかりの日本に、全国一律の中央集権的な学校制度を樹立するのはいかにも早計であった。民衆の反発をまねき、学校の浸透を停滞させた一つの要因に、学校建設費を地方負担とし、受益者負担の原則により授業料を徴収するなどの重い教育費負担の問題もあった。政府は一八七九（明治一二）年、新たに「教育令」（自由教育令と通称される）を出して学制を刷新する。新たに打ち出された方針は、国家統制を徹底して遠ざけ分権的自治を基本とするアメリカ合衆国に範をとり、政府の統制を大幅に緩め地方の実情にあった柔軟な教育運営を行うものだった。新基軸は分権的な教育行政のあり方だけでなく、カリキュラム面にも及んだ。「学制」体制下で文部省によって「小学教則」が定められ、それに準拠して授業を行うことが推進されたが、地域の実情に合わずあまり機能していなかった。そこで前年に教則を廃止した上で、教育令のもとではカリキュラム編成は公選された各地域の学務委員の手に委ねられ、多様な教材が編成・実施された。[*2] ちなみに教科書は、中村正直『西国立志編』や福沢諭吉『西洋事情』など啓蒙思想家の著作がそのまま使われるなど、国家統制から自由な状態にあった。

ところが、河野敏鎌が文部卿に就任する頃にはすでに、制定されたばかりの教育令に逆風が吹いていた。民衆や末端現場の負担を軽くし学校制度の普及を促すことを狙い、たとえば就学規定も四年間の就学期間に一六ヶ月以上と大幅に緩和したにもかかわらず就学率は伸びず、「学事停滞を招いた」との批判の矛先が教育令に向けられた。河野はこの状況を踏まえて教育令改正に動く。一八八〇（明治一三）年一二月に公布された第二次「教育令」は、就学規定を厳格化（三年間の就学期間に毎年一六週以上）したほか、授業日数を年間三二週（通年授業）に増やした。また教育行政における文部卿および府知事県令の監督権限を強化した。カリキュラムも、文部省が示した「小学校教則綱領」に基づき各府県が教則

---

*2　山本正身『日本教育史――教育の「今」を歴史から考える』八二頁。佐藤秀夫「「自由教育令」百年の軌跡――「人民自為」の復権を求めて」六八頁。

を定める体制に移行し、自由で自主的なカリキュラム編成に枠がはめられた。国が大綱を定め、府県がそれを基準に「主体的」に事を進めるという教育行政の大枠が確立する。その一方で、これまで野放し状態だった教科書についても統制が着手された。教育令改正と同じ一八八〇（明治一三）年、すでに国は使用禁止書目の発表を行い、教科書としての使用が不適切な書物のリストアップと排除に動いていたのである。さらに右記「小学校教則綱領」の制定を受け、そこで示された教授要旨にもとづき教科書が作成されることになった。国が大綱を示し、それにのっとった教科書を作るという教科書行政の基本的流れは、国定教科書時代を除いて戦後また復活し、今日まで引き継がれている。綱領制定とともに、府県が使用する教科書一覧を国に届け出る開申制（届出制）が一八八一（明治一四）年からとられた。不適切教科書排除の強化のため、二年後の一八八三（明治一六）年には採用に際して文部省の認可が必要な認可制となる。

このように河野敏鎌が主導した教育令改正は、今日なおさまざまな問題点をはらむ教科書行政に通じる道を結果的に開いたと言える。だが、そもそも学制から自由教育令、さらに改正教育令への目まぐるしい改変の主要動因となったのは、重い教育費負担にあえぐ民衆からの強い不満の声だった。しかしそれに応えるはずの教育令もただ徒に負担軽減策に走るばかりで、国として維持すべき教育水準を保つための資源投入、すなわち教育費の公費負担分を増加するという発想は見られなかった。その点は河野の教育令改正も同じで、厳格化によって民衆に重くのしかかった負担の手当てをどうするかは全く考えられていなかった。負担減と統制強化をワンパッケージとした本格的な教育政策の登場は、森有礼による「小学校令」を待たねばならなかった。

森有礼は一八八五（明治一八）年の内閣制確立にともない初代文部大臣に就任し、近代教育制度の基礎固めを行った。特に重要なのは、はじめて「義務教育」という文言が掲げられた「小学校令」である。そこでは小学校が尋常・高等の二段階とされ、修業年限はそれぞれ四年間とし、就学年齢は六歳から一四歳と定められた（義務教育は尋常小学校の四年間）。また教科書について「文部大臣ノ検定シタルモノニ限ルヘシ」と定められ、検定制が打ち出された（後述）。一方で小学校令には、教育費問題の存在をにらんだ規定も散見される。その一つは就学猶予規定である。「病家計困窮其他止ムヲ得サル事故」を理由とする就学猶予を認めるとする条項は、就学からの排除という逆説的な形をとりつつも、教育費が貧困家庭を圧迫する現実への認識をはらんでいる点で重要である。また費用面その他で負担を軽減した「小学簡易科」の設置を認めた点も興味深い。簡易科の経費は「区町村費をもって支弁し、授業料を徴収しない」ことが定められ、「修業年限が三年以内、学科は読書・作文・習字・算術」とされた。[*3] 教育費負担力に乏しい者には負担軽減の名のもとサービス供給を絞るという対処は自由教育令の発想と同根ではあるが、教育費無償がここに明確に打ち出された点は画期的である。

さて「小学校令」で（ならびに「中学校令」でも）打ち出された教科書検定制度は、民間から発行される教科書のうち文部大臣の検定に合格したものだけを使用可能とする制度であり、従来の認可制から一段と国家統制を強めるものだった。一八八六（明治一九）年「教科用図書検定条例」、一八八七（明治二〇）年「教科用図書検定規則」、同年の「公私立教科用図書採定方法」と着々と制度が整備されていった。最後のものは、地方長官が審査委員を任命し、府県一律に教科書採択を行う方法を規定している。

その後小学校令は一八九〇（明治二三）年、一九〇〇（明治三三）年に改正、再改正される。このうち前者は、大日本帝国憲法制定、教育勅語の渙発を受けて小学校教育の目的を明確化するものだった。それに対して第三次小学校令は、平準化（負担軽減）と統制強化をワンパッケージとして打ち出す小学校令の性格を一層鮮明化するものとして重要である。何より注目されるのが、公立小学校の授業料を徴収しないという原則を明確化したことである。[*4] 教育費負担の根幹部分であり、教員給与の原資でもあった授業料負担が公費化されたことの意義はきわめて甚大である。「学制」以来の受益者負担の時代はここに終わりを告げた。この一九〇〇年が、教育費負担をめぐる公費と私費の境界線が大きく動いた第一

＊3　『日本教育史』一三〇頁。

＊4　山本正身はこの実現の背景に、教育財政への国からの支援を保障する「市町村立小学校教育費国庫補助法」の成立（一九〇〇年三月）があったことを指摘している（『日本教育史』一六五―一六六頁）。

の歴史的画期であり、次の節目は教科書無償闘争が起こる一九六〇年代まで待たねばならない。

また第三次小学校令はカリキュラム編成における国家の関与を高め、次の教科書国定化の道を準備するものでもあった。従来、国が定めるのは「小学校教則大綱」であり、府県が定める教則の基準を示すに過ぎなかったのであるが、この改正の結果、小学校教則は文部大臣が定めるものと変更された。つまり国が定めたカリキュラムをダイレクトに学校現場に下ろすという算段である。この改定は、国の教科書国定化への意欲を表すものと考えられる。このように国定化への道を実質的に開く性質を第三次小学校令がもっていたとすれば、それは授業料無償化（平準化）と教育統制がワンパッケージになった政策の典型例とみなすことができる。

教科書検定制を攻撃し、国定化を求める火の手が最初にあがったのは、国家統制の一丁目一番地ともいうべき修身の教科書をめぐってだった。議会において国定化を求める建議がなされたが、その議論のなかで検定教科書の「紙質が粗悪で、しかも高価であること」[*5]が槍玉にあげられたのが興味深い。また当時の文相菊池大麓が「国定にすると検定のときより、教科書の価格はよほど安くなる」[*6]とそのメリットを訴えてもいた。ここでも平準化（負担軽減）と統制はワンパッケージで提示されている。結局のところ国定化への動きを決定づけたのは、いわゆる「教科書疑獄事件」であった。前述のように当時の採択制度は、任命された審査委員が府県一律に教科書採択を決するものであった。売り込みに必死な教科書会社はこの審査委員に働きかけを行い、それが贈収賄の汚職が発生する温床となるというのが検定制廃止派の主張であった。その主張を裏づけるかのように事件が「発生」し、それが引き金になって国定制が導入された。だがこの汚職に対応するため、文部省は当初、教科書採択制度の是正（府県の一律採択を止め、各小学校の自由採択とする）を考え、一九〇〇年の小学校令改正に盛り込むつもりだった。[*7]しかしその動きは頓挫した。何か大きな力が働いたのだろうか。ともかく一九〇三（明治三六）年の小学校令一部改正により国定教科書制度が確立し、翌年春から小学校で国定教科書の使用が始まった。中等

＊5　『日本教育史』一六八頁。

＊6　中村紀久二『教科書の社会史――明治維新から敗戦まで』一三四頁。

＊7　『教科書の社会史』一一八頁。

レベル諸学校ではなお検定教科書が使われていたが、一九四三（昭和一八）年からは中学校、高等女学校、実業学校、師範学校でも国定教科書が使用された。この状態は日本敗戦後、一九四七（昭和二二）年の新学制のもとで国定制が廃止され、検定制度が復活するまで続いた。

国定教科書制度は平準化と統制とのワンパッケージ政策の典型だと述べたが、だからと言って教科書がタダになったわけではない点に注意しておきたい。国定制導入が決定した一九〇三年、文部省が新旧教科書の価格を調べた資料を公表している。それによれば、尋常小学校の修身が一二銭七厘（検定教科書の平均価格、以下同様）から五銭三厘に、読本が一一銭から七銭四厘に、習字が五銭二厘から三銭に、高等小学校歴史が一九銭二厘から七銭六厘に、地理が二五銭一厘から七銭六厘に、それぞれ値下げされている。[*8] 高等小学校での値下げ幅が顕著なのに比して、完全義務化がなされた尋常小学校の下げ幅は小さい。教科書の公費負担への壁は厚く、敗戦まで実現することはなかったのである。

これ以降、敗戦までの教育史の動向においても、平準化と統制のワンパッケージ現象を考える上で注目すべき出来事がいくつかある。一九〇七（明治四〇）年の義務教育年限延長（小学校六年制）がまず目を引く。また大正期の臨時教育会議の決議を受けた一九一八（大正七）年「市町村義務教育費国庫負担法」、昭和期の教育審議会の議論を受けた単線型学校制度の胎動や一九三五（昭和一〇）年の青年学校義務制も重要なメルクマールである。さらに、就学猶予・免除の事由からついに「貧窮」の文字が消えた一九四一（昭和一六）年の国民学校令も、平準化と統制のパッケージの極めつけの例と言えよう。だが紙幅の関係からこれらについて詳論するのは避け、戦後の動向に目を転じたい。

2．平準化と統制のジレンマ――戦後編

日本の敗戦とともに、教科書の歴史も新たな局面をむかえる。一九四五（昭和二〇）年九月、状況の急変により不適切となった教科書の記述を糊塗する、いわゆる「墨塗り」が始まる。翌一九四六（昭和

＊8　『教科書の社会史』一三四頁。

二一）年度には「最後の国定教科書」となる文部省著『くにのあゆみ』などが刊行されたが、民主主義色を全面に出した異色のものとなった。一九四七（昭和二二）年度に「六三三」の新学制などを骨子とする学校教育法が成立・施行し、それを根拠に一九四九（昭和二四）年度から教科書検定制度が実施される。それに伴い従来の「教則」に代わる「学習指導要領一般編（試案）」が公表された。これは国定教科書制時代の強力な政府統制から一変して、地域や生徒らの実情にあった教材・カリキュラムを各学校現場が創造することを推奨するものである。それに呼応して各地で独自のカリキュラムが作られたが、戦争の痛手に苦しむ民衆の生活はどん底状態で、新教育の理想と現実の生活とは大きく乖離していた（第5講「山びこ学校」の項参照）。国家統制が極端に緩み教育界に自由が横溢する一方で、就学や通学を普遍化するための物質的支援には乏しい時代だった。教育の自由と平準化がトレードオフの関係にあるかのような印象の強化に、この時代状況もまた寄与したものである。

ただし、特筆すべきは一九五〇年代に一時実施された政府による教科書無償配布である。学習指導要領が依然として「試案」のままだった一九五一（昭和二六）年度から三ヶ年にわたり、小学校の新入生の算数と国語の教科書のみという限定されたかたちで、教科書の無償配布が全国で実施された。[*9] 一九五四（昭和二九）年度以降は実施されなくなり、貧困児童のみを対象とした福祉施策としての無償配布にシフトする。こうした状況で一九六一（昭和三六）年春の教科書無償闘争を迎えることになるが、この短期間限定の無償配布時代を、多様性を許容するカリキュラムと普遍的な平準化措置が両立しえた稀少な例として、記憶に刻んでおきたい。

日本経済が焦土から立ち直りの兆しをみせ、旧来の支配層の復権が完成しつつある一九五〇年代後半になると、教育政策はふたたび国家統制強化に向かい始める。教育の分権体制を保障する教育委員会制度の骨抜きをはかる「地方教育行政法」の成立（一九五六年）はそのメルクマールの一つである（教科書検定についても、文部大臣の権限に属するものとする法改正が一九五三［昭和二八］年になされた）。岸信介

＊9　村越良子・吉田文茂「回顧 教科書無償運動 一 連載をはじめるにあたって」九九頁。

政権下でそうした動きが加速化し、一九五八年に法的拘束力をもつことを明記した学習指導要領の告示、特設「道徳の時間」の実施などの文教刷新が矢継ぎ早に行われた。

だが岸政権下で、統制強化と並行して平準化に向けた布石が打たれたこともまた確かである。それが一九五八（昭和三三）年成立の「公立義務教育諸学校の学級編制及び教職員定数の標準に関する法律」、通称義務教育標準法またはシンプルに標準法と呼ばれるものだった。教員定数・配置のルールを定めたのみならず、それに応じた国から地方への教育費分配の原則を確立した。それまでは都道府県や市町村の財政状況によって教育予算のムラが生じ、教育条件に地域格差が存在していた。標準法は国のイニシアチブによってその格差を埋めることによる標準化、苅谷剛彦言うところの「面の平等」[*10]の実現をはかるものだった。困窮者のニーズに特化して手当てするアプローチと異なるため、標準法の意義は理解しづらいものとなっている。だが、「面の平等」を指向しない教育行政システムをとるアメリカ合衆国では今日でも、住民所得の多寡に連動した学区間の教育予算の不平等、それによる教育条件の格差が放置されたままである。[*11]平準化政策の一環としての標準法の意義をおさえておきたい。

教科書無償闘争が発生した一九六一年はこのように、国の教育統制が加速度的に強まる一方、家庭の教育負担を軽減し教育費の平等な分配をはかる平準化政策はまだ目に見え体感できるような成果には結びついていない、混沌とした状況下にあった。闘争の経過については項を改めて詳述することにし、ここでは一足飛びに、闘争を経て国による普遍的かつ恒常的な教科書無償配布が実施されてからの状況をみることにしたい。

まず、一九六二年の「義務教育諸学校の教科用図書の無償に関する法律」、一九六三年の「義務教育諸学校の教科用図書の無償措置に関する法律」成立をもって、一九六三年度新入学生から暫時、全ての義務制学校において一律の教科書無償配布が実現したのは、日本教育史上画期的な出来事であった。一九〇〇（明治三三）年の第三次小学校令で授業料無償の原則が確立して以来久々の本格的な平準化政策

＊10　苅谷剛彦『教育と平等——大衆教育社会はいかに生成したか』。

＊11　たとえば鈴木大裕『崩壊するアメリカの公教育——日本への警告』を参照。

であり、普遍的かつ恒久的な教育負担公費化の実現であった。と同時に、「学制」以来九〇年、日本に教科書というものが登場してから初の無償措置であった。だが、というよりやはりと言うべきか、この画期的な平準化政策には統制強化がパッケージされていた。

無償措置法では、教科書の採択方法について一つの方向が打ち出された。第一二条「都道府県の教育委員会は、当該都道府県の区域について、市若しくは郡の区域又はこれらの区域をあわせた地域に、教科用図書採択地区……を設定しなければならない」。いわゆる広域採択制である。教科書採択は、個々の学校や教師の手に届かない高レベルの意思決定に委ねられることになった。また無償配布後に鮮明になったのが教科書の選択幅の縮小である。海後・仲・寺崎の研究[*12]によれば、無償化実施後、どの教科においても教科書の種類数が大幅に減少した。まず無償化・広域採択制とともに、教科書発行から撤退する出版社が相次いだ。過当競争が強まり、中小の業者が採算がとれなくなったためである。[*13]また「各種目一社一種類発行」原則が厳格されたことも種類数減少に拍車をかけた。[*14]いわば真綿で首を絞めるように、じわじわと国家統制が強まる方向に向かっていったのである。平準化と統制のパッケージ化は、この段階ではきわめて隠微な形をとった。

平準化と統制のジレンマをめぐる長いドラマもそろそろ幕にしたい。この後、教育費をめぐる大きなメルクマールとして挙げられるのが田中角栄政権下での「学校教育の水準の維持向上のための義務教育諸学校の教育職員の人材確保に関する特別措置法」である。これにより公立学校教員の給与が大幅に向上した。受益者負担主義に逆戻りすることなく教育予算の純増によって教員待遇改善を実現させた点では画期的だった。その後、行政改革・財政再建のかけ声がたかまり、やがて新自由主義が席捲する社会情勢のなか、教育費の公費負担をめぐる動きは長きにわたり停滞を余儀なくされ、防戦一方を強いられる。二〇〇九年の民主党鳩山政権の樹立と翌年の高校無償化政策実施は、一九〇〇年、一九六三年に次ぐ日本教育史上三度目の、教育費の公費・私費の新たな線引きの契機であった。その背景として、直接

＊12　海後宗臣・仲新・寺崎昌男『教科書でみる近現代日本の教育』二三〇頁。
＊13　『教科書でみる近現代日本の教育』二三七頁。
＊14　『教科書でみる近現代日本の教育』二三六頁。

的にはリーマンショックに端を発する現役世代の切実な生活苦の訴えがあったにしても、本質的には、歴代政権の長年にわたる教育費問題軽視、そこで鬱積されていた民衆の不満や怒りがあったと言えよう。その後二〇一二年に第二次安倍内閣の登場で政権が再交代し、民主党時代の政策の一掃がはかられた。だが一度公費化という形で引き直された線を、負担増の方向にさらに引き直すのは容易でなく、歴史の歯車が完全に逆転したとは言い切れない（同政権下での幼児教育無償化がその証左）。現政権にも、かつての岸政権への郷愁に由来する強烈な国家統制志向がある一方で、市場原理や競争主義へのコミットも捨てていない。統制に向かうか軸がはっきりしないため、パッケージとして同封されるべき平準化の中身も定まっていないのが現状である。

3.『たたかいは炎のように』の背景

それでは本題の教科書無償闘争に入ろう。八ミリ映画『たたかいは炎のように――高知市長浜の教科書無償闘争』は、すでに闘争が忘れられかけていた一九八五年に、高校生の目線からその意義を捉え直したものである。私は高知県の同和教育をテーマに研究していた縁から、当時追手前高校部落研の顧問をされていた中内康博先生と出会うことができ、この作品が作られた経緯についてお話を伺うとともに、部落研の活動に関する貴重な資料をご恵贈いただいた。[*15] これらの情報を手がかりに、本節ではこの映画そのものの背景を述べていく。

高知追手前高校部落問題研究会の前身となるサークル（同好会）が結成されたのは一九六九（昭和四四）年のことだ。この年、同校ではロングホーム討議による同和教育の取り組みも開始されている。その後、学園紛争の余波を受けて「亀裂」が生じ、一時「開店休業」状態に陥るが、一九七三（昭和四八）年、差別落書き事件をきっかけに「再建」された。一九七五（昭和五〇）年に正式な「部」に昇格する。この年九月の文化祭で、自主制作スライド第一作『ルポ・未解放部落――六つの部落をまわっ

＊15　高知県立高知追手前高等学校部落問題研究部『それぞれの熱い夏――高知追手前高校部落研スライド映画　脚本集』、『それぞれの熱い夏――高知追手前高校部落研八㎜映画脚本集第二集』、中内康博「高知追手前高校部落問題研究部　一九八五年制作　自主制作映画（八ミリ）『たたかいは炎のように』――高知市長浜の教科書無償闘争」第五二回社会教育研究全国集会配布資料。以下、中内配布資料とする。

て』が発表された。この協同作業が「部落研究活動の転生となった」という。これを皮切りに、生徒たちによるスライドが五本制作された。顧問の中内先生によれば、三作目までは毎年一本ずつ制作され、この時が部落研の活動が最も軌道に乗っていた時期であった。だが一九七八年、七九年と新入部員が激減し、八〇年四月には一名だけになってしまった。「解散やむなし」の考えに傾いたときもあったが[*16]、同和奨学生に呼びかけ何とか存続のめどがたち、翌八一年に四作目のスライド『おづる井見聞録』を完成させることができた。「結成以来の二度目の大きな危機[*17]」をのりこえたのである。

スライド第六作『榎の証言』で識字学級をとりあげた時、ある生徒が「識字学級のおばあさんの震える手で文字を書くスライドを窓にかざして、「スライドだと、ふるえるおばあさんの指が止まっている。だから八ミリ映画にして欲しいと言ったのに……」と強調した[*18]」。この言葉を機に、顧問は、「素人が映画を制作するにはどうしたらよいか、その指導方法の研究と、機材と資金を準備することになる[*19]」。そして翌一九八四年、映画第一作となる『人生の鼓動――ある結婚差別から』が制作された。映画は「予想以上の好評を得た」が、二年生の部員が退部し、そのあとが続かなかったため「三たび、部落研は消滅の危機を迎えた」。だが残ったNさんを中心に二人の入部希望者をさそい、女子生徒三人で何とか存続することができた[*20]。部落研がそんな状態にあった一九八五年度に作成されたのが『たたかいは炎のように』である。教科書無償闘争という題材が選ばれたのは、学校の部落問題学習で学んだことがあったからだった。「六月から七月にかけて、三人の部員は集中的に教科書無償闘争の文献を研究した。日時、人物名、事件、時代の背景の問題、等々。そのあといつものように取材・研究・撮影に入り、八月いっぱいかけて原稿を書いた[*21]」。こうしてこの映画はできあがったのである。

なお、本作品を含む部落研生徒によって制作されたスライド・映画は全て、DVD等の頒布は一切されていない。上映には作成した部員または顧問が立ち会い、解説付きで行うことを原則としているためである。以下では、脚本集からの引用を基本に、私自身が生の映像を観た数度の記憶を思い起こしなが

＊16 『それぞれの熱い夏――高知追手前高校部落研スライド映画　脚本集』八頁。
＊17 『それぞれの熱い夏――高知追手前高校部落研スライド映画　脚本集』八頁。一九八〇年九月の文化祭で未完成のスライドを上映した際、休憩の展示室に何者かによって「エッタのくせにえらそうにすな」という差別落書がなされたが、これに怒りを感じた生徒が部落研に参加し、スライドを完成に導いたという（中内配布資料、六頁）。
＊18 中内配布資料、六頁。
＊19 中内配布資料、六頁。
＊20 『それぞれの熱い夏――高知追手前高校部落研スライド映画　脚本集』九頁。
＊21 『それぞれの熱い夏――高知追手前高校部落研スライド映画　脚本集』九頁。

ら稿を進めていきたい。

4.『たたかいは炎のように』にみる教科書無償闘争

▒オープニングから時代背景の説明まで

開巻のシーンは高知市の目抜き通り、はりまや橋交差点の近くの風景。私も資料調査で訪れた際なんどとなくこの辺をウロチョロしたことがある。そこにナレーションの声が重なる。若干なまりの混じった素朴な女子生徒のナレーションが、深い感動を与える。

ナレーション[*22]

いつも変わらない街並
青信号になると、急ぎ足で通りすぎる人々
おしよせる波のような車のむれ
誰も隣りを歩く人に、関心すら示しません。
あなたは、高知市長浜でおこった「教科書無償闘争」を知っていますか。
なぜ教科書がタダになったのか知っていますか。
部落問題研究部の私たちは街頭インタビューを試みました。

交通量の非常に多い幹線道路に、浮島のように路面電車の駅がある。乗降客は狭いホームの上を縫うように、肩をすぼめて歩く。その横をかすめて、巨大なダンプカーが通過していく。殺伐としていて互いに無関心な現代社会の姿（八五年時点の）が印象づけられる。そこに、教科書無償闘争を知っているかという問いかけが畳み掛けられる。

＊22『それぞれの熱い夏――高知追手前高校部落研スライド映画　脚本集』一一三頁。

部員による街頭インタビューのシーンが数カット流れる。大丸百貨店前、はりまや橋の上など多くの人が行き交う高知市の繁華街が舞台だ。後にこのインタビューを振り返って部員の一人は、「高知の人はあまり答えてくれなかった[*23]」と述べている。

ナレーション[*24]

しかし、そのわけを知っている人は、一人もいませんでした。

教科書は、政府が貧しい家庭のためにタダにしたと考えている人がほとんどでした。

そして、タダであるのがあたりまえだと思っている人があまりにも多かったのです。

……中略……

私たちは教科書がタダになった理由や当時の背景を研究してみました。

そして映画は闘争の舞台、高知市長浜地区の一九八五年時点での姿を映し出しながら、そのプロフィールを紹介していく。ちょうどこの頃、同和対策事業の一環で環境整備事業が進行中で、町並みが変貌しつつある姿がフィルムにおさめられている。貴重な記録である。

ナレーション[*25]

長浜は高知市の南端に位置し、東は名勝桂浜、西には吾川郡春野町があり、ひろびろとした太平洋を望んでいる所です。

現在の長浜の被差別部落は、世帯数一二八五戸、人口三七八七人で、他に比べて大きい部落です。

主な職業は、造船関係で全体の二〇%、次に多いのが小売業、建設業です。しかし造船業といっても殆どが、溶接工、電気工、とび職などの下請、孫請の日雇的就業で収入は安定していません。

＊23 『それぞれの熱い夏——高知追手前高校部落研スライド映画　脚本集』一五六頁。

＊24 『それぞれの熱い夏——高知追手前高校部落研スライド映画　脚本集』一一三頁。

＊25 『それぞれの熱い夏——高知追手前高校部落研スライド映画　脚本集』一一五頁。

そのため、好況、不況に大きく左右され、また、健康を害すれば、生活保護に頼るしかないという状況です。部員たちが長浜の重要スポットを訪ねるシーンが映し出される。原神社、自彊館跡（図11‐1）、広願寺、そして長浜小学校である。

ナレーション[*26]
長浜小学校は、生徒数九二一人、学級数二八組の大きな学校です。全校生徒のうちほぼ四〇〇人が教育扶助、または、準教育扶助を受けています。その扶助は、闘いの伝統を受けついで権利として受けているそうです。

このナレーションは重要である。日本全体がバブル景気に突き進んでいた一九八五年でなお、四割を超える児童が準貧困ライン以下の生活をしているという厳しい生活環境が明らかにされているのが一つ。そしてこれらの扶助（教育扶助または就学援助）を「権利として受けている」という文言。後者「権利として受けとる」は、教科書無償闘争の最大の山場でタダの会が声明することになるキーワードである。

▒ 教科書無償闘争の始まりから長期戦へ

ＢＧＭが物悲しい調子の「北上夜曲」に変わり、一九六〇年頃の長浜地区へと話題が移っていく。当時の航空写真が映し出される。

ナレーション[*27]
これは、環境整備事業が行われる以前、一九六〇年代の部落です。民家がさらに密集してきました。
教科書無償闘争がおこった頃、日当は、母親二五〇円、父親でさえ三〇〇円。この時、教科書代は、小学

＊26 『それぞれの熱い夏――高知追手前高校部落研スライド映画　脚本集』一一七頁。
＊27 『それぞれの熱い夏――高知追手前高校部落研スライド映画　脚本集』一二三頁。

校で七〇〇円、中学校で九四〇円もしました。
せめて教科書が無償であれば……
これは、当時の子供を持つ父母の共通した願いでした。

当時の物価水準を示しながら、一揃えしたトータルの教科書代を紹介している。現在の日当が一万円程度と考えて換算すると、小学校が二万円台半ば、中学校では三万円台半ばといったところか。中産階級家庭でもかなり「痛い」レベルの出費であることがわかる。

ここで黒のバックに白文字で、憲法二六条の条文が映し出される。音声もBGMもなく、沈黙の中に文字だけが浮かび上がる。観衆は嫌でもその意味内容と対峙させられる。

日本国憲法第二六条
（教育を受ける権利、教育の義務）
①すべて国民は、法律の定めるところにより、その能力に応じて、ひとしく教育を受ける権利を有する。
②すべて国民は、法律の定めるところにより、その保護する子女に普通教育を受けさせる義務を負ふ。義務教育は、これを無償とする。

最後に「義務教育は、これを無償とする」の文字がもう一度大きく映される。

続いて、教科書無償闘争の中心となった二人のリーダーが登場する。「長浜地区小中学校教科書をタダにする会」の元会長・宮本儔《ひとし》氏と同事務局長水田精喜氏に、直接生徒がインタビューするシーンである。会長の宮本氏は当時、地区内の洋品店の御主人、水田氏は長浜小学校教員であった（第5講『きょうも机にあの子がいない』の項も参照）。両氏とも、とりわけ水田は文字資料の中で数知れずその名を見る機会があったが、その相貌、ましてや声音など知るすべもなかった。非常に貴重な記録である。

宮本儔氏の語り[*28]

えー当時は、経済的に大変苦しい社会情勢もありまして、義務教育の教科書代にたえられないという実態がありました。失業多発の時代でございまして、それと憲法を守る学習会なんかがありまして、その中で日本国憲法を具体的に勉強していく中で、義務教育は無償だということも理解がされはじめますし、勤評・安保の闘いなんかを経まして、当時の社会情勢の中で、民主的な意識も大変強まっておりまして、学校の校区教研の席で、もう教科書をタダにするまで買わないで頑張ろうじゃないか、ということを提案いたしまして、これが満場一致で採択されるというところから教科書を買わないで頑張る運動というのは、タダにせよということで発展をして来た訳です。

水田精喜氏の語り[*29]

生徒：教科書無償闘争は、どのような人たちが闘ったのですか。

水田：それこそ名もない一般家庭の主婦たちが主だったと思います。女性というか、母親は特に強かったですね。特に気をつけていただきたいのは、これは部落だけのたたかいではなくて、周辺地域の人たち、その時分私たちは地域闘争と呼んだ訳ですが、まあ統一戦線の精神ですね、そういうことを特に考えてほしいと思います。今、解放運動の中では、国民融合ということが言われていますけんど、そのはしりであると言ってもいいんじゃないかと思います。

この場面がきわめて貴重な理由は、二人がすでに物故者となっていることだけではない。教科書無償闘争の時点では一つにまとまっていた運動体がその後六〇年代末に分裂し、現在もその状況は続いてい

＊28　『それぞれの熱い夏――高知追手前高校部落研スライド映画　脚本集』一二四頁。

＊29　『それぞれの熱い夏――高知追手前高校部落研スライド映画　脚本集』一二四頁。

る。この宮本、水田両氏とも部落解放同盟を離れ、立場を異にする組織に属することになった。その後、教育委員会等が教科書無償闘争について教材を作成する場合でも、宮本氏や水田氏がそこに登場することはないまま今日に至っている。それに対して『たたかいは炎のように』が画期的なのは、両方の立場の人が同じ一つの作品に「共演」(一堂に会することはできず、別々に取材されている)し、無償化運動の全体像を見事に浮き彫りにしている点である。たしかに水田氏の語りには出演した一九八五年時点の運動的立場が強調され、分裂の生々しさを見せつける形になっている。しかし亀裂が深ければ深いだけ、両陣営からの協力を等しく得て制作されたこの作品の輝きが一層増すのではないか。

BGMがアップテンポの曲になり、ここからは運動の高揚していくさまがナレーションで説明される。そのバックの映像に、地元紙『高知新聞』の紙面や写真がカットインするが、これらの記事・写真も部員たちが当時の紙面のバックナンバーを地道に探索し、未整理だった写真の山の中から発掘したものである。[*30] 今日のようにデータベース検索が簡易に利用できる時代ではなく、また研究者からもこの運動が忘れ去られていた頃である。さて、三月七日のタダにする会正式結成から、四月一〇日の市長による配布約束までの経緯を、ナレーションに即してみてみよう。

ナレーション[*31]

一九六一年三月七日。

部落解放同盟長浜支部、民主教育を守る会、子供を守る婦人の集まり、高知市教組長浜分会、全日自労などの民主団体を中心にして、「長浜地区小中学校教科書をタダにする会」が正式に結成されました。

母親の憲法学習会の中で、勉強を重ねていくうちに、教育を受ける権利に目覚めたというのです。

「タダで配るまでガンバロウ!」と題した署名は、わずか一週間たらずで、小中学生の八割を占める一六〇〇人にものぼり、長浜地区をあげての大運動へと発展していきました。

＊30　中内配布資料、七頁。

＊31　『それぞれの熱い夏——高知追手前高校部落研スライド映画　脚本集』一二五—一二九頁。

三月一八日、大衆動員による高知市教育委員会との交渉。その結果、とうとう市教委に憲法二六条の義務教育無償の原則が正しいことを認めさせました。

しかし市教委は、「準困の枠を拡大し、買えない者には市が買う。」と述べるばかり。

この態度はかたくなで、「理念としては考えられても、現実にはできない」というのです。

三月二五日。

長浜における第一回現地交渉が始まります。

この日の午後一時、市教委は約束通り長浜小学校に姿をあらわしました。

仕事を休んでまでつめかけた父母四〇〇人——。その他、市内各地から応援にかけつけた人々で、校内はごった返していました。

エプロンがけ、げたばきで参加した父母たちは、口々に「私たちは物乞いをしているのではない。憲法を守れと言っているだけだ」と主張します。

無償の原則を認めながら、教科書を買ってほしいという教育長に対して、

「教育長、そりゃ矛盾じゃないか」

「この闘いは憲法を守る闘いじゃ。憲法を守れ。」

という言葉がとびかい、市教委を圧倒した交渉になりました。

「教科書を買う意志のない者には、無償で配布せよ。」という父母側の強い要求、その中で教科書販売が行われました。

ところが、買いに来た人はわずか六五人。

高知新聞は「閑古鳥鳴く長浜小の教科書売り場」と報じています。

「勝利は目の前だ。」という父母側の期待とはうらはらに、闘いは、大きくもつれこんでゆくのです。

四月六日。

市教委は、タダにする会に対して、「買える人には買ってほしい。買えない人にはこちらで買います。」と文書で一方的に通告してきました。

四月七日。

勝利を信じていた人はおどろいて代表者交渉。しかし教育委員会は、「児童・生徒数の一割以上の者に支給する」と回答。

四月九日、日曜日。

交渉を約束しながら市教委は、出席せず。

明日から本格的に新学期が始まろうという時、市教委が交渉のボイコットを決めこんだのです。

四月一〇日、午前一〇時。

そのため、思いあまった「タダにする会」の人々は、貸し切りバスで市役所につめかけ、交渉をかけますが、市教委は行方不明――。

市長ですら「知らぬ」の一点ばり。そのため氏原市長を追及しました。

午後一一時を回って、市長はようやく「無償配布の要求は認められないが、現場の混乱をさけるため、現在、教科書を持っていない子供に対し、一二日までに、全員が教科書を使えるよう取り計らう。」と約束してくれました。

「最高責任者の市長さんが約束してくれたのだから」と一三時間も交渉をねばった「タダにする会」の人々は喜びいさんで家路につきました。


以上の経過説明で、長浜の教科書無償運動の特長は過不足なく描かれている。「持たざる者」だけの運動でなく、普遍的権利を掲げて「持つ者」と連帯し、一致結束して不買行動に打って出るという前代未聞の戦術だった。[*32] 対する市教委の「準困の枠を拡大し、買えない者には市が買う」という提案は、タダ

＊32　長浜地区の運動に先立ち、たとえば京都市田中地区では教科書無償配布を求める運動により、限定的な形で配布が実現している。

*33 『それぞれの熱い夏――高知追手前高校部落研スライド映画 脚本集』一三〇―一三一頁。一部表記を改変した。

にする会側の権利の普遍性の主張を否定し、あくまで困窮者に限定した福祉的措置として教科書無償配布を捉えるものだった。両者の懸隔は明らかであった。

■状況の暗転、交渉の泥沼化、差別団体の横行

ここでBGMが悲しげな曲に変調する。交渉相手の逃亡、メディアの裏切り、敵対勢力の台頭、会の主張に水をさす学者の説や文部省の見解の登場などの逆風である。

ナレーション[*33]

四月一一日。

高知市教委が総辞職。

長浜の人々の期待と希望はうちくだかれました。

氏原市長は、「教育行政の責任者がいないので、一〇日の約束は白紙にかえった。」と冷たく宣言し、さっさと十数日間の東京出張に出かけ、タダにする会は、交渉相手を失ってしまいました。

この頃から、タダにする会に反対する人々もあらわれました。「長浜地区正規な教育促進の会」です。また、今まではこの運動に対して好意的であった高知新聞も、少しずつ行政側に加担する記事を載せるようになっていきました。

交渉がゆきづまったため、額をよせ合って相談する「タダにする会」の人々。エプロン姿のお母さんたちが印象的です。長浜小学校、南海中学校で、プリントによる授業が始まったと、高知新聞は報じています。それと同時に、市教組の応援をうけて、両校の教員によるガリ切り、印刷作業も始まりました。毎日、夜中までの作業が一ヶ月も続くことになるのです。このように、教師と父母が協力しあい、一体となって教科書無償闘争がすすめられたのです。

これに対し「促進する会」は、教科書を使って授業をせよ、とせまり、「タダにする会」の運動を切りくず

しにかかります。

授業中に教室内へ踏みこんできて、部落の子供に、

「教科書もってないがかえ？　おじちゃんがお母ちゃんに買うように言うちゃおか？」

などと、正規の授業に名をかりた妨害行動を続けます。

これらの人々は、長浜中を宣伝カーで走りまわりました。

「こんなことをするのはアカじゃろう」「こんなことをするがは部落しかおらん」「あの教師は＊＊の親戚じゃないか」……

ついには、この運動に精力的にかかわった教師三人の名前をあげて、「今晩この三人をクビにする会を開くき集まってくれ。」とまで言いだす始末でした。

先生たちはさまざまな妨害に直面しながらも、必死で説得につとめました。先生たちにしてみれば、プリントで授業をすることが、市教委に対してできる精いっぱいの抵抗だったのです。

不買運動の人々と連帯し、小中学校の教師たちも教科書を使わずプリントによる授業をおこなったことは今でも語り草になっている。当時長浜小学校で二〇代の若手教員だった永吉（旧姓今井）玉子さんは、プリント印刷に使っていたガリ切り機（図11・2）を今も大切に保存していて、講演会の際には持参して見せるのだという。

ナレーション[*34]
さらに四月二一日になって、高知新聞は、大きな記事を載せました。
市教委の問い合わせに対して、「無償の義務なし」という文部省の解答です。早大教授の見解まで載せています。
この記事で、「いくらねばってもタダにならん。さっさとそんな運動やめてしまえ！」とでもいうような空

＊34　『それぞれの熱い夏――高知追手前高校部落研スライド映画　脚本集』一三二―一三四頁。傍点は筆者による。

図11-2　二〇一八年六月一九日に永吉さんご自宅にて筆者撮影

気がまわりから起ってきます。

お母さんたちは怒りをこめて、その時の事情を話してくれました。

「国家乞食みたいな真似をするのはエタじゃ。」

「あいつらぁ三〇〇万おるいうけんど、我々は九七〇〇万おる」とラジオで放送したこともあったそうです。権利に無頓着な人々が、堂々と部落差別を行使したのです。言いかえれば権利にめざめる人々を分裂させるために部落差別が利用されたのです。

（中略）

四月二〇日。

かたくなだった市教委も革新議員団の斡旋で、ようやく重い腰をあげました。

そうして、今にも解決しそうな気配を見せながらも、不安な一日一日が過ぎていきます。

五月一二日、市教委の総辞職からまる一ヶ月が過ぎました。

革新議員団の斡旋により、市単独で二五〇人程度、長浜地区については、昨年の約五倍の二〇〇人を準困家庭とみて、無償対象とする提案がなされました。

市教委側は、あくまでも準困のワクを拡げるという名目を出してきます。「私たちは、貧乏だから教科書をタダにしろと言っているんじゃない！　憲法にうたわれている権利として要求しているのだ。」という、人々の悲痛な叫びはとうとう受け入れられなかったのです。

それからの三日間、「タダにする会」は連日会議を開き、市教委案をめぐっての対策を協議しました。

時はすでに五月半ば……。もうこれ以上長びくことは許されません。

「市教委案を受け入れる。しかし我々は権利として勝ちとったものと確認する」これまでがんばってきた長浜の人々は、唇をかみ、涙をのんで、こう決定したのです。

配分された二〇〇人分の教科書は、最後までがんばった五〇〇人に平等にわけあたえられました。

（中略）

初期に期待されたとおりの結果は得られなかったものの、長浜の父母たちは、鍛えられ大きな自信をみいだしました。

■教科書無償配布の普遍化、そして次の世代がうけつぐべきものとは

このようにして一九六一年度の教科書無償闘争は、必ずしも運動側の勝利とは言えない形で幕引きとなるが、直後から国が動き出したことがナレーションで紹介される。「『無償の義務なし』と言った文部省が、二ヶ月後には大蔵当局と折衝をはじめ」、同九月に福岡を出発した部落解放同盟の国策樹立大行進が行われているころ、「小中学校の教科書無償配布について、政務次官懇談会が検討をはじめ」た。そして一九六二年三月三一日、政府が「教科書無償法案《ママ》」を公布したのである。[*35]

ナレーション[*36]

このようにして、高知にはじまった運動が県外へも広がりながら、ついに文部省を動かして、教科書無償の権利を勝ちとったのです。

（中略）

この写真は、長浜小学校ではじめて全員に教科書が無償になった時のものです。その時の気持ちをお母さんに聞いてみました。

「それはもう、それこそ心の中でヤッタア！　とねえ、自分らあがやったことは、やっぱりまちごうてなかったと思うてね、あの、周囲にもやっぱり当時としては、女の人がそういうこと、家庭をおいてそんなことをするのは、幾分、正しいことをしていても、一般の周囲に対するひけめみたいな、後めたさみたいなものがありますきにね。

＊35　『それぞれの熱い夏――高知追手前高校部落研スライド映画　脚本集』一三五―一三六頁。

＊36　『それぞれの熱い夏――高知追手前高校部落研スライド映画　脚本集』一三六―一三七頁。

その点では、自分たちがやった、それがむくわれて、全国へね、教科書が配られるということになったじゃないか、ということで非常に嬉しかったですヨ。

まあ、当時の闘いが苦しかったことと正比例してね、人にみんな言うて回りたいような気分でね。『こら、私たちがヤッタがぞね、ヤッタがぞね』というて回りたいような衝動も覚えました。」

（中略）

一度は敗北に終わったかのように見えた闘いが、結果的には、大勝利をおさめて、闘争は終結しました。

数々の困難をくぐりぬけて、部落の人々と部落外の人々が共通の目的で手を結び、志を同じくして闘った意義ある運動がとうとう実を結びました。

しかし、人権というものがなんであるか全くわかっていない一部の人々によって、公然と部落差別が利用され、この意義あるすばらしい運動がさまたげられてきたことを忘れてはなりません。


最後のフレーズには、「正規な教育促進の会」やそのシンパによる、運動反対に名を借りた公然たる部落差別の行使に対する満腔の怒りが込められている。

ここからBGMに『マイ・ウェイ』がかかり、フィナーレに入っていく。映像と音楽とナレーションの三者が絶妙にマッチし、観る者の魂を揺さぶらずにおられないラストである。その感動を紙面では十分に再現できないのが残念だが、生徒たちのナレーションを文字で読むだけでも大きな意義がある。部落研の三人の部員たちがひと夏かけてこの映画制作から学んだことが昇華され、高らかな決意表明がなされている。それだけでなく、現在（一九八五年）に対する批判的視点が示されている。教科書無償闘争の成果に胡坐をかいて座視していれば、その成果もろとも獲得した権利を失ってしまうと警鐘が鳴らされている。それが「教科書はタダでもらっても嬉しくない教科書になりつつある」という悲痛なメッセージだ。その声は時間を超えて二〇一九年現在の我々の状況をもさし貫くものである。

ナレーション[*37]

人間が人間であることを誇りうるとき……、それは権利に目覚める時です。

何者にもおかされることのない崇高な精神と、何者にも屈することのない強い意志、そして団結力。

それらはきっと、人間が権利に目覚めたしるしでしょう。

長浜のお父さん、お母さん、先生方、私たちは、あなたたちのことを誇りに思います。

そして、あなたたちの意志をこれからは、私たちがついでゆきます。

教科書は、たしかにタダになりました。しかし、それとひきかえに各小、中学校の教科書の採択権は、現在、教育委員会にうつっています。

また、教科書検定は年々強化されています。

その検定も今までは、高校、中学校の社会科がやり玉にあげられていましたが、この映画を作りはじめた今年から、小学校の社会科にまで、影響がおよんでいると新聞は伝えています。（画面――戦争を過ちというのは短絡しすぎる。現在も戦争をしているところがあるので検討せよ――という文部省の指示）

これらのことは、私たちの気付かないうちに、国民の思想・教育・学問の自由をうばい、国家統制をはかろうという戦前の軍国主義のめばえともいえるべきことなのです。
・・・・・・・・・・・・・・・・・・
教科書はタダでもらってもうれしくない教科書になりつつあるのです。

ナレーションの最後のくだりにバックで映し出されるのは、大きなビルに次々と吸い込まれていく若者の姿。カメラがパンして、地元の大手進学塾の名が書かれた大きな看板が見える。高知県は全国有数の私学王国としても知られ、県内での教育格差は現在も甚だしい。公教育が危機に瀕する一方で、せっせと塾通いし自らの栄達に走る子どもも少なくない、そんなアイロニーが込められたシーンである。

＊37　『それぞれの熱い夏――高知追手前高校部落研スライド映画　脚本集』一三八―一三九頁。強調は筆者による。

ナレーション[38]

「教科書がタダになったからといって私たちの運動は終わったわけじゃない。これからは、内容の充実を求めて運動していくつもりだ。」と語った長浜のお母さんの熱意に私たちは感動しました。

軍事費がＧＮＰ一％を突破しようとしている今日、もう一度、教育を受ける権利や国民の人権について考え直してみてはどうでしょうか。

これは、南海中のアルバムです。教科書無償闘争でたたかった当時の生徒たち、水田先生や熊沢先生らが写っています。

今回の映画制作で私たちは、国民の権利をうばいさるのが部落差別であり、偏見であるということを痛感しました。

そして、水田先生、宮本さん、お母さん方、その他たくさんの人々の生き方から多くを学びました。

日頃、勉強においまわされ、受験という目先のことだけしか考えていなかった私たち。

そんな私たちですが、これからは部落問題はもちろんのこと、様々な社会の矛盾にも目を向け、考えてみたいと思います。

そして、人生を与えられたものとして、決められたレールの上を走るだけでなく、自らの力で道を切りひらき、一歩一歩ふみしめていける……少なくとも、そんな人間になりたいと心から思うのです。

この教科書無償闘争について取材しはじめるまでは、教科書がどうしてタダになったのか考えたこともなかった私たちです。

この映画にしても未熟な部分が目立ったことと思います。

しかし、この映画制作にあたって、私たちが何を考え、何を体験したのかが、おぼろげながらでもわかってもらえたら光栄です。

部落差別と国民の人権について少しでも考え、関心をもってもらえたらと思います。

＊38 『それぞれの熱い夏――高知追手前高校部落研スライド映画　脚本集』一四〇―一四三頁。

そして近いうちに差別も偏見もなくなることを願っています。

ナレーションの最後では、三人の部員が肩を並べて海辺に腰を下ろし、太平洋を眺める後ろ姿がかぶる。苦労を共にした部員がねぎらい合っているような、ほのぼのしたシーンだ。そしてエンドロールが流れ、映画は終わる。

おわりに：統制を伴わない平準化にむけて

教科書無償運動そのものについては、高校生の自主映画『たたかいは炎のように』が実にすぐれた絵解きになっていて、その上に付け加えることはない。また二一世紀になってから、子どもの貧困や格差、教育費負担の問題が大きくクローズアップされ、高知の教科書無償闘争についても新たに関心が高まっている。最新の資料に基づく研究書[*39]も出されているので、関心のあるむきはご参照いただきたい。

最後に、冒頭にかかげた教科書無償闘争への少し冷たい評価、すなわち教科書の国家統制の呼び水となったという論点について一言述べておく。本講の1、2節で論じたように平準化（負担軽減・門戸拡大）と統制がワンパッケージとなって政策化されてきた歴史が、たしかに存在することは事実である。だが、二者の間に論理的必然性は打ち立てられていない。すなわち、平準化のなかに、統制を正当化し必然化するロジックは何ら確立されていない。にもかかわらずこれらがワンパッケージ化されがちな現実を前に、なすべきことは、統制を伴わない平準化の実績を歴史上にきざむ努力を通じて、見かけ上の論理的必然性を打ち砕いていくことではないだろうか。

＊39　村越良子・吉田文茂『教科書をタダにした闘い――高知県長浜の教科書無償運動』。

参考文献

＊高知県立高知追手前高等学校部落問題研究部『それぞれの熱い夏――高知追手前高校部落研スライド映画　脚本集』平和プリント、一九八六
＊『それぞれの熱い夏――高知追手前高校部落研八㎜映画脚本集　第二集』平和プリント、一九九五
海後宗臣・仲新・寺崎昌男『教科書でみる近現代日本の教育』東京書籍、一九九九
苅谷剛彦『教育と平等――大衆教育社会はいかに生成したか』中央公論新社、二〇〇九
村越良子・吉田文茂「回顧　教科書無償運動　一　連載をはじめるにあたって」『部落解放』七〇二号、二〇一四
――『教科書をタダにした闘い――高知県長浜の教科書無償運動』解放出版社、二〇一七
中村紀久二『教科書の社会史――明治維新から敗戦まで』岩波書店、一九九二
中内康博「高知追手前高校部落問題研究部　一九八五年制作　自主制作映画（八ミリ）『たたかいは炎のように』――高知市長浜の教科書無償闘争」第五二回社会教育研究全国集会配布資料、二〇一二
大田堯編『戦後教育史』岩波書店、一九七八
佐藤秀夫「「自由教育令」百年の軌跡――「人民自為」の復権を求めて」『月刊　教育の森』四（五）、一九七九
鈴木大裕『崩壊するアメリカの公教育――日本への警告』岩波書店、二〇一六
山本正身『日本教育史――教育の「今」を歴史から考える』慶應義塾大学出版会、二〇一四

第12講

社会移動と学校
［アメリカ版『下町ロケット』の主役は黒人女性］

■M・L・シェタリー作／T・メルフィ監督『ドリーム』（原作・映画二〇一六年）
■J・ルーリー＋S・ヒル『黒人ハイスクールの歴史社会学』（原著二〇一二年、訳書二〇一六年）

キーワード

人種隔離教育
平等化運動
NAACP（全米国人地位向上協会）
ブラウン判決
太平洋戦争（日米戦争）
冷戦
技術革新
SBTC
私的成功と公的失敗

はじめに：教育機会と格差解消

この原稿を書いている二〇一八年秋、池井戸潤原作『下町ロケット』のドラマ化第二弾が放送されていた。『下町ロケット』の主人公佃航平は、かつて研究者として国の研究機関で宇宙開発事業に携わっていたが、ロケット打ち上げ失敗の詰め腹を切らされ退職、父の死を機に佃製作所のあとを継いだ。佃製作所は東京大田区にあるささやかな中小企業、町工場だった。その社長の椅子は、かつて最先端で宇宙開発に従事していた佃にとって本意でないものだったかもしれない。だが技術者としての矜持を捨てない佃は、技術研究開発に力を注ぎ、手作りにこだわる高品質で社の売り上げを三倍に伸ばした。この佃製作所が取得していたバルブの特許がロケットエンジンに不可欠な技術であることが判明する。それを武器にして佃らは、宇宙開発に触手をのばす超大企業帝国重工と互角に渡り合っていく……。その痛快なストーリーは判官びいきの視聴者の心をつかみ、技術大国日本の誇りをくすぐりもする。

ところで、佃があこがれた宇宙開発の本場アメリカで、まだコンピュータマシーンがなく手計算に

図12-1　マーゴット・リー・シェタリー（山北めぐみ訳）『ドリーム――NASAを支えた名もなき計算手たち』（二〇一七年、ハーパーコリンズ・ジャパン刊）

頼っていた時代、計算手（computers）と呼ばれる女性たちが研究所に雇われ宇宙開発を支えていたことをご存知だろうか。マーゴット・リー・シェタリー原作で二〇一六年に映画化され全米でヒットした『ドリーム――NASAを支えた名もなき計算手たち』（原題 *Hidden Figures*）（図12-1）は、その中の三人の黒人女性に焦点を合わせたものである。アメリカの宇宙開発拠点NASAの前身NACA（アメリカ航空諮問委員会）の研究所で、アポロ計画ではなく初の有人宇宙飛行実現をめざすマーキュリー計画（一九六二年）が進められていた頃の話である。後述するように、彼女らがラングレー研究所に入った一九四〇年代の米国南部では人種隔離教育が行われており、黒人の参政権は事実上奪われたままだった。ラングレー研究所のお膝元バージニア州でも州法にもとづく人種隔離が行われていた。計算手の黒人女性はこうしたビハインドの状況からそのキャリアを出発させたのである。差別される存在だった彼女らと、宇宙開発の中核にいた白人男性技術者との関係は、一介の町工場と巨大国策企業の圧倒的に非対称な関係になぞらえることができるかもしれない。

　本講がこの『ドリーム』に注目するのは、この作品に描かれた三人の黒人女性の背後に、差別的な教育制度下にもかかわらず黒人の中等教育機会拡充のために闘い、若者をハイスクールに送り込み、その学業成就を支えた黒人コミュニティの営みが透かし見えるからである。黒人教育史といえば人種隔離撤廃に至る闘争が注目されることが多いが、実は多くの黒人は、たとえ隔離されたままでも、教育へのアクセスそのものを拡大させることを望んでいた。[*1]集団全体の向上よりも、教育を私的財とみなしてまずは自分たちの階層移動をはかることを重視していたわけだ。そして現に、苦闘の末に黒人の努力で押しひろげられたハイスクール教育は、ラングレー研究所の三人のような一部の黒人に「ドリーム」の実現をもたらした。しかしその一方で教育機会の拡大によって、黒人の集団内部に大きな格差が生じ今日に至っている。ミドルクラスに手の届いた黒人家族が次々と快適な生活を求めて郊外に流出する一方で、大都市のインナーシティに取り残された黒人には敗北感がただよい、生活も教育も荒廃の度を深めてい

＊1　ルーリー、J／ヒル、S（倉石一郎・久原みな子・末木淳子訳）『黒人ハイスクールの歴史社会学――アフリカ系アメリカ人の闘い 一九四〇―一九八〇』一二頁。

る。教育の拡大が不平等の解消をもたらすのか否かは教育社会学の大きな研究テーマである。まだ明確な答えは出ていないが、少なくとも米国黒人の事例をみる限り、教育拡大の影響はあまりに複雑で、一面的な物言いは困難である。本講の後半で若干この問題を考えてみたい。

本講では、ハイスクールの教育機会へのアクセスを、そしてその卒業をめざしてひたすらに苦闘する黒人の姿を活写したジョン・ルーリーとシェリー・ヒルの歴史研究『黒人ハイスクールの歴史社会学』（図12-2）も参照しながら、学校が社会移動の夢をつないだ時代とその終焉を描いてみたい。

図12-2　ルーリー、J／ヒル、S（倉石一郎・久原みな子・末木淳子訳）『黒人ハイスクールの歴史社会学——アフリカ系アメリカ人の闘い　一九四〇—一九八〇』（二〇一六年、昭和堂）

1．黒人教育をめぐる闘いの舞台——モートン高校

この物語の主役の一人、ドロシー・ヴォーン（オクタヴィア・スペンサー演、三人のなかで先輩格）は、ラングレー研究所で数学者の募集があることを知ったとき、ヴァージニア州ファームヴィルにあるロバート・ルッサ・モートン高校（以下モートン高校）で数学の教師をしていた。すでに三〇代のドロシーは四児の母、仕事と家事と育児に追いまくられながらも充実した生活を送っていた。この時点でドロシーは「およそ黒人女性が望みうるキャリアの頂点にほぼ立っていた」[*2]と言える。ラングレー研究所での彼女の奮闘を綴る前に、ドロシーが教職生活を送ったこの黒人ハイスクールにまつわる因縁をみておきたい。歴史とさまざまな人生がここで交錯することが分かり、実に興味深い。

一九一〇年カンザスシティで生まれたドロシーは、初等教育をウェストバージニア州で受け、一五歳のとき、オハイオ州にある黒人私立大学ウィルバーフォース大学に授業料全額支給の奨学生として入学、数学を専攻した。卒業時に指導教授から、ハワード大学（黒人教育機関の頂点に立つ名門黒人大学）の数学科修士課程への進学を勧められるが、「大学を出たドロシーを待ち受ける経済的な現実を思えば、大学院で学ぶことは、無責任な贅沢のようにも思えた」[*3]。時あたかも一九二九年、大恐慌の波がアメリカに押し寄せていた。こうしてドロシーは教育学の学位を取得し、教職の道に進んだ。まだ一九歳

＊2　シェタリー、M・L（山北めぐみ訳）『ドリーム——NASAを支えた名もなき計算手たち』三六頁。

＊3　『ドリーム』四〇頁。

だった。イリノイ州、ノースカロライナ州で黒人学校に勤めたが、いずれも学校が大不況による資金ショートに陥ったため職を失った。一時ホテルのウェイトレスをして生計を立て、ようやく一九三一年にファームヴィルで安定した教職の地位を得ることができた。

モートン高校が歴史に名をとどめるのは、同校の設備や教育環境に不満をもつ生徒の抗議行動を発火点とする訴訟「デイヴィス対プリンス・エドワード郡学校委員会」が他の幾つかの事案とともに連邦最高裁に持ち込まれ、名高い「ブラウン判決」(一九五四年)を産むことになったからである。だがこの経緯はいささか込み入っているので詳細は後にまわし、ここではドロシーが在職していた一九三九～四三年頃のモートン高校の様子、それに彼女の仕事ぶりをみてみよう。映画にはその描写はないが、原作にそのことが触れられている。

ファームヴィルにあるロバート・ルッサ・モートン高校の一九四三年度は、例年どおりにはじまった。広さは変わらないのに、また生徒の数が増えたのだ。一九三九年に定員一八〇名で建てられたこの高校は、そもそもの初めから、じゅうぶん広いとは言えなかった。開校初年度に入学した生徒は、一六七名。四年後、ドロシー・ヴォーンと12名の同僚教師は三〇一名の教育に飢えた若者を迎えようとしていた。両親たちは煙草工場で働くよりましな人生を願って、我が子の背中を押した。生徒たちは毎朝何キロもの道のりを歩くか、運がよければ、プリンス・エドワード郡の外周部を巡回するおんぼろバスに乗って学校にやってきた。

モートン高校のPTA会員として、また、全米黒人地位向上協会［NAACP］ファームヴィル支部の創設役員として、ドロシーはファームヴィルの若者の教育環境の長期的な向上のために尽力した。その一方で、教師として、より差し迫った問題にも対処した。教室数はわずか八つ、体育館もロッカーもカフェテリアもなく、講堂には折りたたみ椅子があるだけの校舎でまともな学習環境を維持するには、ありったけの統率力と創造力が求められた。べつの二クラスの授業が同時におこなわれる講堂で、複雑な計算法や代数を教えるのは至難のわざだったが、ドロシーはなんとかそれをやってのけた。校舎は手狭だったかもしれないが、ドロシーの理想はどこまでも高かった。授業で使う数学の教科書に間違いを見つければ、すぐに出版社に手紙を書いて、誤りを指摘した……。授業中に、代数の宿題をやってこなかったことをヴォーン先生に見つかろうものなら、神さえも恐れをなし、椅子の上で身を縮めただろう。放課後には、補習が必要な生徒たちのために時間を割いて指導にあたった。高校の聖歌隊の顧問も引き受けた。ドロシーの指導により、モートン高校の四重唱チームは全州規模の音楽コンクールで何度も優勝を果たした。……一九四三年のクリスマスには音楽科教師のアルトナ・ジョーンズとともに難曲として知られるカンタータ『なお光り輝く』の指導に挑んだ。[*4]

人種隔離されていた州における黒人ハイスクールでは生徒は全員黒人であり、かれらは同じ黒人の先生から勉強を教わることが大半であった。そうした特異な教育環境の中で、まさにドロシー・ヴォーンの高校教師時代がそうであったような、濃密で幸福な教師・生徒関係が生み出されていった。

差別の産物にほかならない黒人学校がもっていた、こうした優れた部分に光を当てる研究は「よい黒人学校研究」（"good black school" studies）と呼ばれ、今日一定の認知を受けている。のちに人種隔離撤廃が実現し、統合学校で白人生徒に混じって（多くの場合）白人教師から教わるという新たな環境との比較で、過去遡及的に黒人学校が比較・検討の対象とされた。その時にポイントとなるのが教師の期待を左右する属性的ファクターである。本書第6講で触れたように、教師は生徒の属性にまつわるさまざまな情報を手がかりに予期的態度を形成し、それが生徒の学業や進路を大きく左右する。黒人学校においてそのファクターは生徒の能力（IQ値など）と階層の二つだけだった。ところが人種統合された学校ではここに「人種」という第三の要素が加わり、これが白人教師の予期的態度に決定的な影響を、そ

＊4　『ドリーム』四七―四八頁（［　］内は引用者の補注）。

れも悪い方向に及ぼすことになる。したがって、黒人学校でも予期的社会化やラベリングのネガティブな影響が全くないわけではないが、黒人生徒だけが集中的に悪影響を被るという最悪の結果だけは避けられる。[*5] 優れていると断言することはできなくても、この点に限れば「よりましだった」という結論を導くことはできそうだ。

こうした良い職場で充実した職業生活を送っていたドロシー・ヴォーンが、学校が夏休みの間は軍事基地の洗濯工場で働いていたと聞けば意外な感じがしないだろうか。ラングレー研究所に移る直前の一九四三年夏のことだ。世は第二次世界大戦・太平洋戦争真っ只なか、こうした需要はいくらでもあった。ドロシーの労働は純粋にお金目当てだった。ドロシーが洗濯物の仕分けをして得られる時給四〇セントは「戦争関連の仕事の中で最低レベルの賃金だった」[*6] 一方で、それは「教師として稼げる額を上回っていた。四人の子どもを抱える身であれば、ひと夏の臨時収入の使い道はいくらでもあった」[*7]。教師としての収入を押し下げていたのは、南部の地域性、さらに黒人の地位の低さにあった。「全国的に見ても、バージニア州の白人教師の給与水準は全米の公立学校の下から四分の一に入る低さだった。黒人教師の給与となると、さらにその半分ほどになる」[*8]。四三年夏の時点で、彼女と戦争との接点は夏のアルバイトとして洗濯工場で訓練兵の汚れ物を仕分けすることだった。しかしその数ヶ月後、この戦争は彼女の運命に劇的な変化をもたらし、ドロシーはモートン高校と別れを告げることになる。

ドロシー・ヴォーンが去ったあとのモートン高校についても触れておきたい。すでに世界大戦は終わっていたが、すし詰め状態の教室、貧弱な設備、低賃金の教師たち——モートン高校を規定する基本的条件は、ドロシーのいた時代と変わることがなかった。つまり州政府や学区当局は黒人の教育を徹底的に軽視し、相変わらずそこに予算をまわそうとしなかった。一九五一年、モートン高校の生徒たちがデモに立ち上がったのは、積もり積もった不満がついに爆発したものと考えられよう。『黒人ハイスクールの歴史社会学』にこう書かれている。

＊5 Irvine, R., & Irvine, J. "The impact of the desegregation process on the education of black students: Key variables,"

＊6 『ドリーム』三五頁。

＊7 『ドリーム』三七頁。

＊8 『ドリーム』三六頁。

一九五一年春、バージニア州ファームヴィルで、新しい校舎を建てることを拒んだ地元の学校委員会に抗議して、人種隔離されたハイスクールであるモートン高校の全生徒四五〇人が授業を放棄しデモを行った。生徒数の急増をうけ、レンガ造りのもとからの校舎はもう満杯状態で、「タール紙を屋根代わりにした仮設校舎」が三棟建てられていた同校では、新校舎が待ち望まれていた。仮設校舎では暖房を効かすこともできず、雨漏りがする、と生徒たちは主張した。またかれらは白人のために最近建てられたハイスクールのことを持ち出し、それと同等以上の施設を要求した。建設計画は進行中だ、との白人の教育長の言葉を信じなかった生徒たちは、どうか学校に戻ってくれという校長の声にも耳を貸さず、要求が容れられるまで「無期限」の学業ボイコットを行うことを決めた。[*9]

だが注意しておくべきは、生徒たちの要求内容がすでにこの五一年時点で古びたものとなり、運動としてのダイナミズムを欠いていた点である。一九四〇年代半ばから南部の各州は、人種隔離教育を維持しつつ人種間のさまざまな物的教育格差を縮小する取り組みを大々的に始めていた。いわゆる平等化運動(equalization campaign)である。そこで追求されたのは「施設の改善、クラスサイズの縮小、カリキュラムの選択肢の充実」[*10]などに加え、学校の増設、人種間教員賃金格差の縮小など多岐にわたり、解決のために多額の資金がつぎ込まれつつあった。モートン高校の生徒の運動は、州による平等化運動がなお不徹底なことを糾弾するだけで、運動としてのインパクトはすでに失われていた。

もっとも、平等化運動が果たして所期の効果を挙げたかどうかとなると怪しいものだった。「いくつかの州の平等化について調査してきた歴史家たちは、平等化運動の影響が……白人学校の優位性を著しく脅かすことは全くなかったことを証明している。その主な理由は、白人が支配する学区からの抵抗であった」[*11]。黒人学校への財政支出を渋る白人有権者を納得させ「黒人学校改善への支持を勝ちとるためには、白人教育への大幅な財政支援上積みを含む政治的妥協が必要だった」のである。[*12]こうして、黒人

＊9　『黒人ハイスクールの歴史社会学』一頁。

＊10　『黒人ハイスクールの歴史社会学』一二三頁。

＊11　『黒人ハイスクールの歴史社会学』八七頁。

＊12　『黒人ハイスクールの歴史社会学』八六頁。

学校にいくばくかの改善が見られたとしても、白人学校にはそれを上回る手厚い援助が行われた。結局はイタチごっこになってしまい、格差は縮小しなかったのである。

また州の「平等化」にかける本気度について、黒人運動指導者たちは疑いの目を向けていた。懐疑が向けられたのはその実現可能性、すなわち「南部の州による黒人学校の『熱を帯びた』平等化は財政的に可能はものには見え[*13]」なかったという一点に尽きる。そもそも人種別学に基づく二重学校制度そのものが、著しく非効率的でコストを食う仕組みなのである。二重制度を前提に、黒人教育の質を白人と同レベルまで引き上げようとすれば財政破綻を招きかねない。「教育的不平等に対する唯一の現実的な対応」は人種統合だ[*14]という考えが次第に、黒人運動家の間で確固としたものになっていたのである。

こうした情勢を受け、かつてドロシー・ヴォーンが創設役員として関わったNAACPファームヴィル支部はボイコット運動を続けるモートン高校生徒に対して、「人種隔離された黒人学校の改善を求める裁判闘争はNAACPとしてはもう行わない[*15]」と告げた。生徒たちは話し合い、「投票の結果、白人学校が黒人生徒を受け入れるよう要求していくことを僅差で決定した[*16]」。こうしてかれらは州裁判所に対して「デイヴィス対プリンス・エドワード郡学校委員会」を提訴した。だがその訴えは棄却された。ちょうどその頃、各地で同様の趣旨の訴訟が起こり、カンザス州トピカでは溶接工オリバー・ブラウンとその娘リンダを原告とする訴訟が起こされていた。これら五つがひとまとめにされ、連邦最高裁判所に上告された。そして原告の訴えを認め、州に対して学校の人種隔離を禁じる判決を下したのが一九五四年五月の「ブラウン判決」である。

しかしモートン高校をとりまく状況はなお複雑怪奇であった。画期的な判決をかちとる原動力の一つとなったこの黒人ハイスクールに対して、白人側は残忍な報復措置に出た。「彼らは人種統合に向かうどころか、ファームヴィルのモートン高校を含む、郡内すべての学校から資金を引き上げてしまった」。郡内の学校は「一九五九年から一九六四年まで、五年間の長きにわたって閉鎖された。この影響を受け

＊13 『黒人ハイスクールの歴史社会学』八八頁。

＊14 『黒人ハイスクールの歴史社会学』八八頁。

＊15 『黒人ハイスクールの歴史社会学』一頁。

＊16 『黒人ハイスクールの歴史社会学』一頁。

た子どもたちの多くは『失われた世代』と呼ばれ、受けられずに終わった数学年分の教育をけっして取り戻すことができなかった[*17]。学校の人種統合に対する白人の忌避感の凄まじさは、我々の想像にあまるものがある。

こうした怒涛のような展開は、ドロシーがモートン高校を去ってわずか一〇年ほどの間に起こったことである。学校や法廷を舞台とする一連の闘いと並行して、彼女もまたラングレー研究所で苦闘していた。ドロシーが切り開いた道を、キャサリン・ジョンソン（タラジ・P・ヘンソン演）、メアリー・ジャクソン（ジャネール・モネイ演）ら黒人女性数学者、技師たちもまた歩んでいくことになる。

2．戦時体制下の人種隔離——ラングレー研究所①

映画版『ドリーム』はいきなり一九六一年から話が始まる。三人の女性はみなラングレーでそれなりの地位を築いている。ドロシーの車に相乗りして三人が出勤している途中、エンストして立ち往生してしまう。そこにパトカーが通りかかる。乗っていた白人警官は不審に思い、停車して三人を尋問する。年少のメアリーが一瞬不逞な態度を見せ警官との間に緊張が走るが、ドロシーがうまく間に入っておさめる。そして三人のNASAの身分証を見、ロケット打ち上げに関わっていると聞いて急に好意的になり、研究所までパトカーで先導してくれる。当時ソ連との冷戦の只中にあり、アメリカは宇宙開発で遅れをとっていた。上空にはソ連が打ち上げた人工衛星が飛んでいるかも知れない。警官は不安そうに空を見上げていた。こうした「宇宙開発競争」を最前線でソ連と戦っている者というカテゴリー化が、彼女らに対する破格の厚遇をみちびいた。そうでなければ、黒人と白人が対等に話をするなど考えられない時代だった。まして相手は警官だ。今日でさえ、両者の間に対等な対話が開かれるきざしはない。最近も全米各地で白人警官による黒人への暴行、虐殺事件が相次いでいることを想起されたい。

しかし、ドロシー・ヴォーンが黒人女性として研究所の門をくぐった一九四三年当時は、日本とアメ

*17　『ドリーム』三一一頁。

＊18　『ドリーム』五〇頁。
＊19　『ドリーム』五〇頁。
＊20　『ドリーム』一三三頁。

リカの間で、また世界中で「熱い戦争」がたたかわれていた。NASAの前身、NACAにとって喫緊の課題は宇宙でもロケットでもなく、飛行機だった。NACAの一角をなすラングレー研究所では日々、航空機の性能を高めるための研究が行われていた。航空機とは、要するに対日戦争で使われる戦闘機や爆撃機であり、それらはやがて日本各地の空襲に「活躍」し多くの人命を奪うことになった。ドロシーら女性計算手たちが大量に雇用されたのも、こうした戦闘機の開発を下支えするためだった。だから突き止めて考えれば、彼女たち計算手の存在は東京大空襲や広島・長崎の原爆投下とも全く無縁とは言えないことになる。このように『ドリーム』には重苦しい歴史的文脈が横たわっている。単純にアメリカ国内における差別・抑圧からの解放の物語ではないのだ。映画がそうした部分をカットし、いきなり一九六一年から始めたのも理解できないことはない。だがここでは時計の針を再度一九四三年に巻き戻し、ドロシーが研究所に足を踏み入れた頃の様子をもう少しみておきたい。

ドロシーがラングレー研究所から受けとった採用通知には「報酬は一年につき二〇〇〇ドル、ただし今次の戦争終了後六ヶ月を限度として、当該業務が必要とされる間にかぎり」[18]と書かれていた。この金額はたしかに「モートン高校の教員として得られる年収八五〇ドルの、じつに二倍以上」[19]であり当時の「黒人女性の平均月収……わずか九六ドル」[20]の二〇倍以上にもなる額だった。しかしバージニア州の黒人教師の給与水準が白人の約半分だったことを考えれば、白人高校教師の給与に毛が生えた程度の報酬にすぎなかったとも言える。ともあれドロシーは家族を二〇〇キロ離れたファームヴィルに置いて、研究所に近いニューポート・ニューズの官舎に落ち着いた。だがまず問題は通勤の足だった。

……複雑なジム・クロウ法は、通勤をすべての乗客にとっての苦行に変えた。白人はバスの前のドアから乗り降りし、前方の白人専用座席に座る。いっぽう、黒人は後ろのドアから乗り降りし、人種境界線より後ろの座席に座ることになっていた。また、白人専用座席がすべて埋まっているときには、黒人は白人に席を譲らなければならなかった。ところが人手不足により後ろのドアに車掌が配置されていないことが多く、たいていの場合、黒人は前のドアから乗って、白人たちの列をかきわけて黒人専用座席まで行く必要があった。そして、下りるときはまた、通路を押しわけて前のドアをめざすのだ。[*21]

映画の開巻シーンで三人の黒人女性が車に相乗りして出勤するが、前述のようにエンコしてしまい、メアリーが「こんなポンコツで通いたくない」とぼやく。するとすかさず二人から「二六キロ歩いて通えば？　それともバスで後ろに座る？」とツッコミが入る。この言葉の背景には、ドロシーにとってトラウマともいうべきバス通勤体験がある。バスの人種別座席に抗議してローザ・パークスがボイコット運動をアラバマ州モンゴメリで起こすのは一九五五年のこと、入所当時のドロシーにはそんなことは夢想だにできなかっただろう。

バスの座席の差別は、南部で暮らす者は誰でも知っていたからまだショックは小さかった。だが人種隔離は研究所の内部にまで及び、採用された計算手たちも「人種隔離」されていた。白人だけの〈東計算グループ east computing〉と黒人だけの〈西計算グループ west computing〉に分けられ、別の建物で勤務していた。さらに、昼食をとるカフェテリアには、後方の席に〈非白人の計算手用 colored computers〉という標識が付いていた。〈西計算グループ〉の黒人専用席ということだ。この標識はのちにドロシーの同僚ミリアム・マンによって取り去られ、二度と付けられることはなかったが、トイレに付けられた「黒人専用」の標識は長く取り去られることなく、ドロシーやキャサリンたちを苦しめる。

アメリカ政府は戦時体制を円滑に機能させるため、少なくとも建前としては、公的部門では人種に関わりない公正な採用を推進した。同時期に「二つのV」という考え方も盛んに黒人の間で唱えられた。「アメリカの有色人種は、ダブルV、すなわち二重の勝利をめざすべきである。ひとつ目のVは外敵に対する勝利、ふたつ目のVは内なる敵に対する勝利だ。この国にはびこる醜い偏見は、枢軸国のみなら

＊21　『ドリーム』六三頁。

ず、我が国の民主主義体制をも確実に破壊しようとしているのだ」[*22]。こうした潮流と、ドロシーが研究所で直面したさまざまな壁との間には大きな矛盾があった。しかし戦時体制という時流にのって差別を打破しようとする戦略には明らかに限界があった。平時のなかで、多くの人を納得させる反差別のロジックの構築がなされなければならない。ブラウン判決やバスボイコット運動はその一里塚であり、公民権運動の成熟までそれは待たねばならなかった。それに対してドロシーら「黒人計算手」たちの壁の突破は、あくまで非常時という大義名分の力を借りた、限定付きのものだった。日本という実敵、あるいはソ連という仮想敵と対峙した非常時という条件が外れた時、その真価が試されるのではないだろうか。

3．人種隔離の撤廃を目指して——ラングレー研究所②

はじめ戦時中という限定付きだったドロシーら計算手の雇用だが、結果的には戦後も彼女たちへの需要は減るどころか増える一方で、ラングレーで働き続けることができた。彼女たちにとってそれは福音だったが、同時に人類が戦争の脅威から自由になれないことも意味していた。ともかく、ドロシーのあとに続く者にも道は開かれた。一九二五年生まれのメアリーはハンプトン大学で物理と数学を修め、一九五一年に研究所に採用された。若い世代の彼女には、ストレートに近いコースで研究所への道が開けていた。いっぽう一九一八年生まれのキャサリンは、ウェストバージニア大学初の黒人大学院生になり数学者として将来を嘱望されたが、子どもを授かったため研究キャリアを中断し、その後高校教師をしていた。求人を知り、研究所に入ったのは一九五三年だった。ここからは映画に即して、後者二人が「マーキュリー計画」にどう関わったかをみていこう（映画は一部脚色があり事実と異なる部分がある。ぜひ原作と読み比べていただきたい）。

黒人女性一般と比べると非常に恵まれた立場にあった黒人計算手たちだが、研究所内での地位は補助

＊22　『ドリーム』七一頁。

的なものにとどまっていた。実力を認められ、計算手から数学者、あるいは技師へと昇進し、さらに大きな仕事を担いたいという思いが頭をもたげてくる。一九六一年、ラングレー研究所は有人宇宙飛行計画「マーキュリー」を目前に控えて殺気立っていた。ドロシーは研究所に入って二〇年近くがたっていた。実質的には〈西計算グループ〉のまとめ役を果たしているのにいまだ管理職に登用されず、不満をつのらせていた。一方メアリーには、超音速圧力風洞チームで働くチャンスがめぐってくる。あくまで計算手としてチームに派遣されたが、チームリーダーは物理学の素養をもつ彼女の才能に目をつけ、技師になってみないかともちかける。「マーキュリー」の期日が近づいているのに、風洞実験でまだ思ったような結果が出せていなかった。圧力に耐えかねて、熱遮蔽板が吹っ飛んでしまう。これでは宇宙飛行士は死んでしまう。彼女の力が必要だった。ユダヤ人技師ゼレンスキーが「技師の資質がある者は技師になるべきだ。一生計算だけして生きるつもりか?」とせまる。「ニグロの女が技師になるなんて無理です」「私はポーランドのユダヤ人で両親はナチに殺された。だがいまこうして宇宙船の下にたち、宇宙に人を送り出そうとしている。生きることすら、無理だと思っていた人間がだ。もし君が白人男性だったら、技師になりたいと思うだろう?」「いえ思いません。すでになっているでしょうから」。

キャサリンにも「マーキュリー」と関わる大きなチャンスがめぐってくる。宇宙開発特別本部（space task group）から計算手のリクエストが来たのだ。ここは白人男性のエリートがつどう牙城であり、本部長のアル・ハリソン（ケビン・コスナー演）も気難しい男だった。キャサリンが荷物をもって本部の部屋に入ると、いきなりゴミ箱を手渡される。黒人女性の彼女をみてゴミ回収にきた掃除員だと思ったのだ。このぐらいは序の口だった。ハリソンから検算の仕事を命じられるが、白人男性の部下スタッフォードは自分の計算がキャサリンによってチェックされるだけでも気に食わない。手渡されたファイルを開くと、あちこちが黒塗りで数字が消され、「読めるところだけやれ。ほかは機密事項だ。見せられない」と言い渡される。さらなる困難がキャサリンをおそう。宇宙開発特別本部が入っている建物には黒人用トイレがない。結局〈西計算グループ〉の建物まで行って用を足さなければならなかった。同じトイレ問題はメアリーも経験している。彼女はこのことから受けた屈辱を長く忘れなかった。

合理的な思考をモットーとするはずのこの知の殿堂で、トイレに行くというごく自然な誰にでもある欲求によって、こんなにも露骨な偏見をつきつけられるとは……。白人女性たちに笑われた瞬間、メアリーは、プロの数学者から二流の人間におとしめられた。自分は黒人娘で、そのおしっこは白い便器にはふさわしくないことを思い知らされたのだった。[*23]

こうした逆境にもめげず、キャサリンは黒塗りだらけのデータからの計算で、これでは飛行船が軌道に乗らないことを突き止める。はじめてハリソンから名前を呼んでもらい、存在を認めてもらえた。ある日、信頼しているキャサリンの不在にハリソンが気づく。帰ってきた彼女を難詰すると、自分は八〇〇メートル離れたトイレに行かなければいけない、と涙ながらに苦しさを訴えた。翌日、ハリソンが〈西計算グループ〉の建物に姿を現し、トイレについた「黒人専用」の標識を叩き落としている。「これで、もう黒人用トイレも白人用もない、ただの古いトイレだ。好きなトイレに行けばいい、なるべく近いところに行ってくれ。NASAでは全員同じ色だ」。

有人宇宙飛行計画「マーキュリー」にはジョン・グレンが飛行士に予定されていた。キャサリンは「グレンの計算を始めたい」と上司に直訴する。「ただの計算じゃない。新たな数式が必要だぞ」。所定の地点に正確に着水させるために、ロケットを打ち上げる角度を求める計算だった。仕事はキャサリンに任され、嫉妬に駆られた白人男性同僚に嫌がらせをうけるが、さらに彼女は打ち上げに関する国防総省での検討会議への出席を主張し、認められる。この場にグレンも同席しており、会議の場での彼女の見事な受け答え、計算力に感嘆する。

＊23 『ドリーム』一七五頁。

一方でドロシーにも転機が訪れる。研究所にＩＢＭのコンピュータマシーンが搬入されてきたのだ。これが本格的に稼働すれば、自分たち「人間計算手」は無用の存在になりお払い箱だ。危機感をもったドロシーは、機械の操作を覚えれば生き残っていけるはずと考え、コンピュータサイエンスを学ぼうと決意する。そこで図書館に本を借りに行くが、係員から「黒人用図書コーナーしか利用できない」と言われ憤る。ここから人種隔離撤廃運動へのシンパシーが芽生えていく。かつてドロシーはＮＡＡＣＰの支部創設に関わったが、前述のとおり当時の運動方針は、分離を前提に格差をなくす方向であり、隔離そのものをなくす運動など多くの黒人にとって驚天動地だったのだ。なんとか貸し出した本で必死にドロシーは独学していく。そしてそれが報われるときが来た。ＩＢＭコンピュータを動かせる人間がおらず苛立つハリソンの前に、ドロシーの存在がクローズアップされたのだ。プログラミングの能力を見込んで、〈西計算グループ〉からの異動の辞令である。しかし自分が去ったあと残された黒人計算手たちが、お払い箱になってしまわぬよう、「グループ」全部を引き連れて異動することを承諾させた。技術革新の危機をチャンスに変えたのである。

ある日ドロシーは、研究所内のトイレで白人計算手の管理職ミッシェルとはち合わせる。ミッシェルにはこれまで何かときつく当たられてきた。しかし今や研究所内で、トイレの分け隔てはない。しかもドロシーの功績でＩＢＭコンピュータはフル稼働を始め、研究所に大きく貢献した。ミッシェルはどことなく媚びた表情で、自分が率いる〈東計算グループ〉のメンバーもドロシーのところで引き受けてほしいと頼み込む。「それは管理職が決めることです」とつれない返事のドロシー。その背中に向けてミッシェルは「勘違いしないでね、差別してるんじゃないのよ」と声を掛ける。「知ってます。ご自分でそう思い込んでるのは」と返すドロシー。差別しているつもりがないのであれば、あのトイレやカフェテリアの標識や自分の昇進の遅れは何だったのか。差別とは気持ちの問題だけでなく、制度や行為という姿かたちをとり、生きている現実に消すことのできない傷跡を残すものなのだ。

一方、メアリーは悩んだ末、技師養成プログラムを受けることを決意する。そのための要件として、バージニア大学またはハンプトン高校の公開講座を受講することが義務づけられていたが、これらは白人学校だった。バージニア州ではブラウン判決後もなお、人種隔離教育が続けられており、黒人のメアリーは授業を受講できない。そこで受講許可を求めて裁判所に提訴する。判事の前に進み出たメアリーは訴えた。「自分は黒人女性として、初の白人高校への出席者になりたいと希望している。一番乗りを果たした者は歴史に名を残せる。判事さん、あなたは最初に黒人入学を許可した者として歴史に名を残せますよ」。判事は苦笑いして「夜間クラスだけですよ」と許可してくれた。

また、メアリーの夫はもともと彼女が技師になることに賛成していなかった。ラディカルな活動家の夫は、白人社会が黒人に門戸を開くなどありえず、あったとしてもそれは罠であり、権利を闘争によって奪い取るしかないという考えだった。メアリーのように才覚にめぐまれた黒人が白人社会の中に参入していき、実力を認められ地位向上を遂げていくという「立派な黒人」アプローチの限界を意識していたのかもしれない。だが夫は最終的にメアリーの決断を受け入れ、夜間クラスの最初の授業日、彼女をはげます。緊張が続いていた二人の間に、なごやかな空気が流れた。そして物理学の教室に現れたメアリーに、白人男子学生の刺すような視線が集中するが、たじろぐことなく席に着く。彼女の技師への道のりはこの教室から始まるのだ。

『ドリーム』のあら筋紹介はこのくらいにしておこう。あとは実際に映像で楽しんでいただきたい。映画は三人の黒人女性に立ちはだかる壁とその乗り越えをテンポよく描き、見る者を飽きさせない。その一方で、亡命ユダヤ人の同僚を登場させ、戦争の傷跡もさり気なく表現する。ラングレー研究所がミニ「人種のるつぼ」であり、科学技術の普遍性の前では人種差別もついえるというメッセージが伝わってくる。やや楽天的に過ぎる描写ではあるが、ケネディ時代のアメリカ社会に共有されていた、ひたむきに前進しようとする空気が感じられる。

4．AI時代の黙示録としての『ドリーム』

いま日本はAI時代を目前に控えている。多くの仕事がAIに奪われる未来におののき、その時代をサバイブするために子どもにどんな力をつけるべきかを論じた本がベストセラーになっている。[*24]技術革新は本来、人間の幸福な未来のためにあるはずだが、それが転倒して生存を脅かしかねない逆説を、このAI狂騒曲に見てとることができる。じつはこの問題を考える上でも『ドリーム』は示唆的である。

女性計算手の草分けドロシー・ヴォーンにとって、IBMコンピュータマシーン導入は自らの存立を掘り崩す重大な危機だった。機械によって高速な計算が可能になれば、手計算要員がお払い箱になることは言うまでもない。しかし少し長い目でみれば、技術革新は人間を変え、教育にも大きな影響を及ぼす。社会変動の原動力となるのだ。この点を深く掘り下げて論じたのが、米国の二人の経済学者、ゴールディンとカッツによって書かれた『教育とテクノロジーの競争』という本である。[*25]ゴールディンらは「二〇世紀アメリカの社会経済史を、教育とテクノロジーの間の競争と捉えた。二〇世紀初めの三分の二は、教育が圧倒的に競争に勝っていた。なぜなら、教育を受けた労働力の供給は需要を常にしのいでおり、この超過が経済への大きな一押しとなったからだ。それは、雇用主がハイスクールの教育、後にはカレッジの教育を受けた膨大な数の労働者を雇用することができ、かれらには、技術が日進月歩している職場において必要とされる高度のスキルが備わっていたということである。供給が需要を常に上回っていたため、雇用主はこれらの進んだスキルを、高額の報酬なしに手に入れることができ、職場で人的資本を蓄えることにより、必要とされる能力をもつ労働者が見つかるまで待つことなく、新しい技術を速やかに導入することができた。結果として、高い教育レベルと高い技術がお互いを促進し経済成長に向かうという好循環となった。学校教育の劇的な拡大が経済の劇的な発展の動因となった」[*26]。

以上の議論は一見すると、教育の普及によって高いレベルの技術革新が可能となり、ひいては経済発

＊24　たとえば新井紀子『AI vs. 教科書が読めない子どもたち』。

＊25　Goldin, C. & Katz, L. F. *The race between education and technology.*

＊26　ラバリー、D（倉石一郎・小林美文訳）『教育依存社会アメリカ――教育改革の大義と現実』二二一六頁。

展に寄与するという、オーソドックスな人的資本論の主張を繰り返しているように読める。だが、近年の不平等の拡大を説明するためにかれらが提出した概念、SBTC（Skill-Biased Technological Change スキル偏向型技術革新[*27]）を踏まえると、少しちがう読み方もできる。二〇世紀最後の四半世紀、アメリカは格差・不平等を大幅に拡大させた。ゴールディンらはこの時期のアメリカが技術革新、とりわけコンピュータ化の波に洗われ、それがきっかけで多くの労働者が職を失った点に注目する。これまでもアメリカ社会はさまざまな技術革新の波をくぐってきた。だが従来の技術革新は、労働者が低スキルから高スキルまで幅広く分布することを想定し、全体で万遍なく対応するのが可能な範囲内にとどまっていた（非スキル偏向型技術革新）。だからこのタイプの技術革新がうむ人材需要は労働者各層を広くカバーしていた。それに対してコンピュータ化に典型的にみられるSBTCは、相対的に高い技能レベルの労働者を担い手として想定した、排他的な技術革新である。技術革新の結果、その需要を満たした高スキル人材には一層高い報酬が支払われる一方で、従来の労働が機械等に置き換えられ職を奪われる低スキル労働者が多く発生する。だから社会の高学歴化がスキル偏向型技術革新を誘発し、それによって多くの労働者が失業することになる。やみくもに教育を拡大すればよいというものではないのだ。

ドロシーたちNASAの計算手が、コンピュータマシーンの導入によってその地位を脅かされたことは、まさに今日AIが労働者の地位を脅かしつつあるのと同じ構図である。前者の危機は明らかにSBTCによるものであったため、高い学習能力と勤勉さを備えたドロシーのような人間たちは乗り切ることができた。しかしAI革命の余波は高学歴・高スキルの人間にまで、いや高学歴・高スキルの人間を特にねらい撃ちする形で及ぶおそれがある（その意味でSBTCの一種である点に変わりはない）。集約型の頭脳労働がAIに取って代わられる一方で、対人サービスを中心とする感情労働部門と超低賃金の単純肉体労働だけが人間に残されるという未来図である。一寸先は闇と言われる近未来社会に思いを馳せる機会をこの作品は与えてくれる。

＊27　*The race between education and technology.*, p.90.

おわりに：教育は社会問題解決の手段となるか

では『ドリーム』をめぐる考察の最後の落としどころはどこなのか。不確定な未来から我々を救うのは教育しかないのか、それとも今後、教育への投資はあまりペイしない不毛な行為となるのだろうか。冒頭で掲げた、教育は不平等や貧困からの脱出を可能にするのかという問いとも深く関連するこのテーマを最後に考えて、本講の結びとしたい。

たしかに『ドリーム』が活写したように、経験的に、また事後的に、ある成功者——とりわけハンデを抱えて出発した者——の人生を詳細に分析したとき、そこに教育経験や学歴が大きな意味を持っていたさまを抽出することができるだろう。その限りで、教育は不平等克服に寄与することがあると言うことができる。しかしそれを社会政策として採用するとなると話がちがってくる。不平等や貧困対策として教育へのテコ入れを採用することは、特定個人に対して発揮されることが経験的に確認された教育の望ましい影響を抽出し、それを不特定多数の人間に対して発生させることを企図して、予期的に社会政策のなかに組み込むということである。ここで問題なのは、いったん公共政策にそうした形で教育が組み込まれてしまったとき、教育が個々人にとってもつ意味が大きく変わってくることである。

誤解を恐れず言えば『ドリーム』の主役たちの時代、米国の黒人にとって教育は公器ではなく私的財だった。それは社会問題を解決する手段としてかえりみられず、ただ個々の黒人（の親たち）が我が子の差別や貧困からの脱出を賭けて、資源にめぐまれた一部の者がそれに財と情熱を注ぎ込んでいた（映画冒頭で、まだ小学生のキャサリンの数学の才能に気づいた両親が、飛び級入学させるべく一家で黒人ハイスクールのある町に転居するシーンが象徴的）。教育へのアクセスはまだ制限されきわめて排他的なものであったが、逆説的にそのことによって、教育が「希望」であることが担保されていた。ところが、六〇年代に入ってから明白に、教育は社会問題（黒人の貧困、不平等問題）解決の手段として、公共政策に組み込まれることになった。その政策の恩恵を受け、上昇移動を果たすことができれば問題ない。だが教育に失敗し、上昇移動し損ねた場合はどうだろうか。教育が私的なものであった時代と表面的な事象は変わりない。教育に失敗し、経済的果実も取り逃がす、ただそれだけだ。だがその社会的意味が異なる。前者にあっては教育での失敗は私的な失敗経験に過ぎなかったのに対し、後者においては失敗が公的なものとなり、公的スティグマの対象となってしまう。いったん社会政策の制度設計に教育が組み込まれてしまうと、個々の黒人にとって教育と適切な距離をとるのが難しくなる。それは利用したければすればよい、といった気楽がかかわりではなくなり、そこから足を踏み外せば人生詰んでしまう、という強迫観念にさいなまれることになる。クローズアップされやすいのは、私的成功とならんで公的失敗である。

一般化して言えば、何らかの社会政策のターゲットとなる者にとって教育は、社会政策の恩恵を受けられるかどうか以前の問題として、その意味を変質させ、逃げ場のない脅迫的レースの場と化す可能性が大きいということである。その大きなリスクを払ってまで、不平等克服や貧困連鎖の断ち切りの効果をあくまで探求することがほんとうに得策かどうか、いま一度冷静に考えてみる必要がある。教育投資はペイするのかしないのかと問われれば、事後的にその是非を検証することはできても、事前に得かどうかを確定させることはできない、と解答するしかない。何ともスッキリしない話だが、現実が不透明なので仕方がない。

最後に、マイノリティの物語である『ドリーム』をどう読むべきかについて、本書第7講の朴鐘碩さんのケースと対照させながら述べておきたい。この作品は、キャサリンをはじめとする才能に恵まれた黒人女性のサクセスストーリーとして消費することも可能だろう。だが少なくとも原作者のシェタリーはそれを望んでいない。彼女はここで、キャサリンがしばしば受ける「NASA唯一の女性数学者」といった誤解に注意を促している。

キャサリン・ジョンソンは、肌の色を問わず、ＮＡＳＡのすべての計算手の中で最も広くその名を知られた存在だ。その物語のインパクトの強さゆえに、ＮＡＳＡ初の黒人女性数学者とか、唯一の黒人女性数学者といった誤った紹介をされることも多い。「全員が男性の」飛行研究部門に派遣されたと説明されることもたびたびだが、この部門には他に四人の女性数学者が在籍し、うちひとりはキャサリンと同じ黒人だった。この黒人女性の計算がアポロ13号のミッションを救ったとする記録もある。

キャサリン自身のめざましい功績さえも超える、こうした神話が生まれてきたことは、アフリカ系アメリカ人がいかに長らく歴史の主流から遠ざけられてきたかの証拠だ。あまりにも長きにわたって、歴史は背反するふたつの選択肢を黒人市民に押しつけてきた。無名か有名か、取るに足らないか並外れて優秀か、歴史の波にのみこまれるかスーパーヒーローとして神話的地位を確立するか。ＮＡＳＡの黒人計算手の歴史の真価は「最初」が「唯一」で終わらなかったことにある。[*28]

このテーマでの執筆を思い立ったシェタリーは、まず健在だったキャサリンへのインタビューを試みた。その場ではじめてドロシー・ヴォーンの名を知ったのだという。キャサリンの物語の重要性は、それが「黒人であれ白人であれ、その功績を見過ごされてきたすべての女性の物語の入り口となりうる」[*29]ことにあった。

一方、在日として就職差別裁判の末に日立製作所入社を果たした朴鐘碩さんもまた、「最初」でもなく「唯一」でもなかった。朴が裁判闘争を経て入社したのは一九七四年であるが、入社した頃「日立製作所には一〇名ほどの朝鮮人が働いていた」[*30]という。また九〇年代にも「二〇名近い韓国・朝鮮籍の人たちが働き、半数は日本名」[*31]だったことも確認されている。大きな組織を舞台に、大きな相手（仕事）に取り組む点でＮＡＳＡの黒人女性と日立製作所の在日には共通点がある。いずれにも相通じる目標

＊28　『ドリーム』三七九―三八〇頁。
＊29　『ドリーム』三八一頁。
＊30　朴鐘碩「続「日立闘争」――職場組織のなかで」一一四頁。
＊31　「続「日立闘争」」一一四頁。

は、「差異によって突出することではなく、能力によって溶けこむこと」[*32]だった。キャサリンたちと同様、朴とそれに続いた在日たちも、スーパーヒーローではなく自分がやりとげた仕事を正当に、「普通」に評価してもらうことを欲しているのだと考えられる。

［付記］『ドリーム』でドロシー・ヴォーン役を演じたオクタヴィア・スペンサーが、この作品とほぼ同じ時期の深南部、ミシシッピ州ジャクソンを舞台とする『ザ・ヘルプ』（二〇一一年）に黒人家政婦役で出演している。ここでもトイレがポイントになる。外で大嵐が吹き荒れる日、黒人用の外付けトイレでなく家のなかの白人用トイレを使ったことを雇用主に見とがめられクビになってしまうのだ。この映画には、第8講でみた『キャリー』で主役を演じたシシー・スペイセクも出演し、すでに大女優の風格を漂わせている。

参考文献

＊シェタリー、M・L（山北めぐみ訳）『ドリーム――NASAを支えた名もなき計算手たち』ハーパーコリンズ・ジャパン、二〇一七
＊ルーリー、J／ヒル、S（倉石一郎・久原みな子・末木淳子訳）『黒人ハイスクールの歴史社会学：アフリカ系アメリカ人の闘い 一九四〇―一九八〇』昭和堂、二〇一六
新井紀子『AI vs. 教科書が読めない子どもたち』東洋経済新報社、二〇一八
Goldin, C. & Katz, L. F. *The race between education and technology.* Belkap Press, 2008
Irvine, R., & Irvine, J. "The impact of the desegregation process on the education of black students: Key variables," *Journal of Negro Education,* 52, 410-422, 1983
ラバリー、D（倉石一郎・小林美文訳）『教育依存社会アメリカ：学校改革の大義と現実』岩波書店、二〇一八
朴鐘碩「続「日立闘争」――職場組織のなかで」『日本における多文化共生とは何か――在日の経験から』新曜社、二〇〇八

＊32 『ドリーム』三八一頁。

あとがき

この本は、現在私が担当している京都大学全学共通科目（旧教養部の一般教育科目に相当）で使用することを想定して書いたものである。二〇一七、二〇一八年度の講義のうち何回かは、本書の土台となる講義メモに基づいておこなった。拙い授業に付き合ってくれた受講生諸君、ならびに献身的にＴＡ業務をしてくれた大学院生諸君に感謝している。またさらにさかのぼれば、本書の題材には、前任校の東京外国語大学で担当していた教職科目（教師論、教育原理）で使ったものも含まれる。外語大時代にであった学生諸君はもう社会に出て久しく、私の授業のことなど誰も覚えていないだろう。しかし私にはいろいろ忘れがたい思い出がある。その一部をこうして形にできてよかったと思う。

本書の大部分は書き下ろしであるが、第一講のみ以下の既出原稿に加筆・修正を加えたものである。転載を快諾いただいた版元に感謝申し上げたい。

▒初出「坊っちゃんの悲劇性」中島勝住編著『学校の境界』阿吽社、二〇〇三、一四—三二頁

本書刊行にあたっては、企画段階から編集実務のすべての段階にわたり、昭和堂編集部の神戸真理子さんに大変お世話になりました。ともにお仕事するのは『黒人ハイスクールの歴史社会学』、『教育支援と排除の比較社会史』に続いて三度目でしたが、いつも適格な助言とすばやい対応をしていただき、そのおかげをもって何とか本書を作ることができました。ありがとうございました。またいつも家を顧みる余裕もなく迷惑ばかりかけている家族にもこの場を借りて感謝の気持ちを伝えたいと思います。

二〇一八年一二月二五日

倉石一郎

人名見出し語一覧

（メインで扱うテクストや作品の著者・作者・原作者・監督・脚本家・演者・主要登場人物は除く）

■著者紹介

倉石一郎（くらいし・いちろう）

1970年兵庫県生まれ。京都大学大学院人間・環境学研究科博士後期課程修了。博士（人間・環境学）。東京外国語大学を経て、京都大学大学院人間・環境学研究科教授。専門は教育学・教育社会学。主な著書として、『増補新版　包摂と排除の教育学――マイノリティ研究から教育福祉社会史へ』（生活書院、2018年）、『アメリカ教育福祉社会史序説――ビジティング・ティーチャーとその時代』（春風社、2014年）、『差別と日常の経験社会学――解読する〈私〉の研究誌』（生活書院、2007年）など。訳書にD.ラバリー『教育依存社会アメリカ――学校改革の大義と現実』（共訳、岩波書店、2018年）、J.ルーリー、S.ヒル『黒人ハイスクールの歴史社会学――アフリカ系アメリカ人の闘い 1940-1980』（共訳、昭和堂、2016年）など。

テクストと映像がひらく教育学

2019年4月30日　初版第1刷発行
2021年3月1日　初版第2刷発行

著　者　倉石一郎

発行者　杉田啓三

〒607-8494　京都市山科区日ノ岡堤谷町3-1
発行所　株式会社　昭和堂
振替口座　01060-5-9347
TEL（075）502-7500／FAX（075）502-7501

印刷　亜細亜印刷

ISBN978-4-8122-1806-8